AF548392

Ulrike Damm

# Zwei Wahrheiten des Schreibens und der Fall Kulp

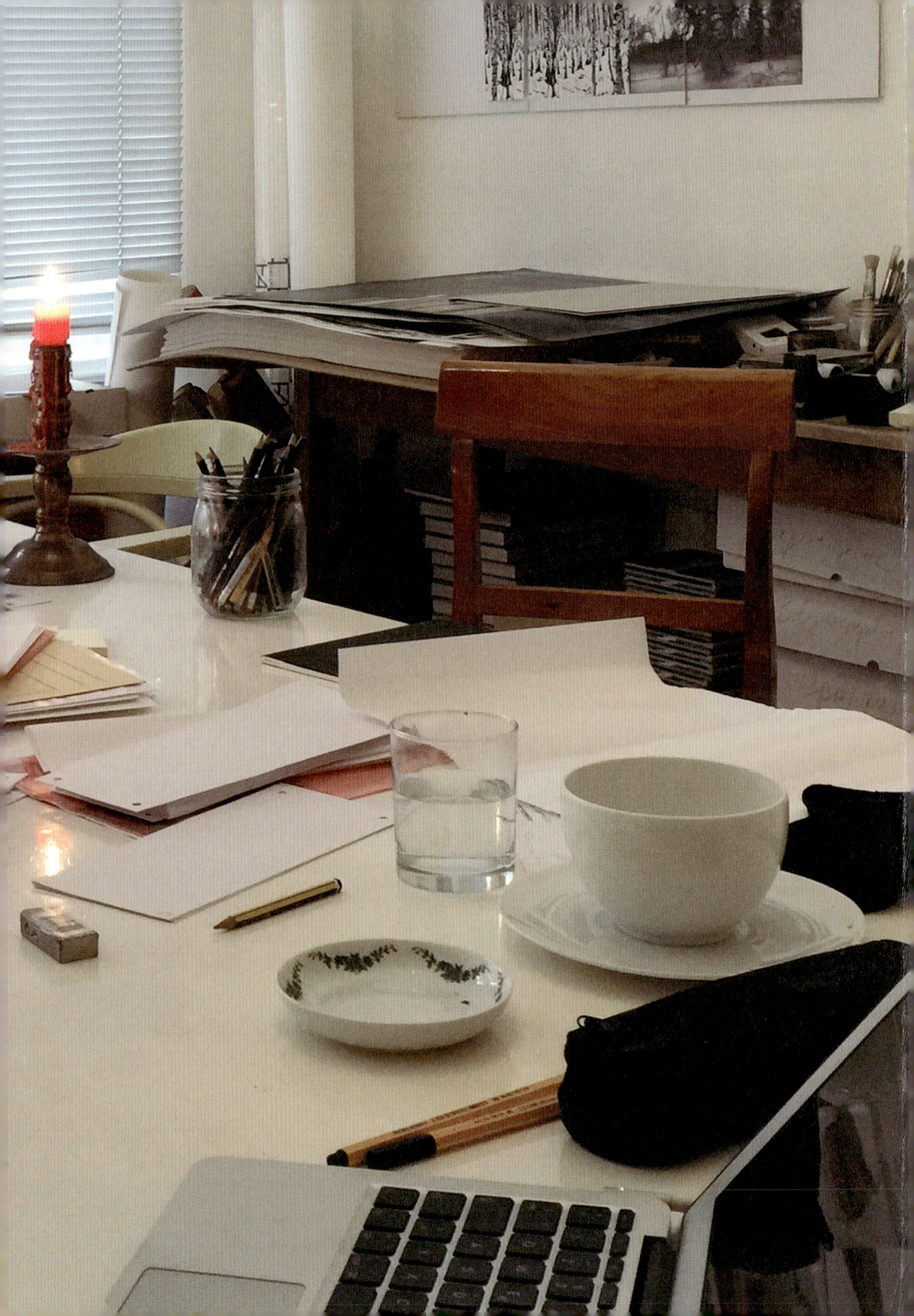

Ulrike Damm

# Zwei Wahrheiten des Schreibens
und der Fall Kulp

EDITION frölich

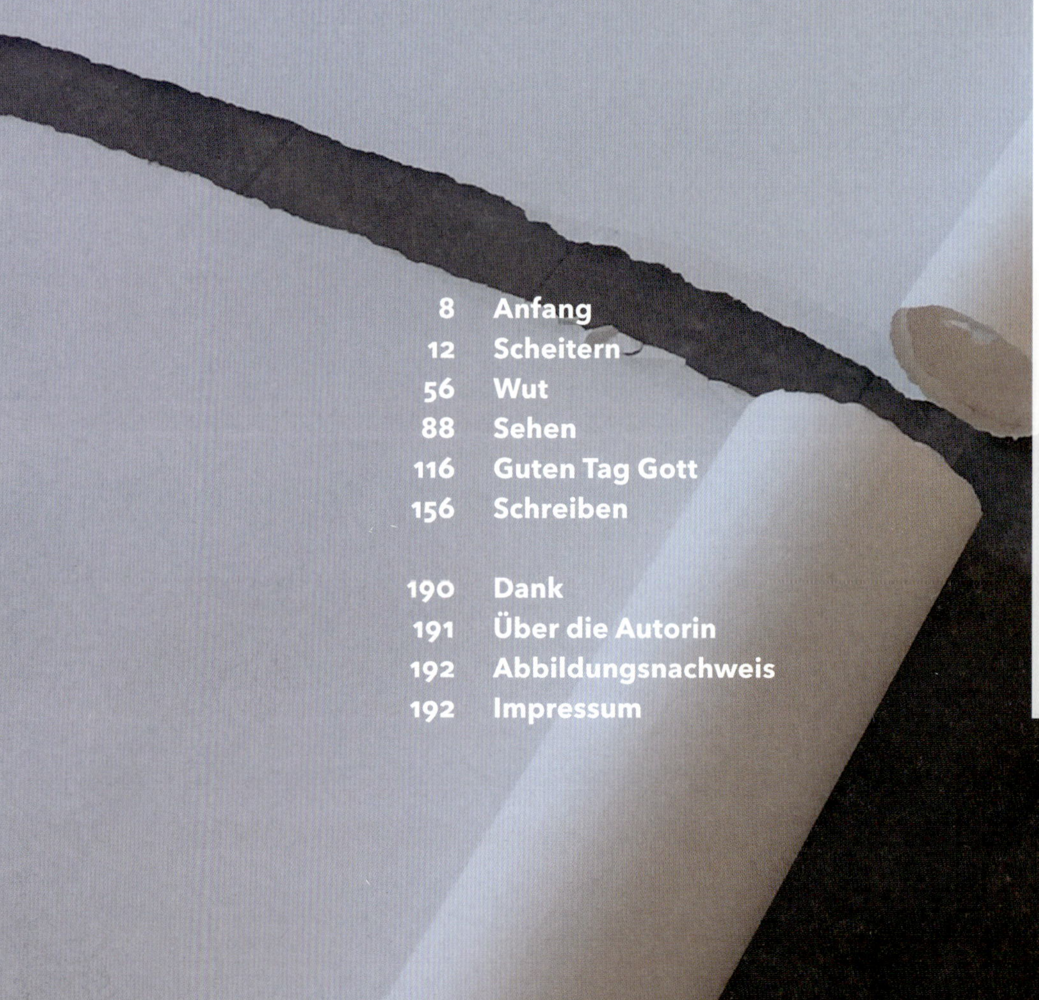

**Kulp und warum er zum Fall wurde**
Der sichere Abgang, den Edgar Kulp sich erhofft hatte, ist es nicht geworden.

Als Kulp sich nach dem Unfall als Blinder wiederfindet, kann er nicht fassen, dass das jetzt sein Leben ist. Schlimmer als je für ihn vorstellbar, hadert er, hadert, rebelliert, schreit und lernt sein Leben neu.

Aber ruhig soll es nicht werden. Jemand ist bei ihm im Haus. Jemand, der ihn zwingt, sich zu erinnern, an eine Lüge, eine Axt, an die schweigende Mutter und den Tod des Vaters. Auch an die Schwester.

Und dann weiß er plötzlich, was er mit den Augen nie sah.

**Das ist die Handlung des Romans *Kulp und warum er zum Fall wurde*.**
**Dieser Roman wurde zweimal geschrieben: Erst war er Text, dann Bild.**

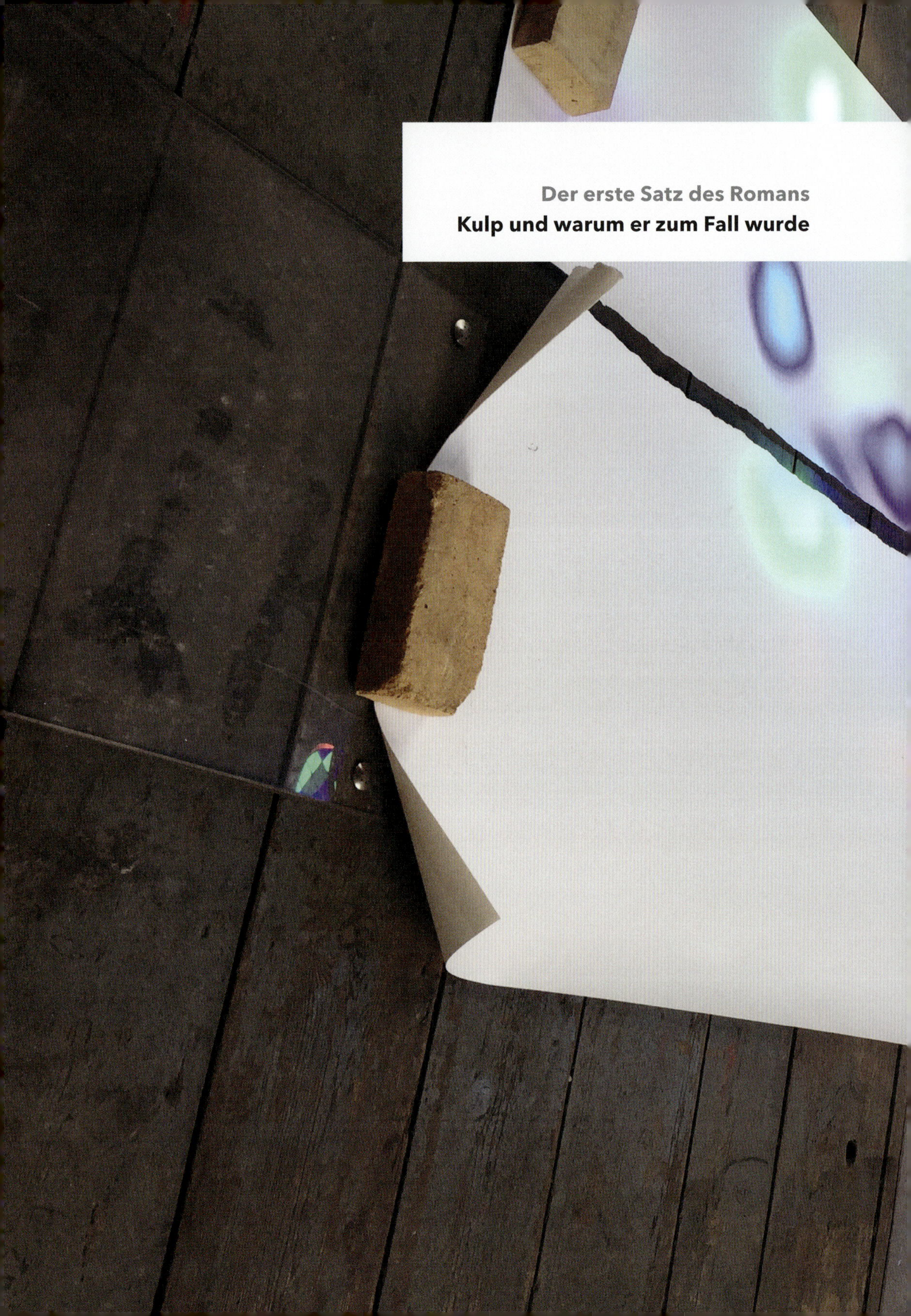

## Der erste Satz des Romans
# Kulp und warum er zum Fall wurde

Einem glücklichen Umstand zufolge war er jetzt blind. Ein Autounfall vor zehn Jahren, lange nachdem sie sich das letzte Mal gesehen hatten. So fügen sich die Dinge manchmal und man muss selbst nichts tun. Nur warten.

*Man muss mit dem auskommen, was man hat. Das ganze Leben besteht darin, zu hoffen, dass es mehr ist.**

**Anfang**

Vielleicht ist es das. Der Grund, warum man etwas tut, man, Kulp oder ich, dieses Herausholenwollen, was möglich ist. Dies aber mit all den Einschränkungen, die wir haben, weil es an Begabung fehlt, an Zeit oder Augenlicht, an der psychischen Veranlagung, an Disziplin oder Ehrgeiz, an Mut und Schwung, an dem, was jeden von uns nun einmal ausmacht.

Die Suche nach dem Sinn, wenn man nichts weiter hat, als sich selbst. Wenn es nichts weiter gibt, als die Sinnfälligkeit des eigenen Tuns oder das Sinnlose desselben.

Vielleicht ist es das. Der Grund, warum ich schreibe. Meine Figuren, der ewigen Sinnsuche aufgesessen, entdecken den Sinn, daran zu scheitern.

Oh, das Scheitern kann eine feine Sache sein, auch der familiäre Moloch, aus dem es entsteht: Jahrelange Geringschätzung, falsche Worte, trostlose Gewohnheiten, Unterdrückungen, Missachtungen oder einfach nur Langeweile. Das Wort *jahrelang* ist hier wichtig.

Betrachtet man es literarisch, ist das Feine daran das erzählerische Material, das sich daraus ergibt, denn all diese Kränkungen wollen beschrieben sein. Dann suchen Figuren nach Befreiung, und jeder Weg, jede noch so grotesk anmutende Verfehlung ist ihnen recht.

Die Verzweiflung ist groß, die Gesten sind es auch, die Lebensgeschichte bricht in zwei Teile, und es gibt ein Davor und ein Danach.

* aus: Ulrike Damm
*Ich bin nicht müde, ich bin verrückt,* Seite 16

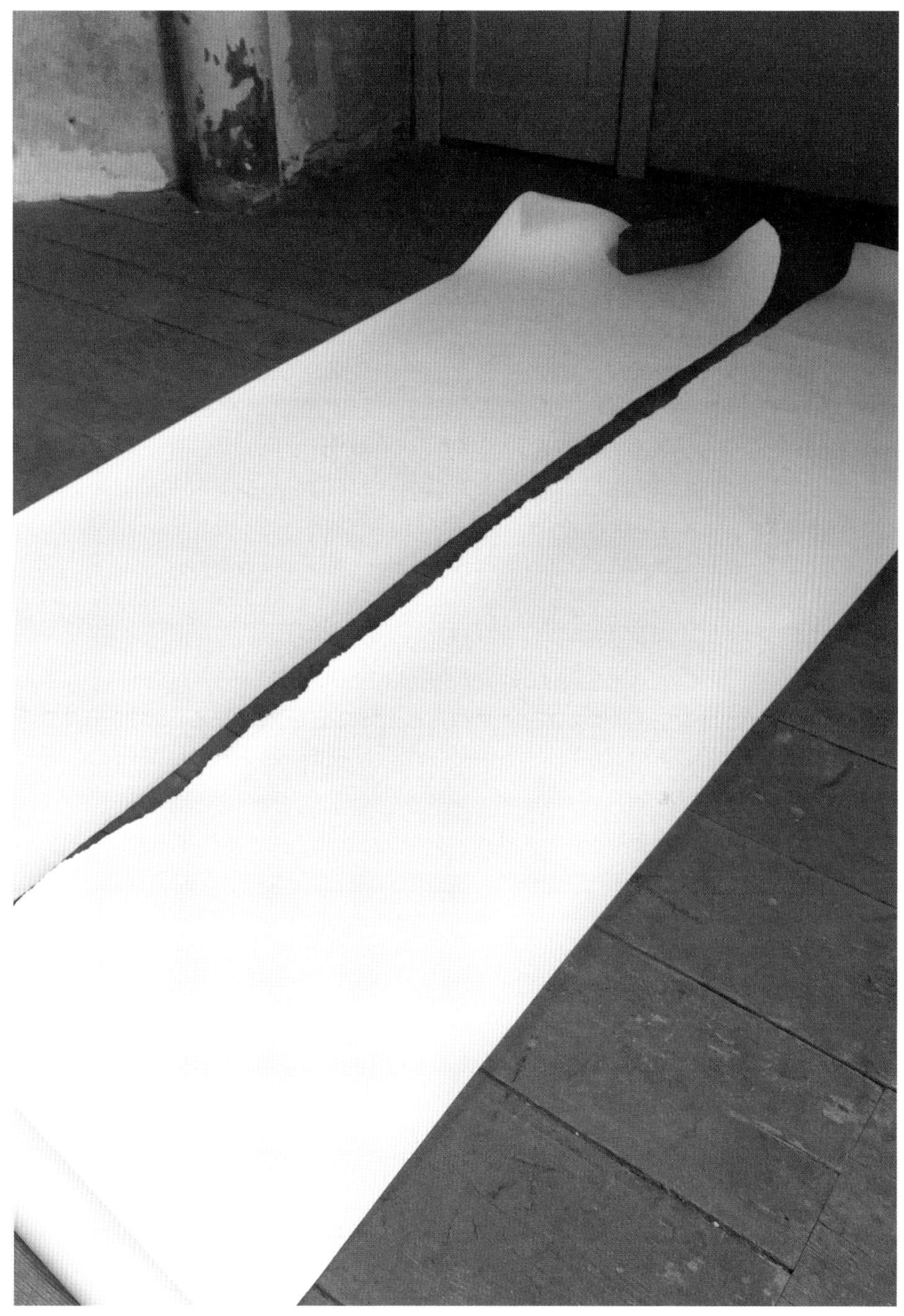

Der Bruch ist die Erzählung, und die zwei entstandenen Teile passen nicht mehr zusammen. Kulp sucht nach angemessenen Antworten, er muss Opfer bringen, Menschen, Gewohnheiten, Dinge aufgeben, er leidet. Er zieht sich raus, aus bekannten, jahrelang gelebten Mustern, aus fremden und eigenen Erwartungen und Einschränkungen. Das wollte er doch.

Und weil es erträglich laufen soll, schafft er sich eigene Systeme und Regeln, damit er das Neue, Unbekannte aushält, das, was er durch seine zu große Geste heraufbeschworen hatte. So ist das, wenn man zu viel will. Man wird bestraft, so sieht er das, der Kulp, der jetzt allein und blind im Haus seiner Eltern lebt und darüber nachdenkt, warum ihm Gott oder wer auch immer diese Strafe aufbürdet – wunderlicher denn je, ist nicht mehr vereinbar, nicht anschluss- oder gar gesellschaftsfähig. Fast stur, genau – nein: penibel – ist er selbst sein gelehrigster Schüler. Er formuliert für sich neue, eigene Erwartungen, deren Umsetzung manchmal gelingt und manchmal enttäuschend zurückbleibt.

Wir alle kennen sie, die zu großen Gesten, die unverhofft und unangemessen über uns kommen. Manchmal kann der Schaden abgewendet und vertuscht werden.

Bei Kulp geht das nicht. Die Geste war zu groß, noch größer die Frage, inwieweit der Zweck die Mittel heiligt. Wut und Verdrängung können ihm die Schuld nicht nehmen. Aber immerhin, die Eintönigkeit im Alltag gelebter Sinnsuche wurde vertrieben und ein neuer Sinn geschaffen: der Eigensinn.

Und welche Bilder gibt es dafür?

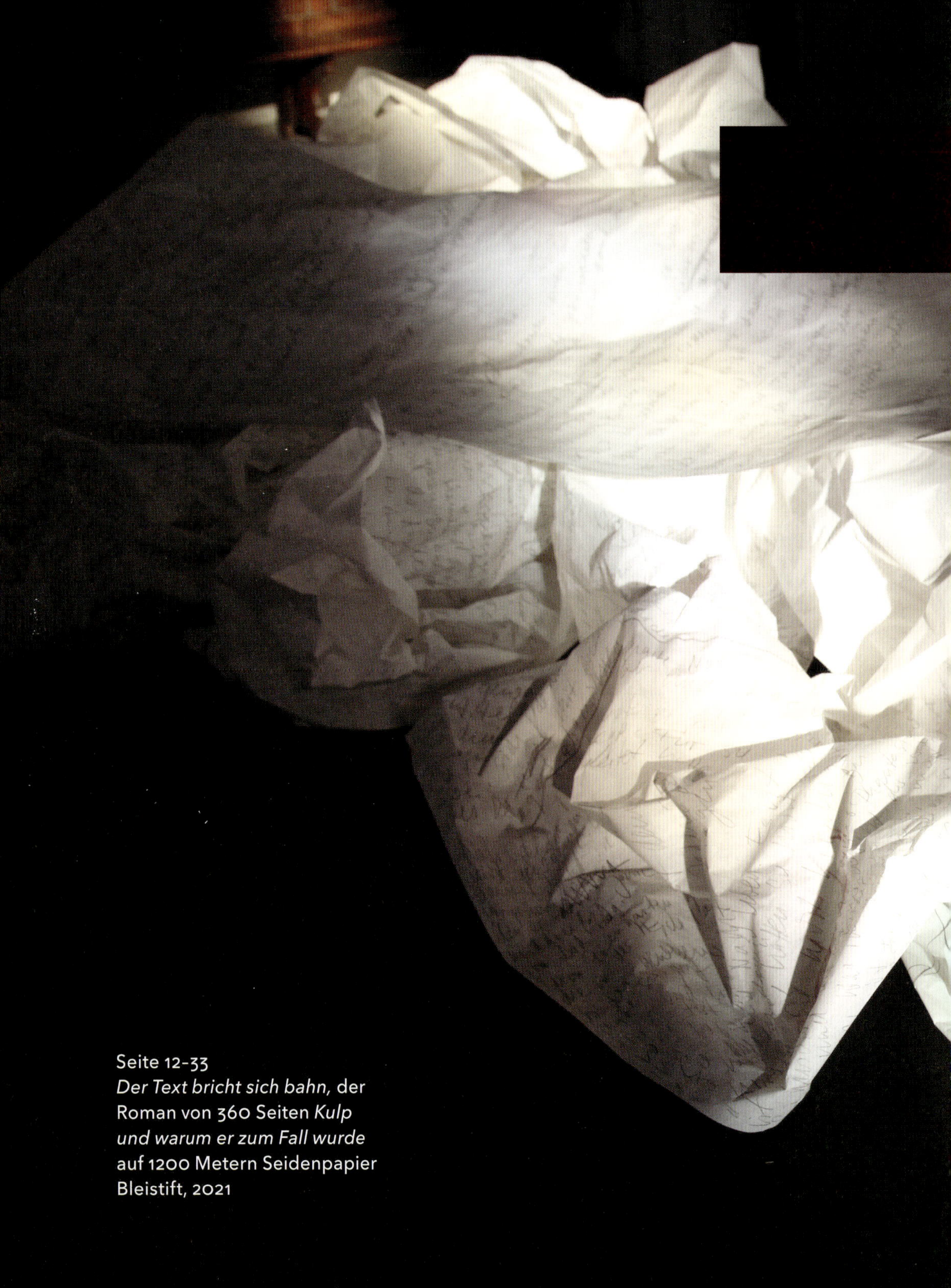

Seite 12–33
*Der Text bricht sich bahn,* der Roman von 360 Seiten *Kulp und warum er zum Fall wurde* auf 1200 Metern Seidenpapier Bleistift, 2021

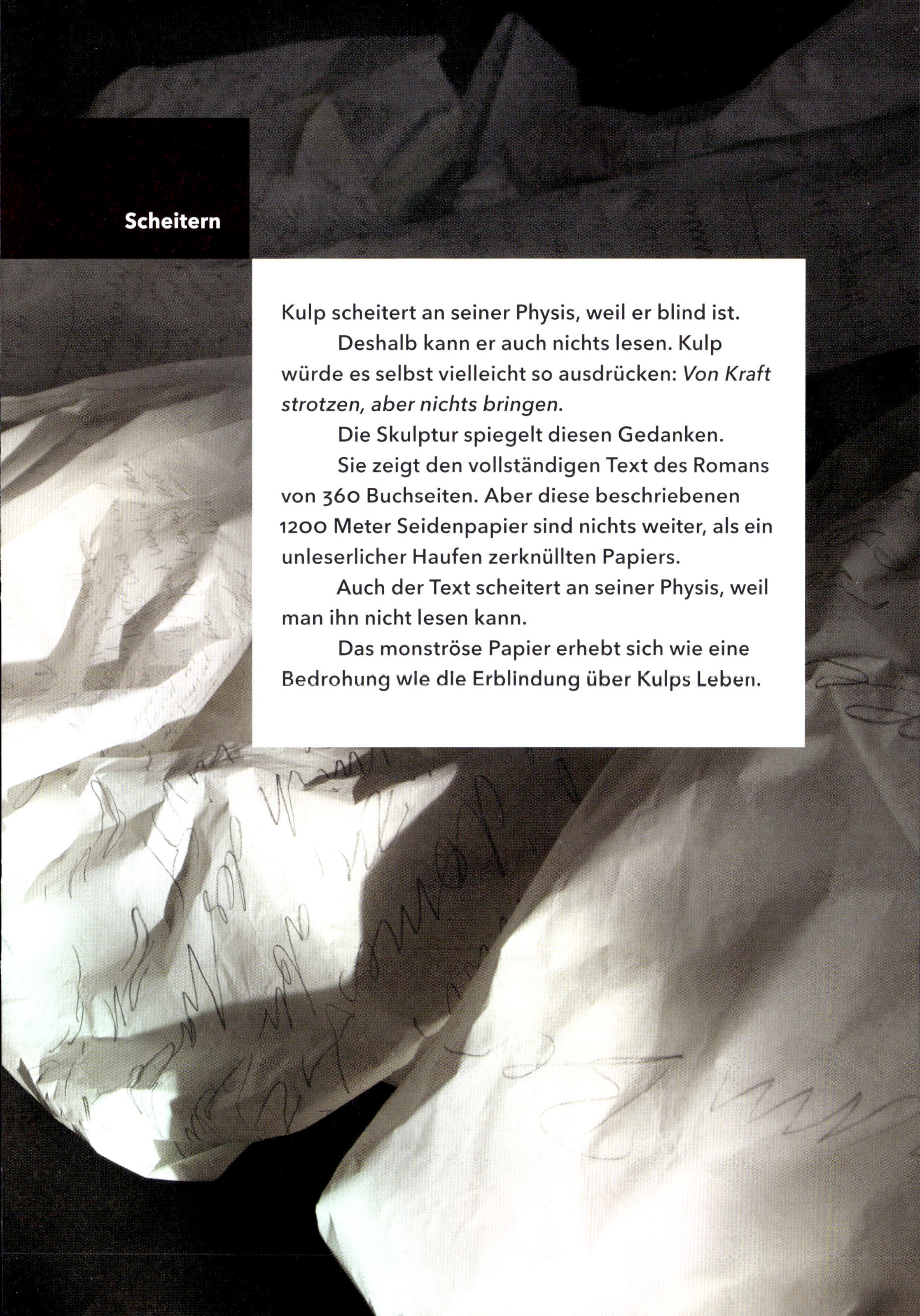

## Scheitern

Kulp scheitert an seiner Physis, weil er blind ist.

Deshalb kann er auch nichts lesen. Kulp würde es selbst vielleicht so ausdrücken: *Von Kraft strotzen, aber nichts bringen.*

Die Skulptur spiegelt diesen Gedanken.

Sie zeigt den vollständigen Text des Romans von 360 Buchseiten. Aber diese beschriebenen 1200 Meter Seidenpapier sind nichts weiter, als ein unleserlicher Haufen zerknüllten Papiers.

Auch der Text scheitert an seiner Physis, weil man ihn nicht lesen kann.

Das monströse Papier erhebt sich wie eine Bedrohung wie die Erblindung über Kulps Leben.

Der Duden sagt zum Phänomen: *das Erscheinende, sich den Sinnen Zeigende; der sich der Erkenntnis darbietende Bewusstseinsinhalt.*

**Das Blindsein als Phänomen**

Wörter liegen in der Luft, nicht immer werden sie gesprochen. Auch Bilder liegen in der Luft, sie kreisen um Kopf und Tisch und Lampe und Bett, tags wie nachts, auch wenn sie uns niemand zeigt, wir wissen, dass es sie gibt, ersehnen und erinnern sie. Das Umherschwirren von Wörtern und Bildern im Überall hört nie auf. Viele sind für viele gleich oder ähnlich, aber die Art, sie zu verbinden unterscheidet uns. Dadurch erst sprechen wir anders, sehen anders, denken anders, handeln anders, leben anders. Dadurch erst.

Das Überall ist der Kopf. Er nimmt sich, was er will oder braucht, und wenn er kann, schöpft er aus dem Vollen. Es ist bekannt, dass es für den, der das tut, nicht immer gut ausgeht. Wie viel kann man tragen, aufnehmen, verkraften? Und was macht man dann mit all dem Material? Wie baut man es ein in das Tägliche, wie erkennt man, dass die Möglichkeiten Möglichkeiten sind und – Möglichkeiten wofür überhaupt?

Wörter liegen in der Luft, Bilder auch.

Das Verknüpfen macht den Unterschied, und plötzlich liegen die Möglichkeiten vor einem.

Bei Kulp ist es seine Zerissenheit. Er sieht sich versehrt, unzulänglich und zerstört. Seine Selbstwahrnehmung – bis auf das Innerste aus dem Gleichgewicht gebracht – zwingt ihn, sein Leben völlig neu zu denken. Weil es ein familiäres Ereignis in seiner Jugend gab, hatte Kulp seine Erinnerungen von seinem Leben entkoppelt. Es war etwas, das er bis heute unbedingt vergessen will.

Verdrängt und unbewusst, liegen die Erinnerungen an dieses Damals brach. Das lassen sie mit sich nicht machen, sie quälen ihn mit Alpträumen und einer Dauerpräsenz, die ihn hätte alamieren müssen. Aber Kulp denkt, ein Mann ohne Vergangenheit könne beschaulich seine Gegenwart leben. Die Erblindung setzt seinem Blindseinwollen gegenüber dem, was sein Leben leider ausmacht, ein Ende. Diese Zerissenheit ist das Phänomen des Kulp.

Mit diesem Kulp haben wir alle viel zu tun.

Es ist weniger seine Geschichte, als die Erscheinungsform, mit der sich ein Mensch weigert, das Leben so zu sehen, wie es nun mal ist. Trotzdem oder gerade deshalb führen wir einen unerbitterlichen Kampf, meist gegen uns selbst. Jeder Vergeblichkeit ausgeliefert, geben wir uns preis, reden uns um Kopf und Kragen, was uns zu monströsen Handlungen führt und zu unberechenbar Verzweifelten macht.

Diese sture Zerissenheit liegt nah am Scheitern. Das Urteil bislang nicht endgültig gesprochen, ist das Ergebnis noch offen, Hoffnung weiterhin berechtigt. Deren schwesterliche Beziehung zur Lächerlichkeit ist längst ausgemachte Sache und taugt zur Verbildlichung.

In Kulps Fall inspiriert mich die erfrischende Uneinsichtigkeit und ich zeichne sie mit dem Bleistift nach. Das zeigen Arbeiten wie der handgeschriebene Roman auf 1200 Meter Seidenpapier, aufgetürmt zu einer monströsen Skulptur oder die standhafte Missachtung der Schreibschablone, in Form von sinnlos ausgefüllten Feldern, die nichts weiter belegen außer: Ich muss etwas tun aber warum?

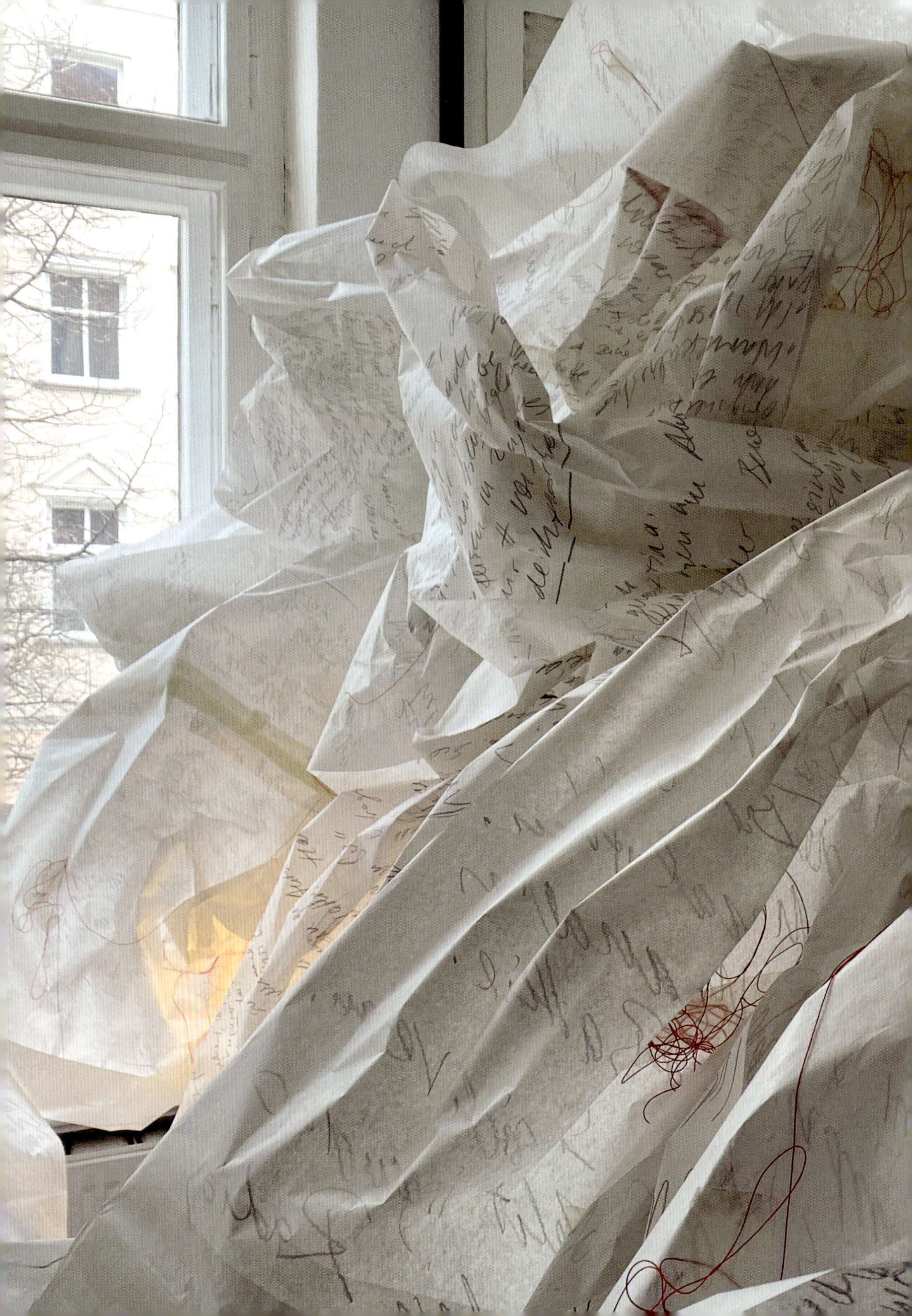

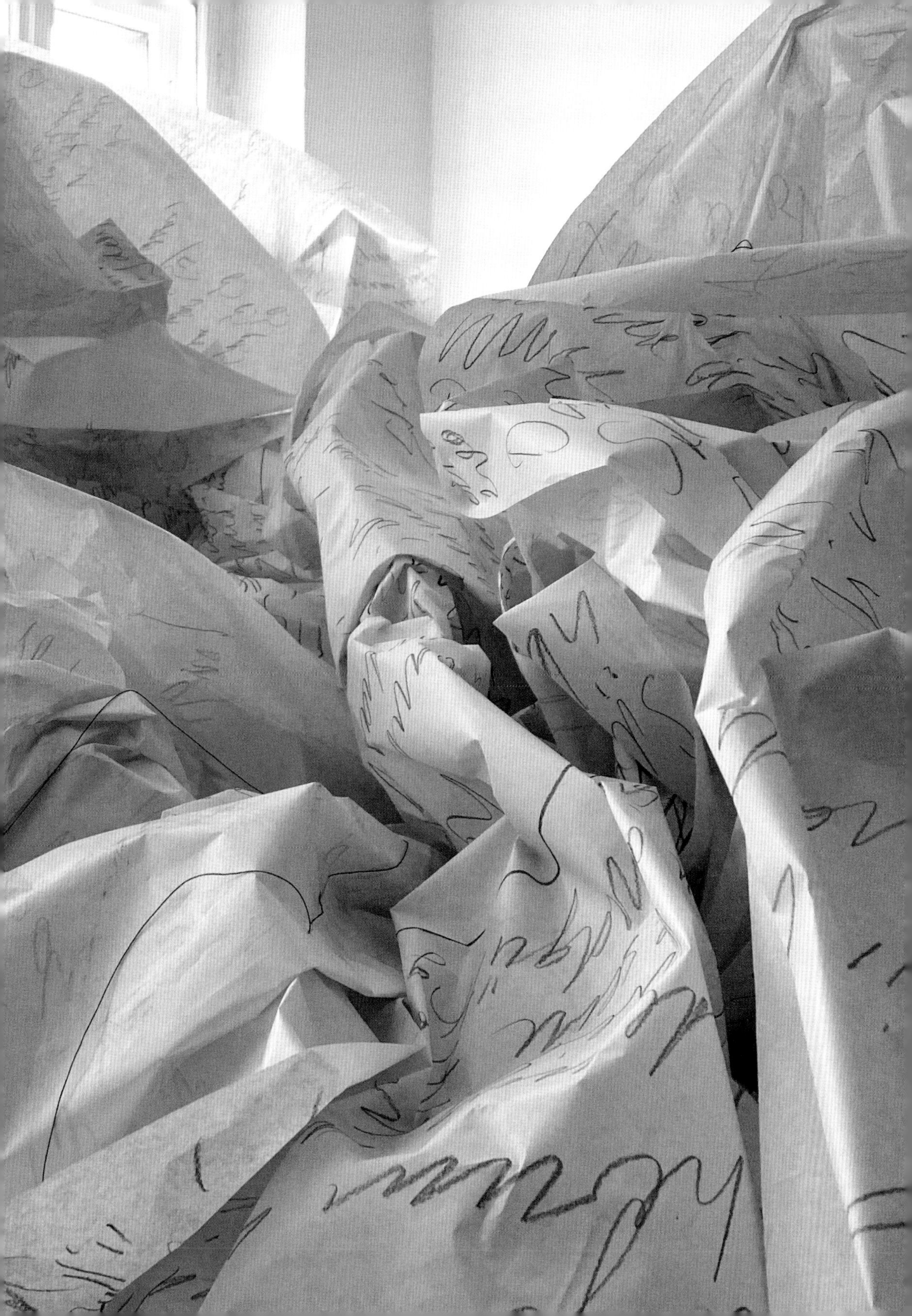

**Die Frage, warum er blind geworden war,** hatte sich Kulp oft gestellt. Der Unfall beschreibt nur das *Wie,* nicht das *Warum.*
Auf die Frage *Warum hatte er gesehen?* konnte die Antwort ergiebiger sein. Vor allem, wenn er seine Erblindung ins Verhältnis dazu setzte. Wer konnte das schon? Kulp fing an, das Sehen als Phänomen kritischer zu betrachten. Immer häufiger hielt er Notburg an, ihm Dinge zu beschreiben, die ihm gefielen oder nicht. Er wollte die Gründe wissen.
Notburg sollte über seine Rosen sprechen und Kulp war überrascht, wie unbeholfen er sich ausdrückte, bei so viel Hingabe, die er ihnen widmete.
„Die Rosen liebe ich." Je größer die Liebe, desto flacher die Worte.
„Sie sind zart."
„Bitte sprechen Sie darüber, was Sie sehen, nicht über Eigenschaften."
„Sie sehen zart aus. Ihre Blätter liegen ineinander, als schützten sie ihr Inneres. Der geschwungene Rand jedes einzelnen Blattes wirkt organisch und weich, fast unschuldig."
„Aber sie haben Dornen. Man kann sich an ihnen verletzen. Würde man ihre Zartheit, von der Sie sprechen, nicht sehen, könnte man sie für gefährlich halten. Sie sind trügerisch."
„Mag sein, aber sie sind auch nicht zum Anfassen da. Jedenfalls nicht die Stiele."
„Das Sehen ist nicht immer von Inhalt getragen."
„Nun machen Sie die Augen nicht schlecht."
„Das tue ich nicht. Ich stelle nur fest, dass es Ihnen genügt, die Rosen mit dem Blick abzuwandern. Das Bild, das Sie erhalten, gefällt Ihnen, obwohl es nur die oberste Schicht eines Gegenstandes ist. Der Blick trifft nie das Wesen."
„Muss er das?"
„Nein. Aber für mich ist es gut zu wissen, dass die Augen einen nicht in die Tiefe führen. Über das Auslösen kurzer Begehrlichkeiten oder Abneigungen kommen sie nicht hinaus. Wissen Sie, ich denke viel über den Nutzen des Sehens nach. Ich versuche, den Verlust genauer zu ergründen und ich habe das Gefühl, dass der Verlust für mich viel überschaubarer ist, als ich dachte und auch, als es diejenigen vermuten, die man als Sehende bezeichnet."
„Die man als Sehende bezeichnet?"

„Ja. Die Frage ist: Was ist mit Sehen gemeint?"
„Im philosophischen Sinn?"
„Vielleicht, ja. Ich jedenfalls fange an, mich mit einem Begriff des Sehens zu befassen, der mich in viel weitere Sphären führt. Seither geht es mir besser."
„Aber ich bitte Sie, mein Lieber, das ist doch nichts anderes als die Suche nach der neuen Beschreibung einer Behinderung. Sie ändert nichts an den Fakten."
„An den medizinischen Fakten sicher nicht. Aber wenn man vom rein Physiologischen absieht, von der reinen Mechanik des Sehens, wenn man das Sehen mit Wahrnehmung gleichsetzt, sieht die Sache anders aus. Ich denke, dann ist die Überschätzung des schnellen Blicks, der verbunden ist mit Ein- und Zuordnungen und entsprechenden Urteilen, eine größere Behinderung, als es die Erblindung ist."
„Eine kühne Idee!"
„Der Blick selbst ist wie eine Behinderung, der die Entfaltung anderer Sinne verhindert. Das vermeintliche Sehen verdrängt die Notwendigkeit, sich anderen Sinnen zu widmen, ihnen zu vertrauen. Der Blick ist immer zu schnell und greift allem anderen vor. So haben Sie zum Beispiel über die zarten Blätter der Rose gesprochen, aber nicht darüber, dass sie duften."
„Sie hatten mich unterbrochen. Den Duft nehme ich auch wahr. So ist es nicht. Aber wenn Sie so denken, müssten Sie die Sinne allgemein als Illusion betrachten."
„Empfinden, nicht betrachten!" Kulp lachte jetzt. „Oh, mir gefällt der Gedanke, sich dem ganz eigenen Sehen zuzuwenden. Das macht das Sehen viel weniger absolut, als ich bisher dachte."
„In diesem Sinne sind Sie wieder ein Sehender. Willkommen zurück!", sagte Notburg gönnerhaft.
„Nicht zurück! Ich bin nicht in Ihrem Club. Ich lerne gerade, dass es eine andere Form des Sehens gibt, von der Sie leider meilenweit entfernt sind, lieber Freund. Aber machen Sie sich nichts draus. Ich werde Sie daran teilnehmen lassen."
Notburg ging in die Küche und jetzt hätte Kulp zu gern sein Gesicht gesehen.

*> Kulp: Seite 204*

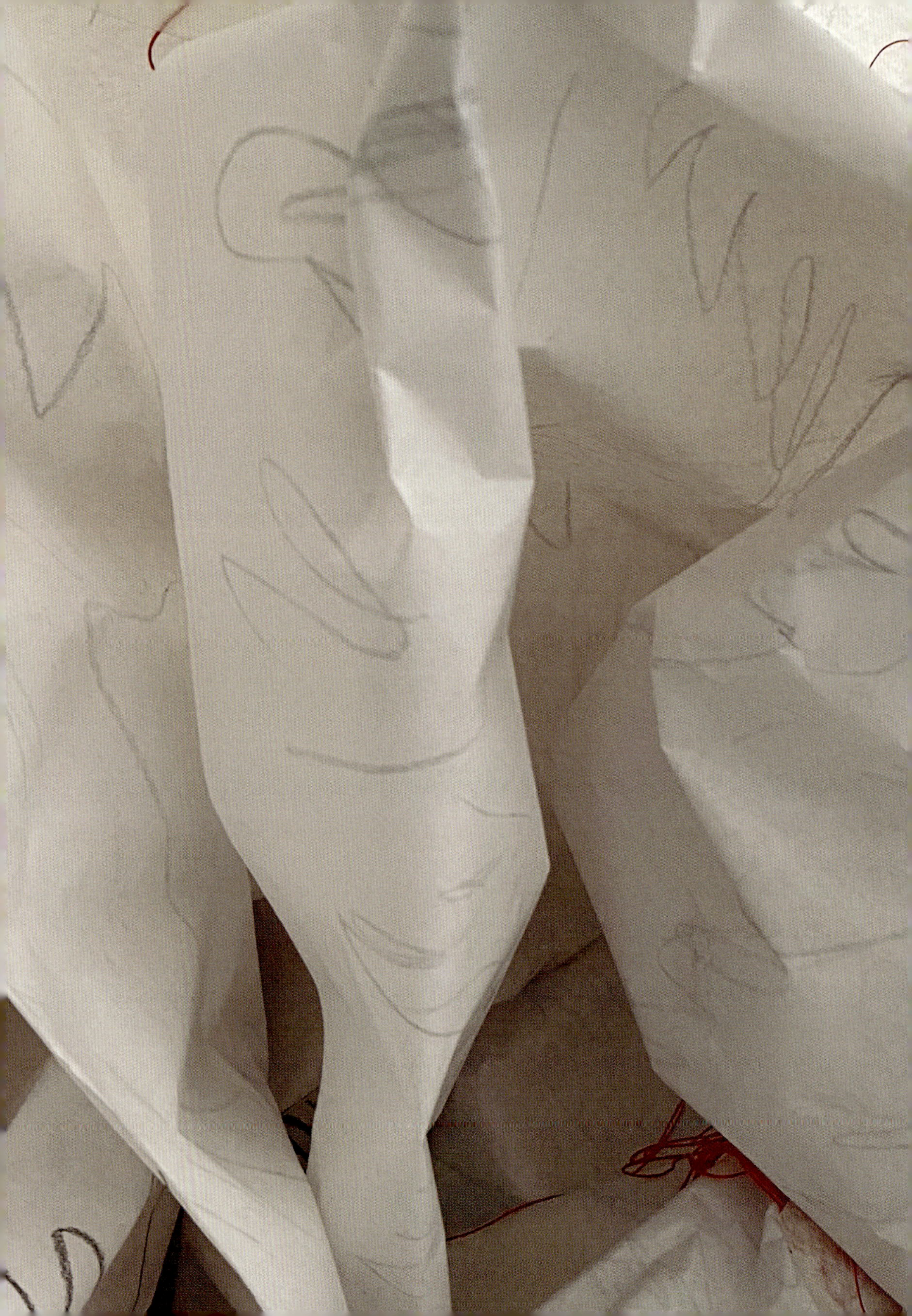

Die Leere des Hauses machte sich in seinem Innern breit und er begann zu sammeln. Er fraß Buchstaben und las den Verlust seiner Geschichte in sich hinein. Jahrelang dachte und fühlte er mit der Seele derer, die über sich und ihre Anliegen schrieben, und er versuchte, sie zu seinen zu machen.
Sein Modell war nicht aufgegangen. Nie waren die Texte der anderen zu seinen geworden, und jetzt, da er sich ihrer nicht mehr bediente, fühlte er sich leerer als je zuvor.

> *Kulp, Seite 29*

**Der Drang zurückzukehren** in das Haus, in dem er seit über vierzig Jahren lebte, hielt sich in Grenzen. Noch nicht einmal in der Vorstellung zeichneten sich schärfere Linien ab, die zur Orientierung taugten. Die Blindheit schien einen schaurigen Nebel über seine Erinnerung gelegt zu haben, und weil Kulp darüber nachdachte, was in seinem Haus noch Bedeutung haben würde, was übrig sein würde, wenn er das, was ihm vertraut war, nicht mehr würde sehen können, schüttelte er wortlos den Kopf.
Er hatte keine Antwort.
Sein Zuhause gab es von nun an nur noch in der Vorstellung. Überhaupt würde ab jetzt alles nur noch im Kopf passieren. Tatsachen gegen Fantasie, und der würde er glauben müssen.

*> Kulp, Seite 10*

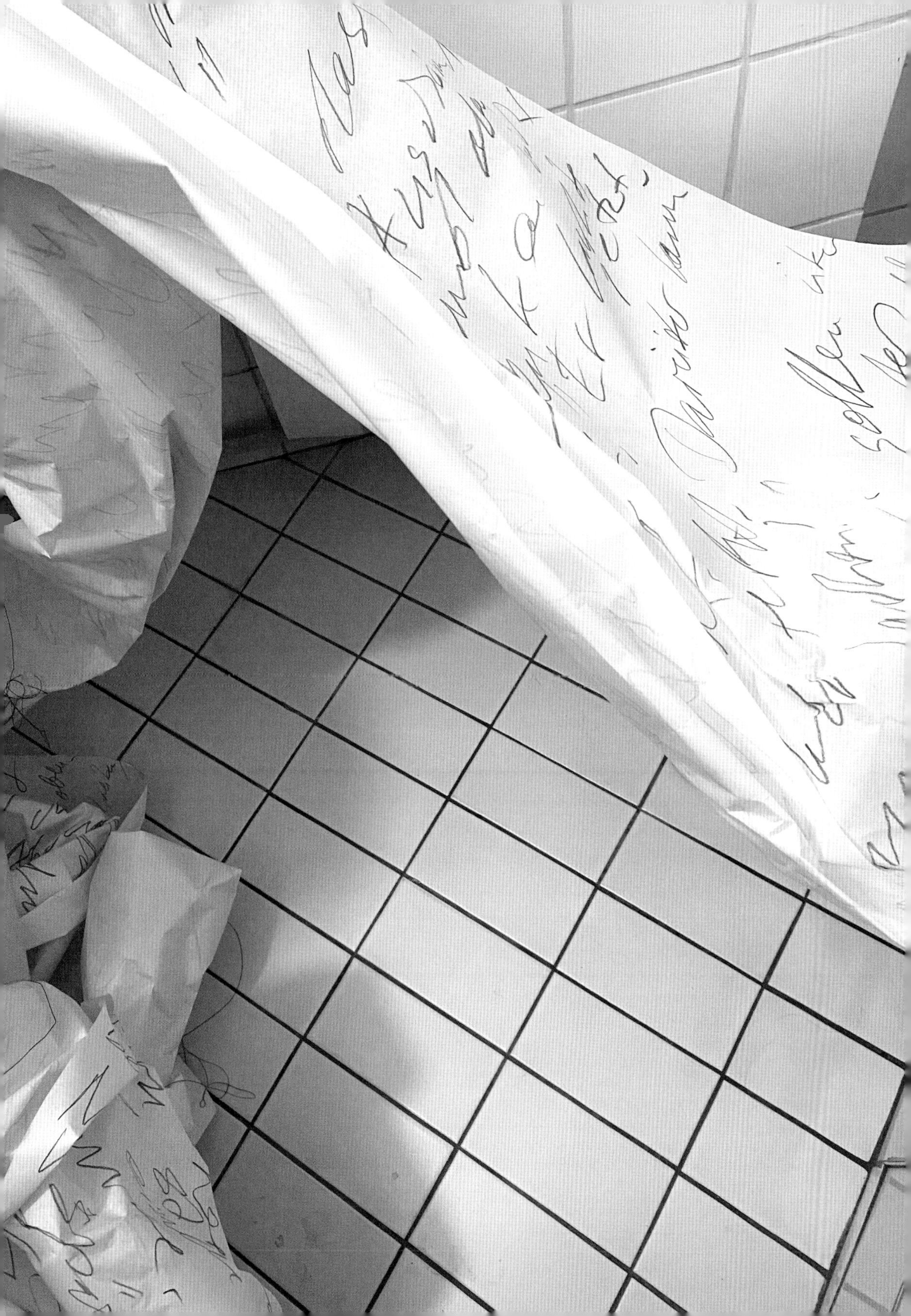

**Sie stiegen ins Auto.** Ein großer Wagen, die Stufen schwer zu erklimmen. Als er endlich saß, beugte sich Charlie über ihn, schnallte ihn fest und stellte den Sitz für ihn bequem. Es geschah alles ohne sein Zutun.
„Erblindung ist keine Krankheit", hatte ihm die Psychologin noch gesagt. Auch sie hatte Kulps Hand genommen. Alle grapschten jetzt danach. Wissen Sie, hätte er ihr gern entgegnet, es ist mir so was von egal, ob Sie die Blindheit als *Krankheit* oder *Behinderung* bezeichnen, die Folge ist das, was zählt. Nichts weiter. Und die Scheißfolge ist: dass ich nichts sehe!
Charlie fuhr ruhig. Kulp konnte nur am Klang des Motors erkennen, ob er schnell oder langsam fuhr. Er spürte es nicht. Wahrscheinlich gab es keine Beziehung zu Geschwindigkeit, wenn man ohne Augen war.
Er hatte seinen Kopf zur Seite gedreht, zum Fenster hin. Wie würde man das nennen, was er jetzt tat: Er starrte in eine Richtung, er richtete seinen Blick nach draußen. Nur: Weder starrte er, noch hatte er einen Blick.
War es schon dunkel? Hatte das Fenster eine verdunkelte Scheibe? Gab es Lichter?
Er nahm seine Brille ab, aber es änderte sich nichts. Keinen Schatten, keinen Lichtschein, keinen Farbschimmer. Mit oder ohne Brille: Er sah nichts.

> *Kulp, Seite 13*

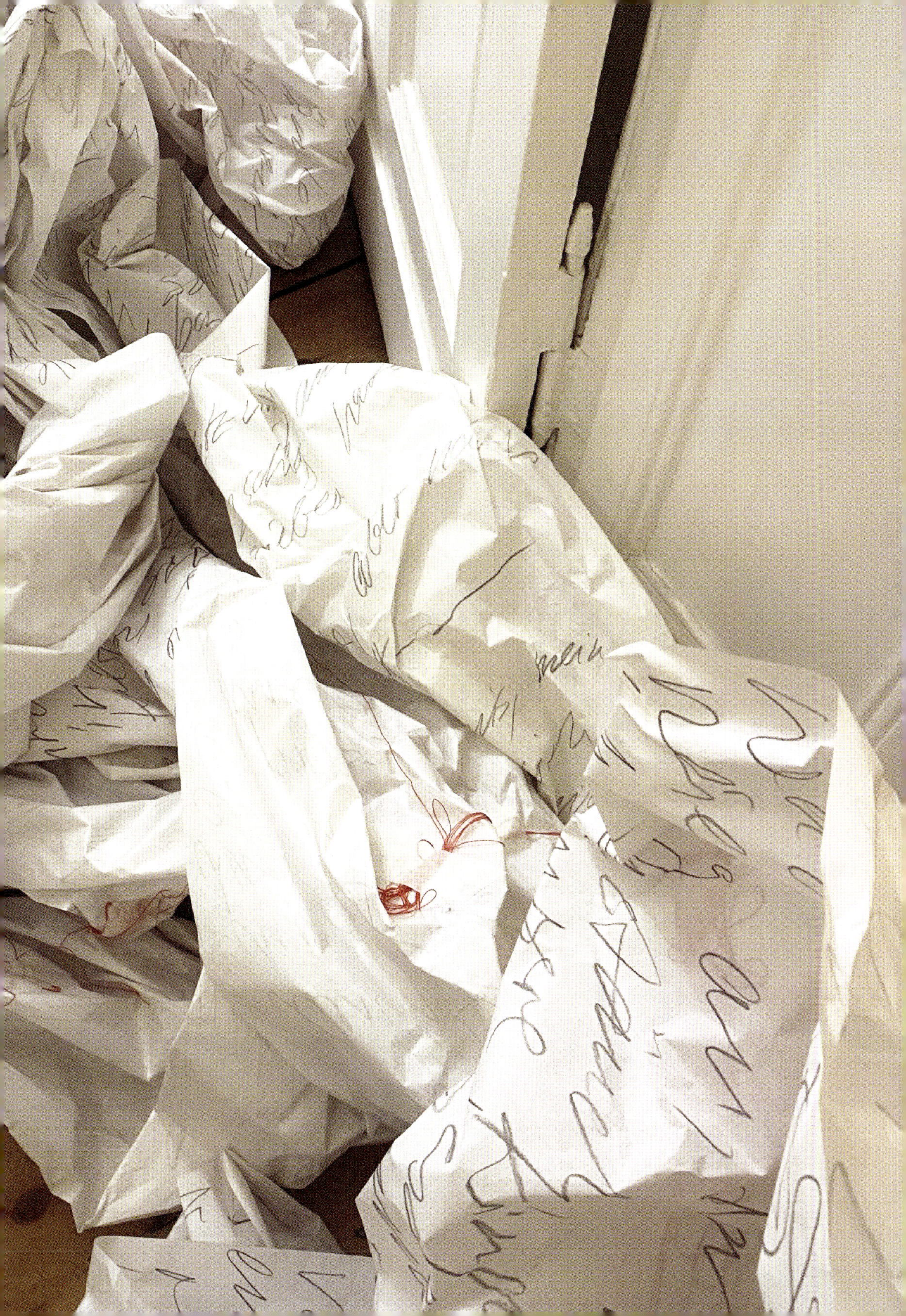

**Vielleicht, dachte Kulp,** glich er einem Monster, dessen Anblick Kindern und Erwachsenen Alpträume verursachte, weil die Blindheit andere mit Versehrtheit konfrontierte, in Form eines lädierten Gesichts, eines tumben Ausdrucks, eines verräterisch zögernden Schritts, eines tastenden Geräuschs des Stocks, eines Schlurfens von Füßen, die er nicht hob, um den Bodenkontakt nicht zu verlieren – all das brachte Leute zum Verstummen wegen eines Phänomens, nicht wegen eines Menschen – und weil er störte.

*> Kulp, Seite 16*

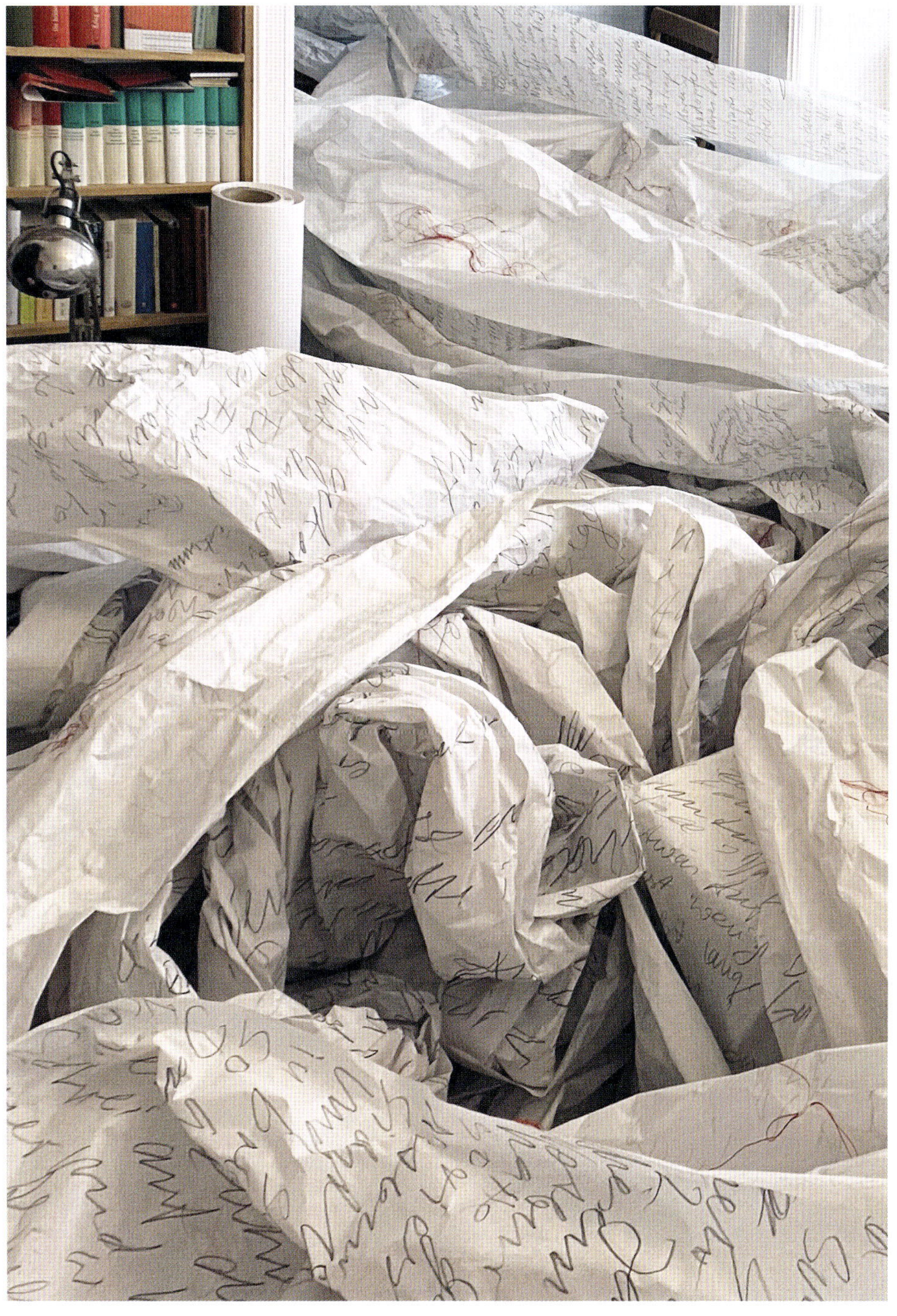

**„Vielleicht ist es ein Vorteil,** wenn man nicht mehr so viel nach dem Äußeren geht."
„Gehen kann."
„Gehen kann, ja. Sie werden Ihre Anhaltspunkte finden, nein, natürlich haben Sie sie schon. Wahrscheinlich wird es nur darum gehen, ihnen zu vertrauen."
„Klingt ganz wundervoll. Welche Wahl habe ich überhaupt?"
„Sich einzukapseln, sich zu bedauern, zu vereinsamen."
Sie gingen weiter. An der großen Eiche angekommen, legte Kulp seine Hand auf die Rinde und ließ sie dort einen Moment ruhen.
„Habe ich kurze Haare oder habe ich einen Haarschnitt?", fragte er plötzlich.
„Wenn Sie auf diesen Unterschied bestehen: Ihre Haare wurden kurz geschnitten."
„Man hatte mich nicht gefragt."
„Was meinen Sie?"
„Man hat mir die Haare einfach abgeschnitten irgendwie."
„Es ist kein Modellschnitt, wenn Sie das meinen."
Charlie klang verächtlich und Kulp ärgerte sich. Dass es albern war, als Blinder immer noch eitel zu sein, war Teil des Problems. Diese Eigenschaft stand ihm nicht mehr zu, sie wurde ihm geradezu verwehrt und er überlegte, wie dicht Erblindung und Entmündigung beieinanderlagen. Wenn er Pech hatte, war es dasselbe.

*> Kulp, Seite 21*

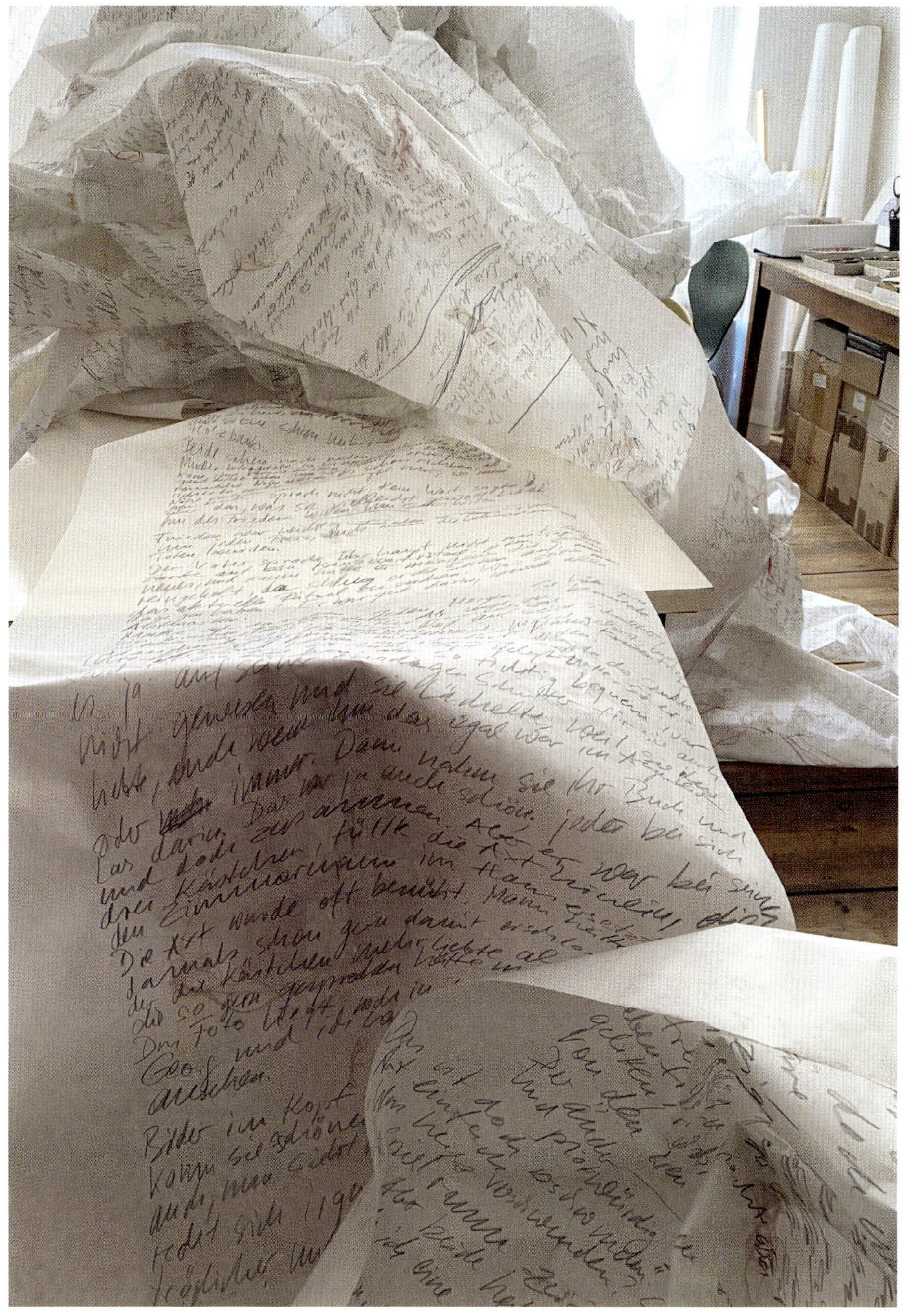

**„Was ist der Unterschied** zu Ihrem vorherigen Leben, außer, dass Sie jetzt blind sind?“

„Soll das Ihr Ernst sein?“

„Bitte antworten Sie mir, Herr Kulp.“

„Es war vollkommen anders! Ich hatte eine Frau, ich habe gelesen, geschrieben, ich bin in die Stadt gefahren, spazieren gegangen … was man so macht … ich war …“

„Waren Sie glücklich?“

„Sind Sie glücklich? Wer kann das beantworten?“

„Waren Sie glücklich?“

„… Ich kann Ihnen diese Frage nicht beantworten.“

„Und heute?“

„Nein.“

„Was nein?“

„Nein. Ich bin nicht glücklich. Ich bin versehrt. Ich vermisse vieles. Ich bin nicht mehr der, der ich war.“

„Wer waren Sie denn?“

„Keine Ahnung.“

„Ein Wort für das, was Sie waren, ein einziges Wort, das es beschreibt bitte!“

„Das ist eine Zumutung!“

„Sie waren eine Zumutung.“

„Nein. Ja, das auch. Ich war eine Zumutung. Und wenn Sie wollen: ein Getriebener.“

*> Kulp, Seite 56*

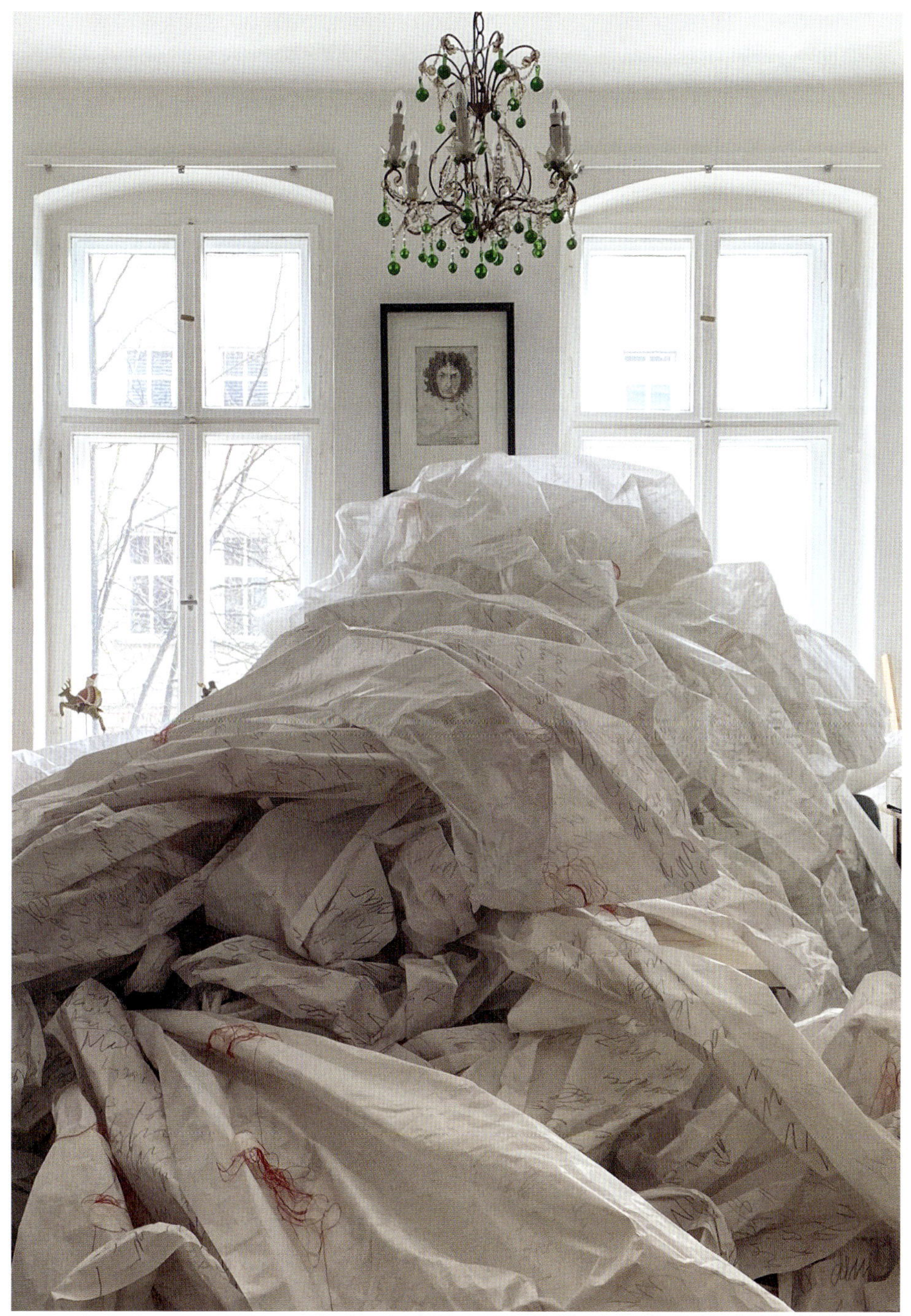

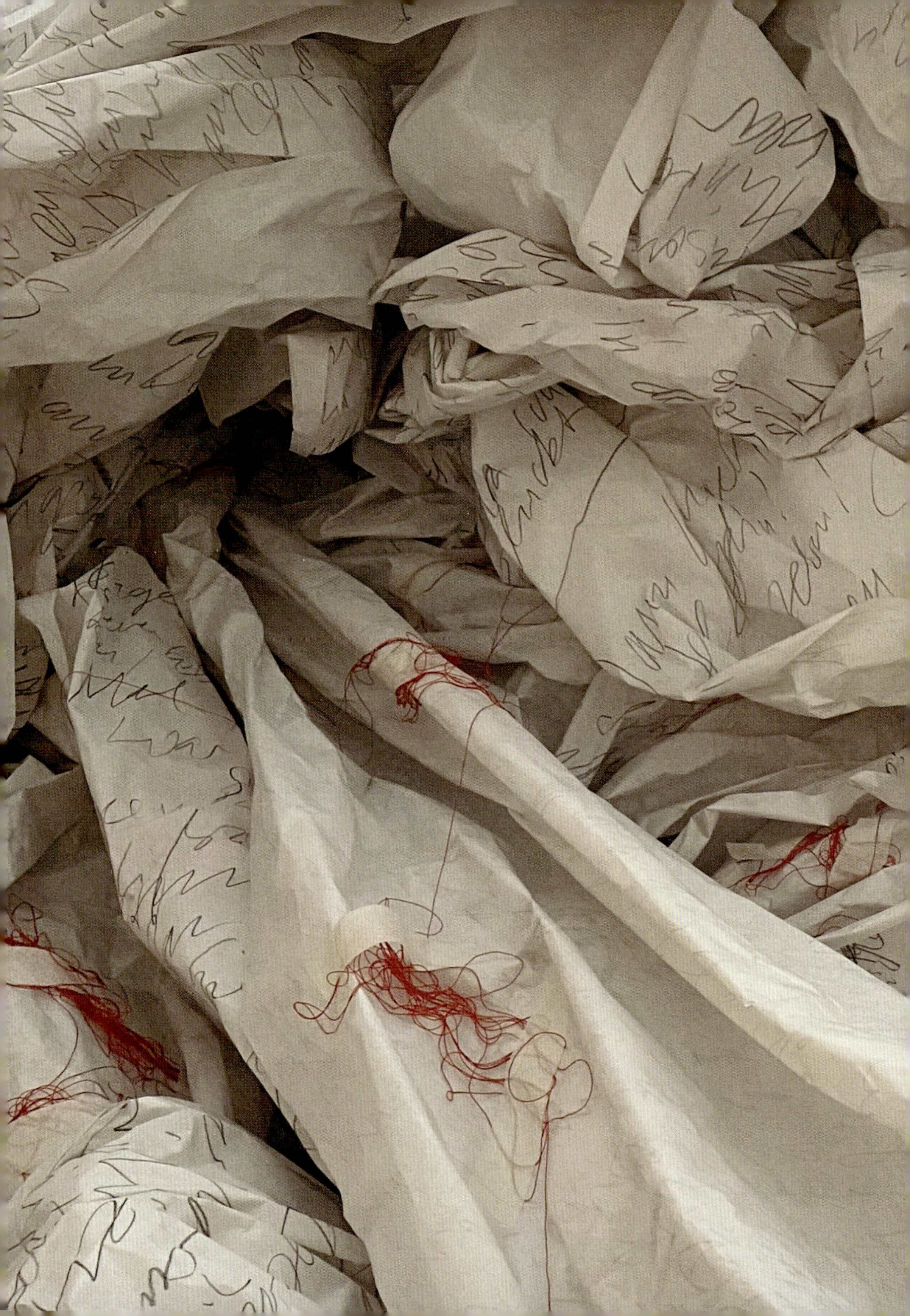

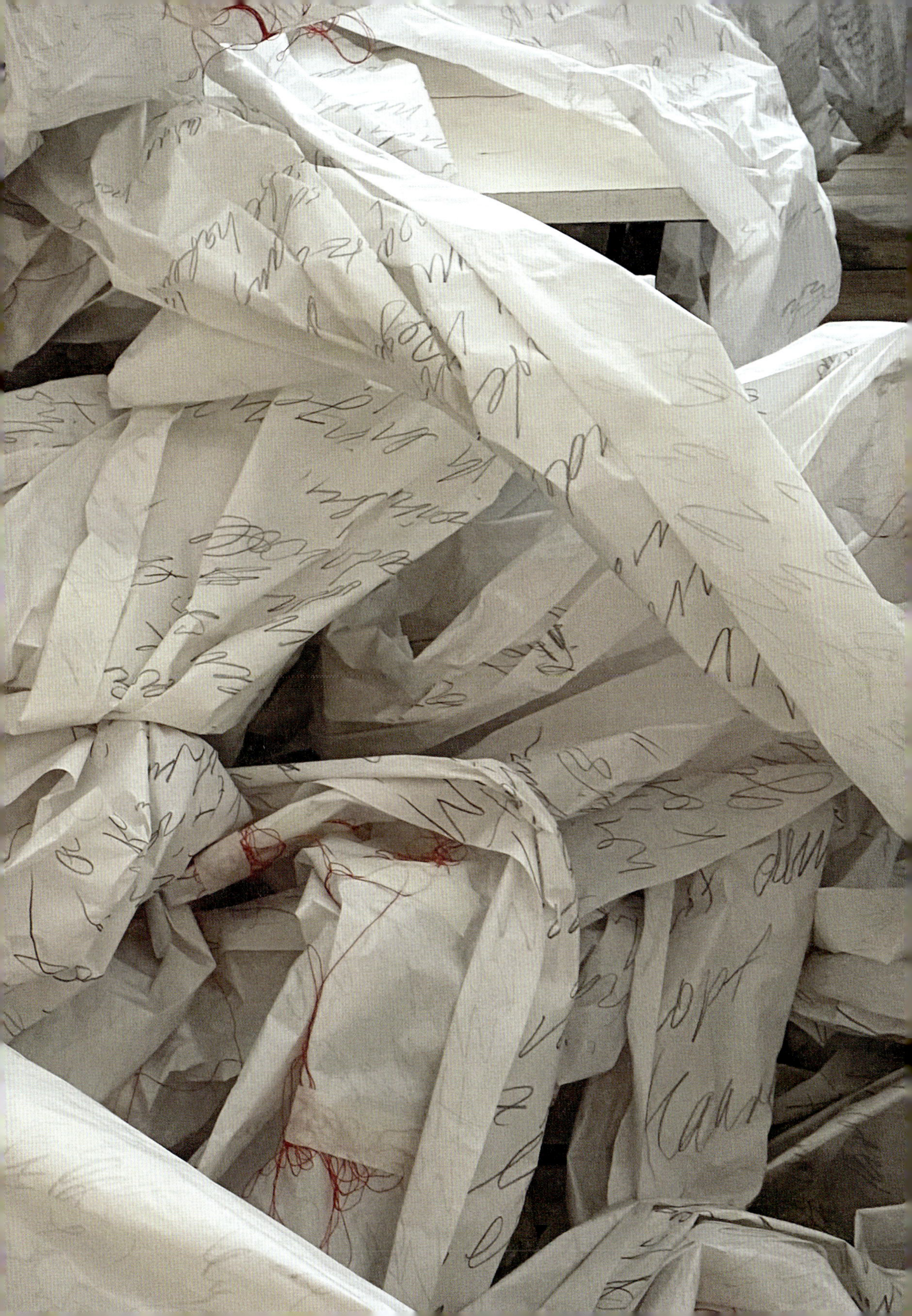

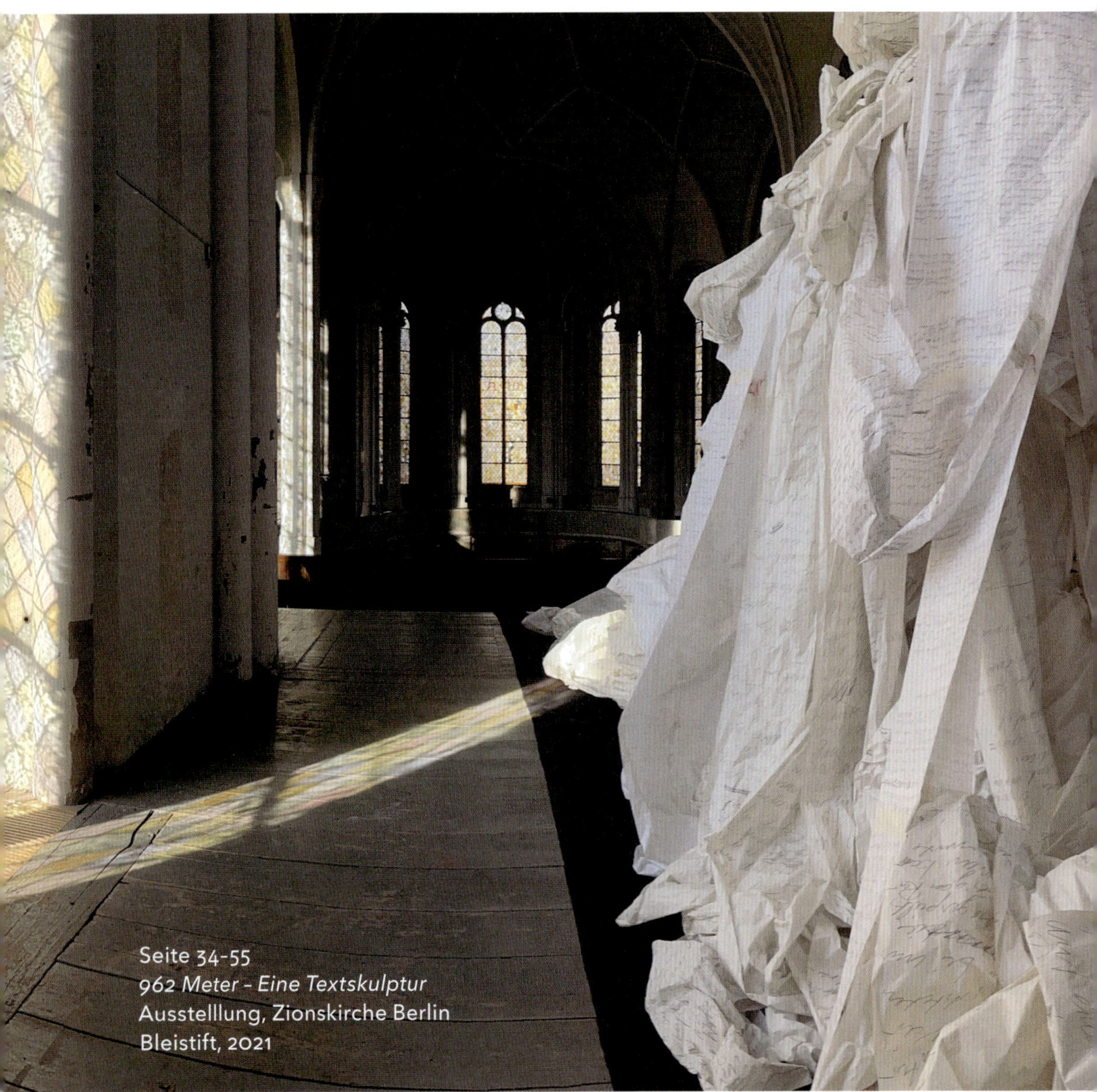

Seite 34-55
*962 Meter – Eine Textskulptur*
Ausstelllung, Zionskirche Berlin
Bleistift, 2021

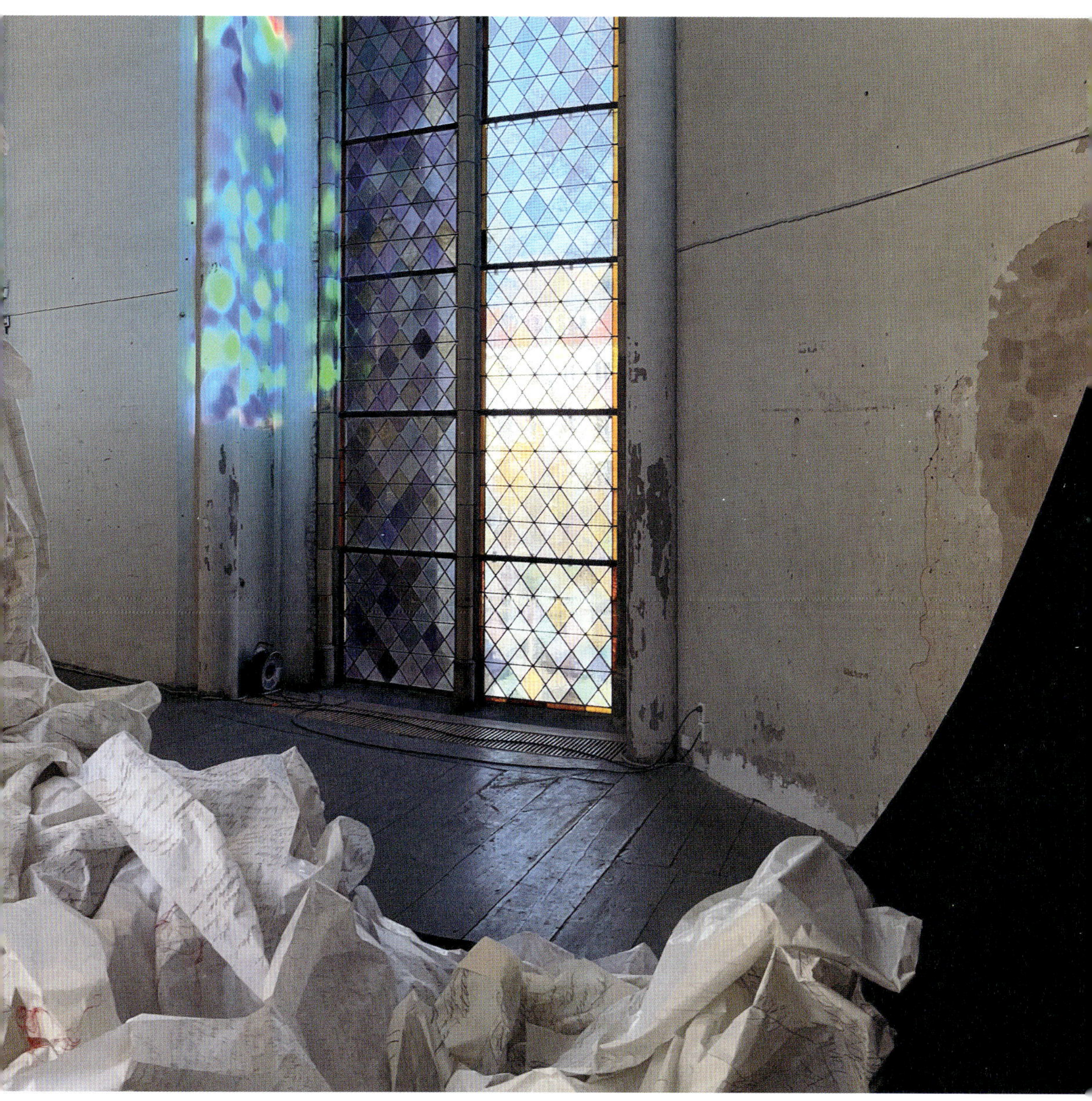

„Mensch, Kulp! Nehmen Sie die Blindheit als Geschenk.
Hören Sie auf zu denken und schreiben Sie.“

*> Kulp, Seite 198*

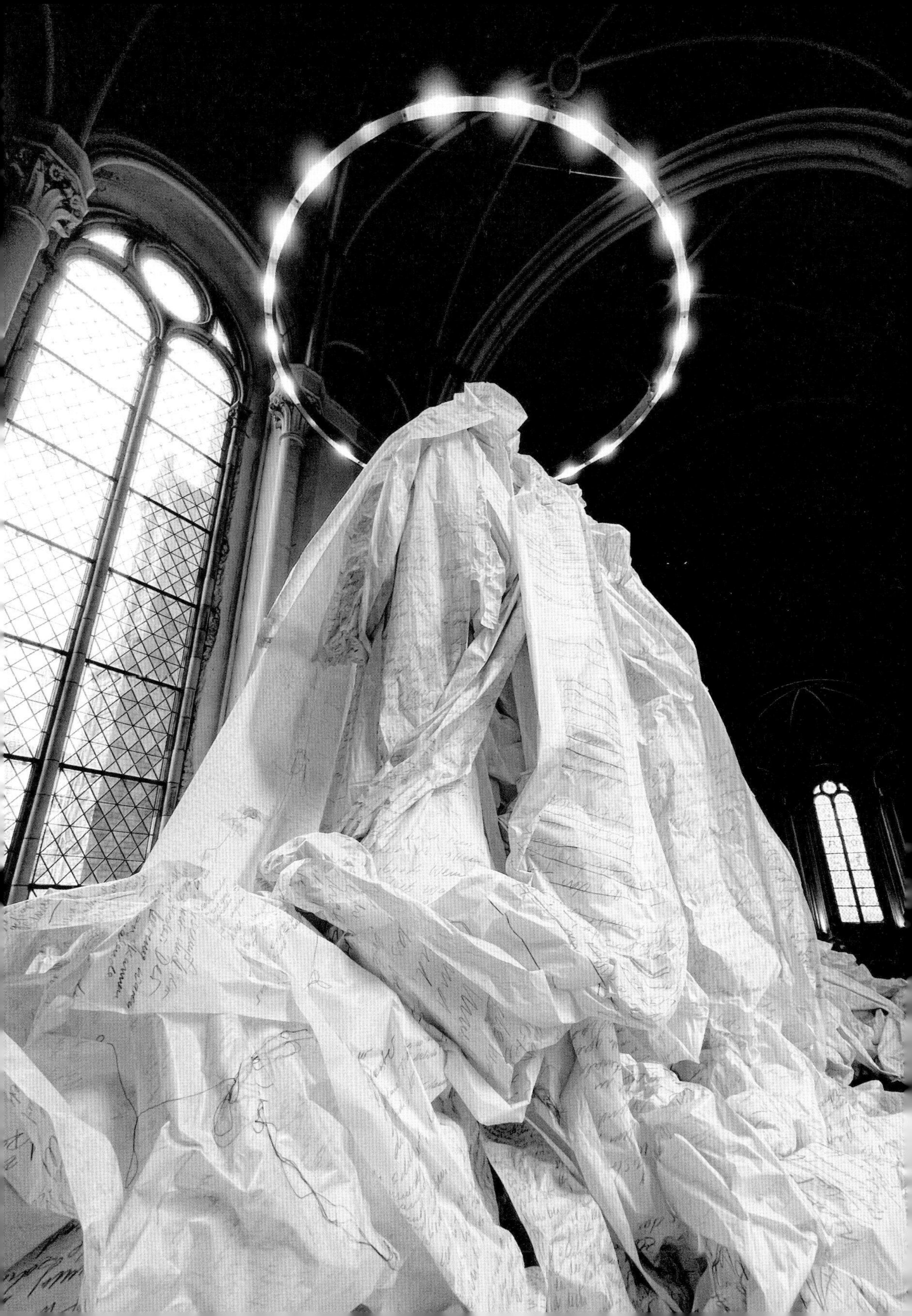

**Kulp war aufgestanden** und ans Fenster getreten.
Er lächelte über seinen verwegenen Ausflug, mit dem er sich aus dem Sessel gehievt hatte, um quer durch den unbekannten Raum zu stolpern und ein bisschen Frischluft zu schnappen.
Die Unternehmungslust hielt nicht lange an und Kulp steuerte, aus windiger Ungewissheit und durch seine Blindheit geläutert, wieder den sicheren Hafen des Sessels an.

*> Kulp, Seite 47*

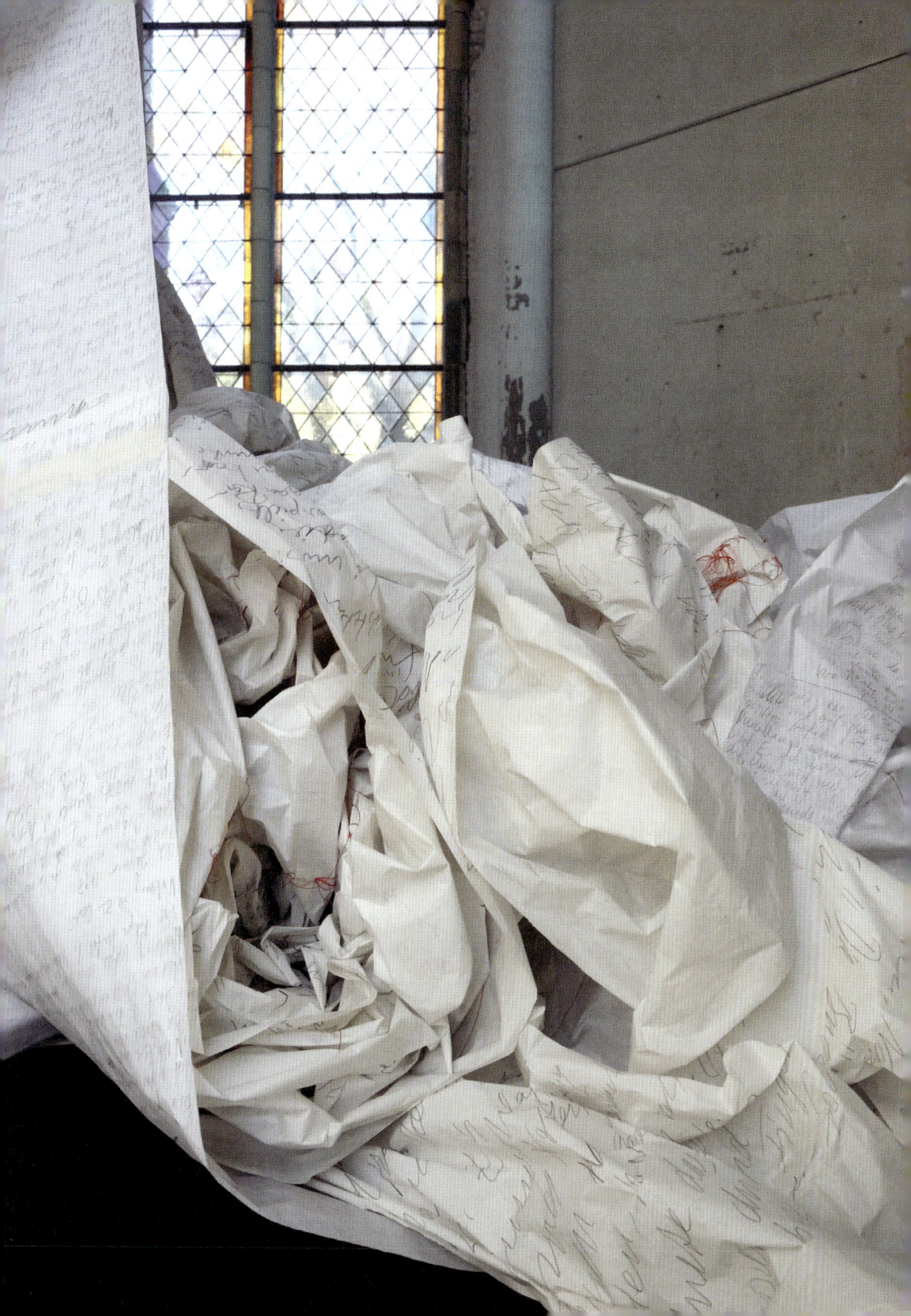

**Ein halbes Jahr war Kulp jetzt blind** und immer noch hatte er keine Idee, wie es weitergehen sollte.
Einige Leute hatten sich inzwischen seiner angenommen, das Sorgenkind, bei dem sie die Stirn in Falten legten, was er nicht sah, aber spürte. Sie alle sahen gut und wussten, wie er mit der Tatsache, nicht zu sehen, am besten umzugehen hatte. Sie hatten wohlmeinende Tipps, betonten, wie wichtig es für einen blinden Menschen sei, sich über alles genau zu informieren. Man müsse sprechen, mit allen sprechen, Vieles durch gute Verständigung ausgleichen, man müsse offen sein, immer wieder nachfragen, wenn man etwas nicht vollständig verstanden habe, müsse fremde schwitzige Hände nehmen, sich unterhaken und führen lassen im Vertrauen darauf, dass es schon richtig sei, was der andere täte, der im guten Sinne handelte, ganz sicher in seinem guten Sinne.

Am Anfang hatte er die Musik noch gehört, Hans Hotter sang seine Arien. Immer wieder von Neuem begann die Musik zu spielen, Endlosschleife, Hans Hotter sollte immer singen, sollte ihn begleiten, sollte dabei sein, nur Hotters Stimme wollte Kulp hören, das hatte er so beschlossen, letzte Entscheidung.
Nach mehreren Tagen hörte er nichts mehr, dachte nichts mehr, aß nichts mehr, trank nichts mehr, bewegte sich nicht mehr, wollte nichts mehr, wollte nur verhungern, verdursten, dämmern, bis es soweit war und das Ende endlich kam.
Er hatte gehört, man würde kurz vorher Licht sehen. Es lohnte sich also, zu warten und sich wegtragen zu lassen vom dämmernden Erinnerungszustand, denn je mehr man sich diesem Zustand hingab, umso eher kam das Licht – einer Erlösung gleich, so hatte er das gehört.

> *Kulp, Seite 37*

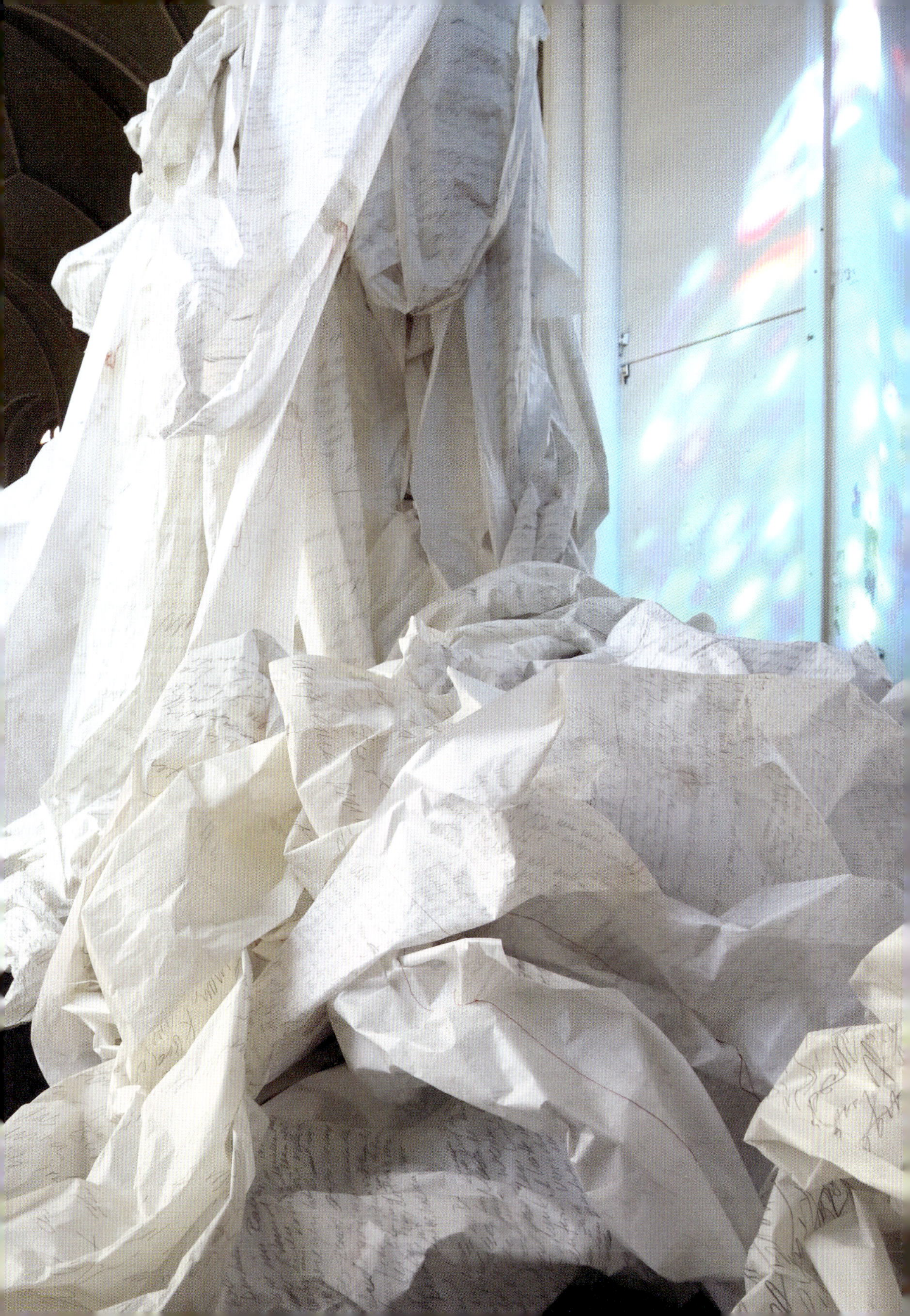

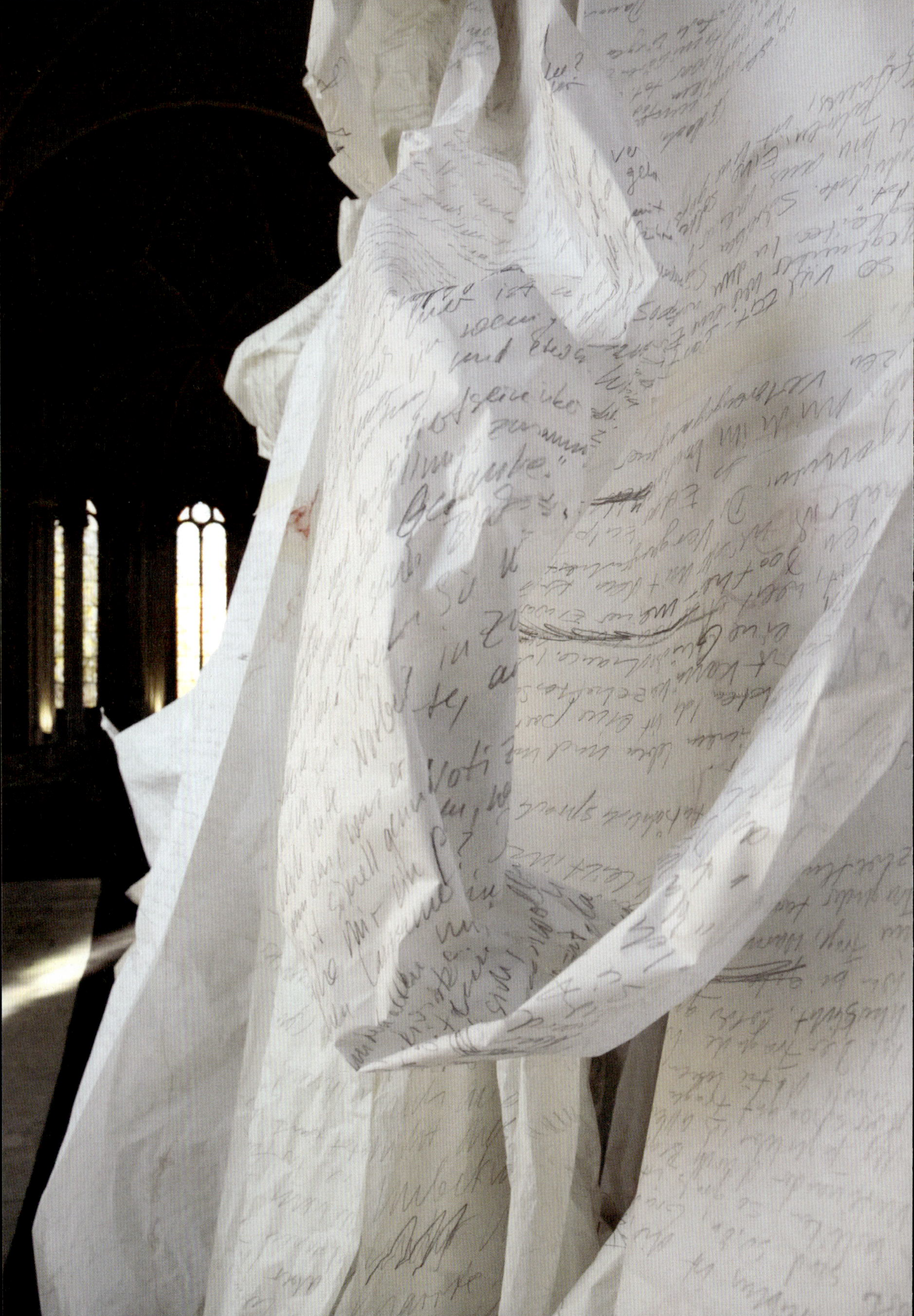

**„Das ist doch nicht so schwierig:** Es geht immer nur darum, was man über Erlebtes erzählen kann, nicht um das Erlebte selbst. Und immer schauen sich die Menschen beim jeweiligen Erinnern zu: vergleichen, sammeln, kommentieren, bewerten. Dann nehmen sie diese Stücke verbrauchten Lebens auf und versuchen, das von einem Karren herabgefallene Gut für ihr Leben zu verwenden und es in ihren eigenen zu ziehenden Karren einzubauen. Alle, auch die Nachfolgenden, suchen herabgefallene Teile und jeder, der lebt, blickt zurück, sammelt auf und stellt neu zusammen."

„Ja, natürlich. Wer hat behauptet, dass Erinnerungen immer an die Wahrheit gekoppelt sein müssen? Und wer kann es überprüfen? Wollen Sie das übernehmen?"

„Bin ich naiv, oder was? Natürlich weiß ich, dass es immer um die Wahrheiten geht, die im Augenblick erträglich scheinen."

„Eben. Wir halten es sonst nicht aus, Kulp! Wir halten es nicht aus! Wir alle nehmen herabfallendes Gut von irgendwelchen Karren. Es sind nicht immer unsere eigenen Stücke, die wir zu unserer Geschichte machen, von der wir dann behaupten, es seien Erinnerungen beziehungsweise Teile gelebten Lebens, unseres Lebens, versteht sich.
Für eine erzählbare Lebensgeschichte nehmen wir alles!
So ist das nun mal: jeder Person ihre Erinnerung!"

*> Kulp, Seite 135*

**Obwohl nur eine Eigenschaft,** füllt die Blindheit eine Erzählung. Es schien Kulp, als sei sie das Einzige, was ihm geblieben war. Ein Blinder ist ein Blinder ist ein Blinder ist ein Blinder ist ein Blinder ist blind, ist blind und bleibt blind und ist nur das. Nur blind.
Damit einher gehen andere Eigenschaften, die zum Blindsein passen, die es ergänzen, steigern und Folgen beschreiben, die grausam sind. Es sprechen darüber die Sehenden.
Sie sehen das Leid, dachte Kulp, sehen die Unfähigkeit. Sie sehen mit ihren Augen eine bedauernswerte Gestalt, die gezwungen ist, ihrem Stock mehr zu trauen als den eigenen Füßen. Und dann beschreiben sie eine Rolle.
Es ist die Rolle eines Unglücksraben. Dagegen kann der Blinde nichts tun. Das schönste Leben würde einem Blinden nicht geglaubt, weil er blind ist.
Was erzählt man zuerst, wenn man über jemanden spricht: Der Mann ist blind. Auf diese Weise haben viele Menschen nie gelebt.

*> Kulp, Seite 65*

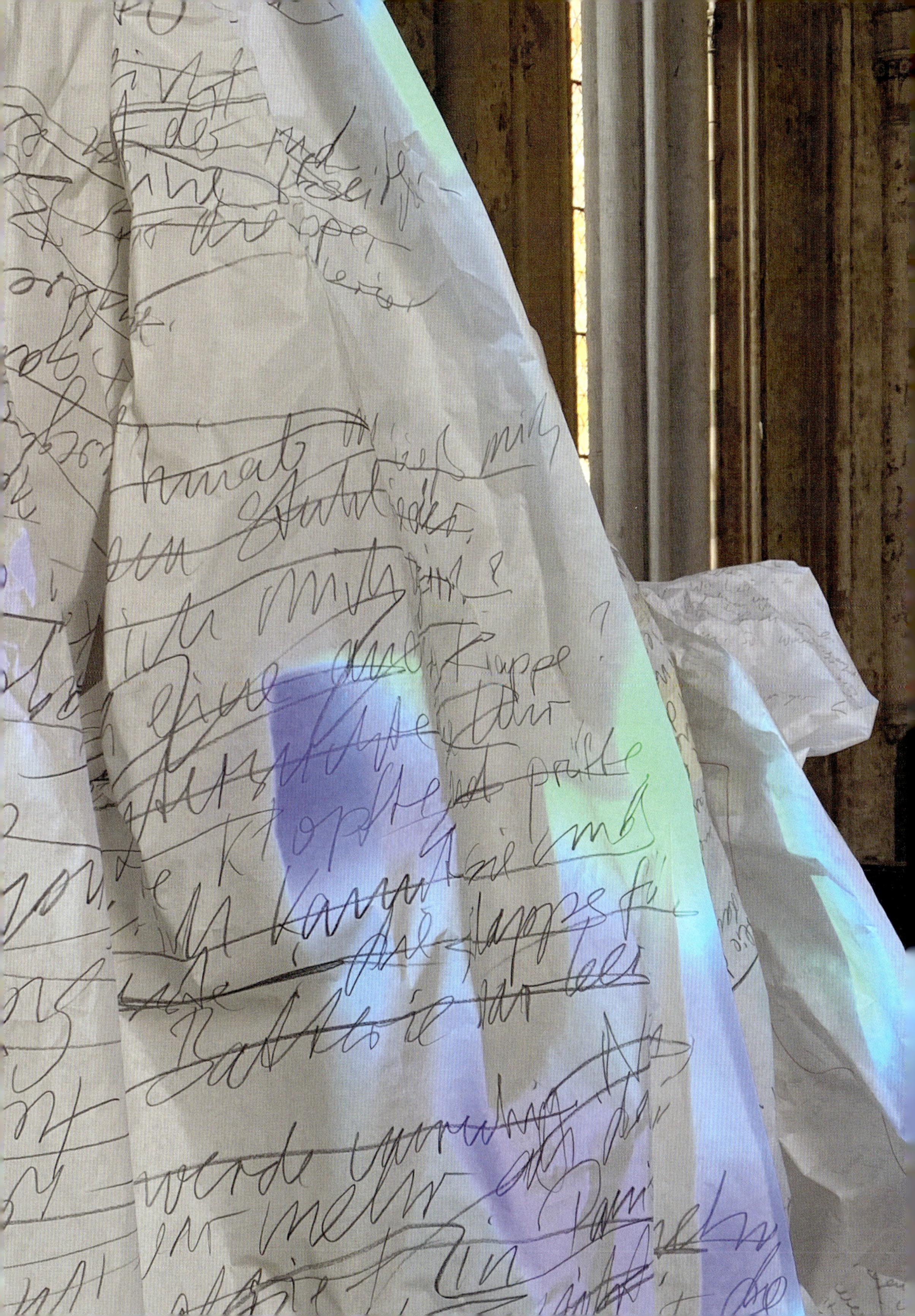

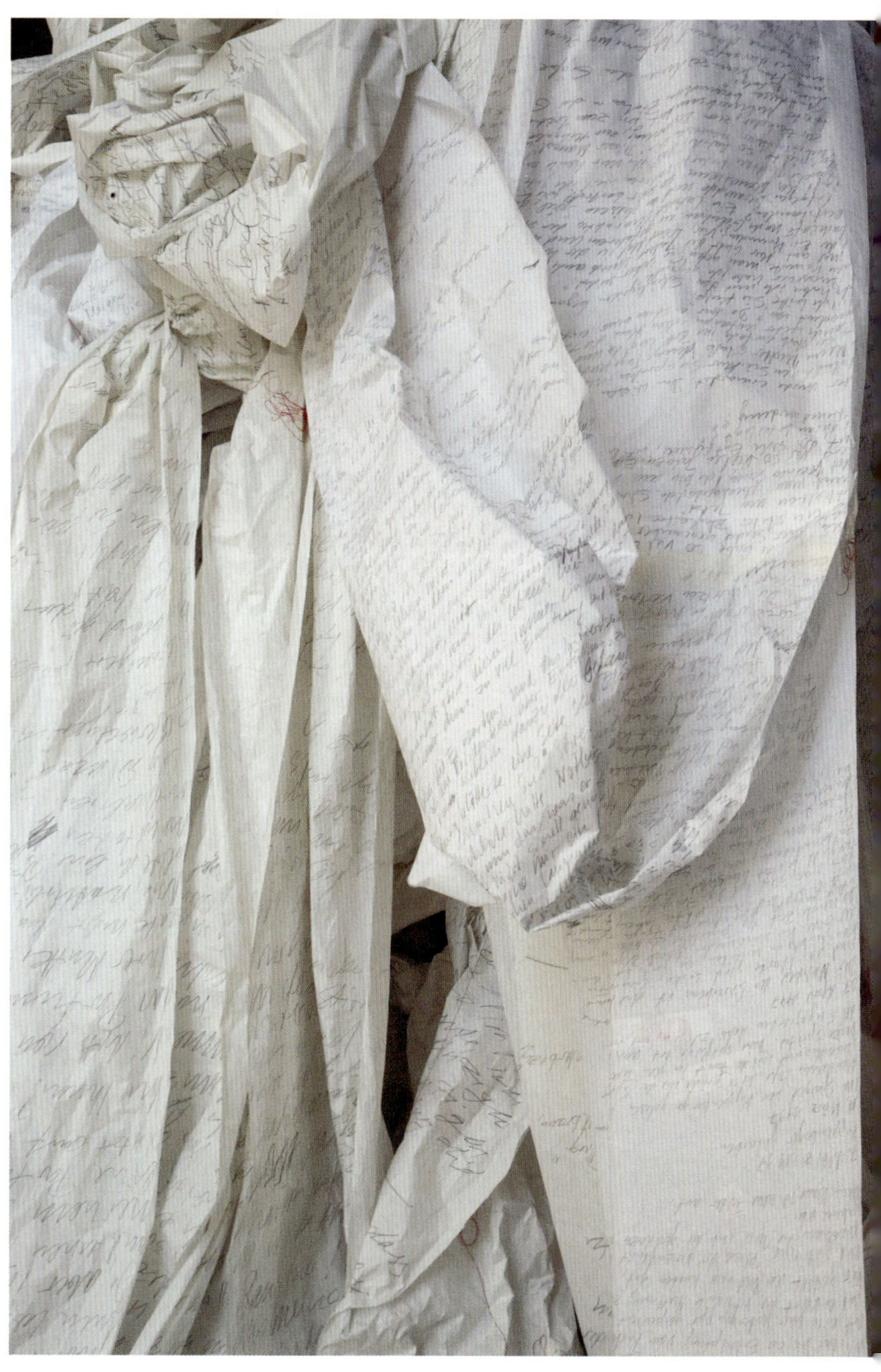

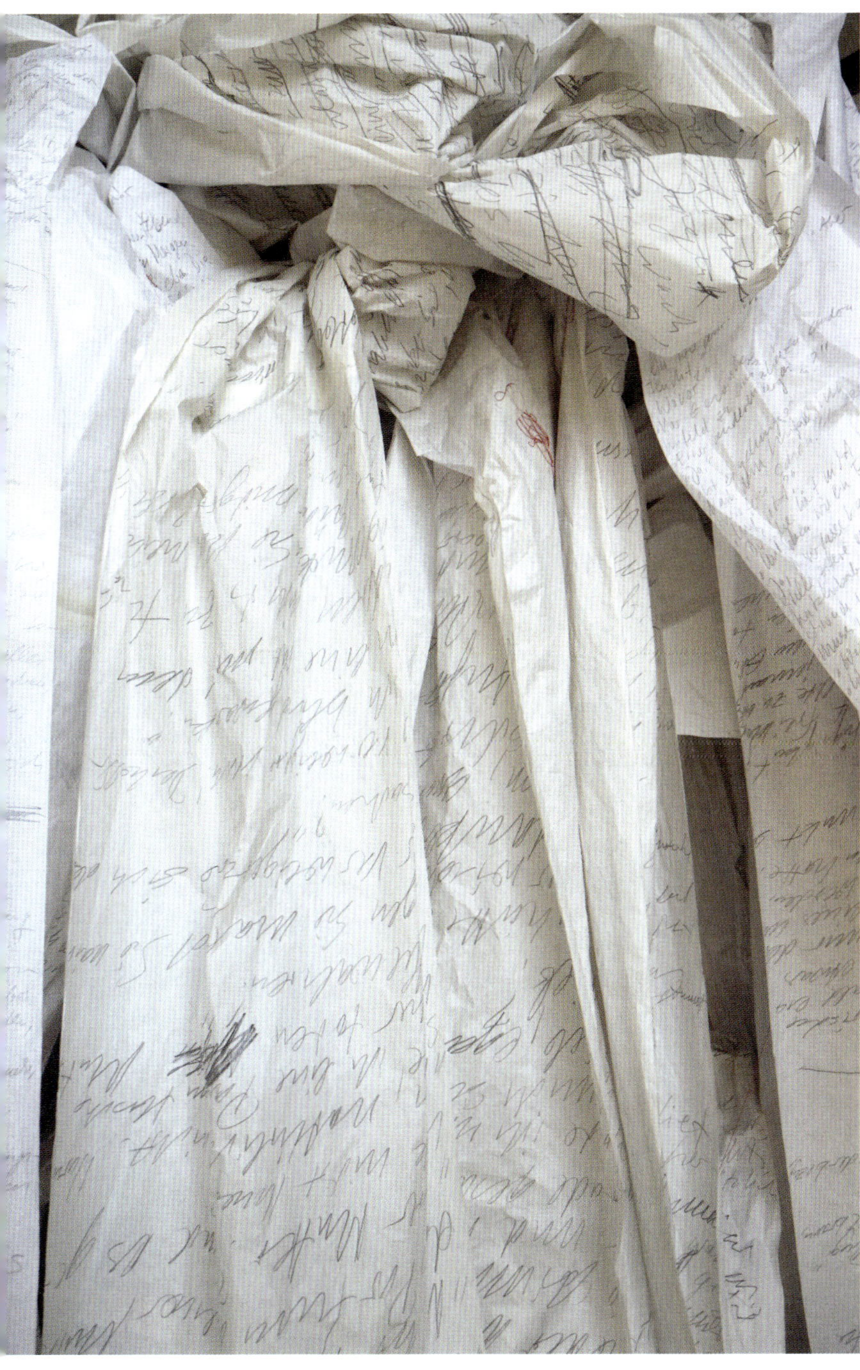

**Und so sprach er** von seinem erzwungenen Neuanfang, der – für jedermann erkennbar – gescheitert war. Gescheitert, weil ihm ein unbekannter Ort immer noch so viel abverlangte, dass er sich nicht selbst helfen konnte, nicht ohne die Unterstützung und Barmherzigkeit anderer Leute.
In Verkennung der Tatsache, dass das Unglück hier nicht die Blindheit, sondern ihre Reaktion darauf war, saßen und lauschten sie seiner Geschichte. Wie viel besser ließ sie sich im Anschluss weitererzählen, wenn der Betroffene, der in ihren Augen zerstört, klein und vom Schicksal gebrochen zu sein schien, vor ihnen saß, endlich mal sprechen durfte über all das, was ihm widerfahren war, dem armen Mann.
Das Ausmaß der Entmündigung kannte keine Grenzen. Sie kam durch die Menschen in seinem Umfeld, nicht durch die Erblindung. Die Menschen machten das Unglück. Die Menschen waren das Unglück.
Angetrieben von einem Anlass wie diesem, hatte er nach langer Zeit unaufhörlichen Berichtens über den Verlust seines Augenlichts beschlossen, damit aufzuhören. Und auch „Danke“ würde er nie wieder sagen. Nie wieder.
„Ich bin ein Scheißaugentier!“, schrie Kulp in den Raum.

> *Kulp, Seite 69*

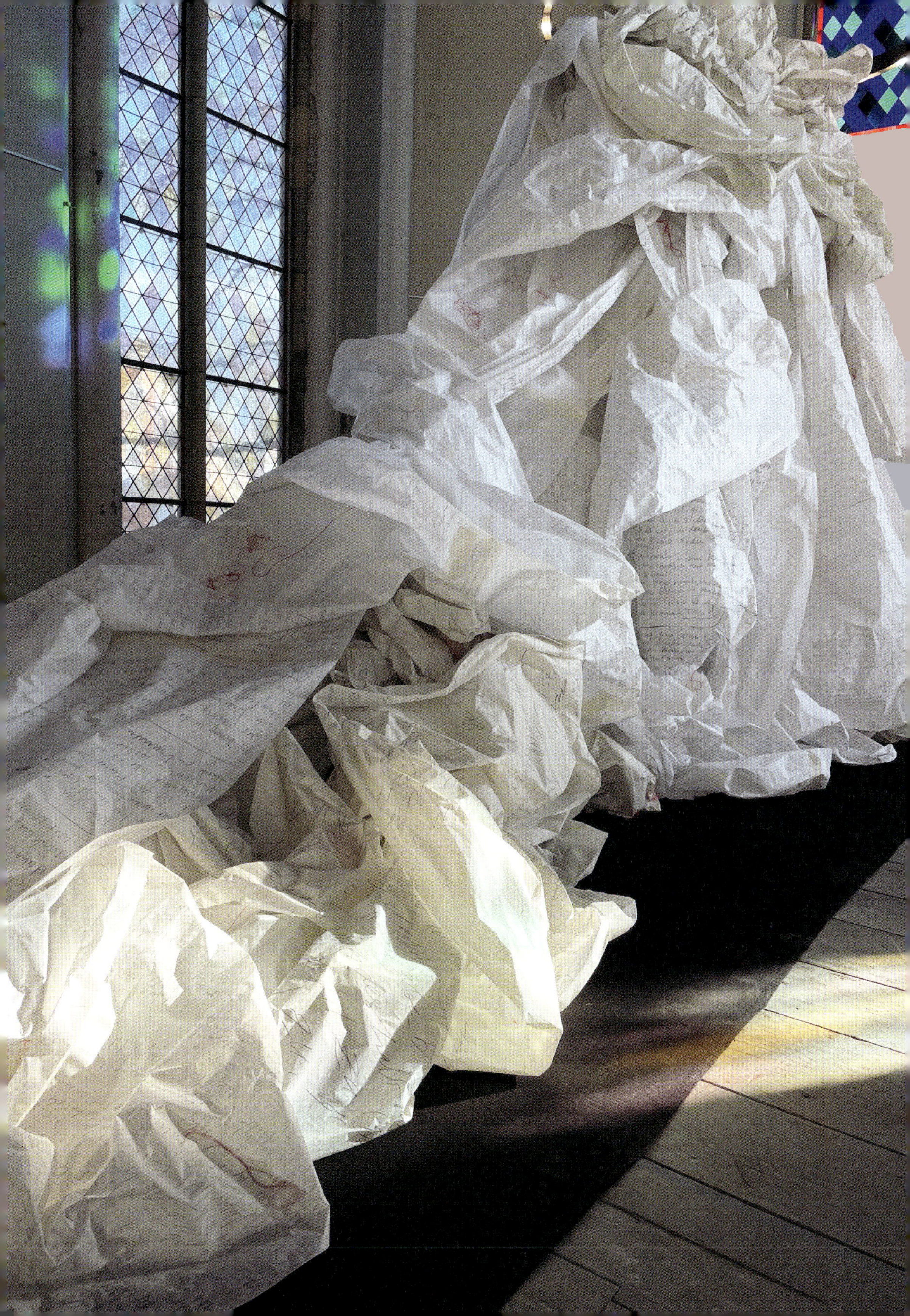

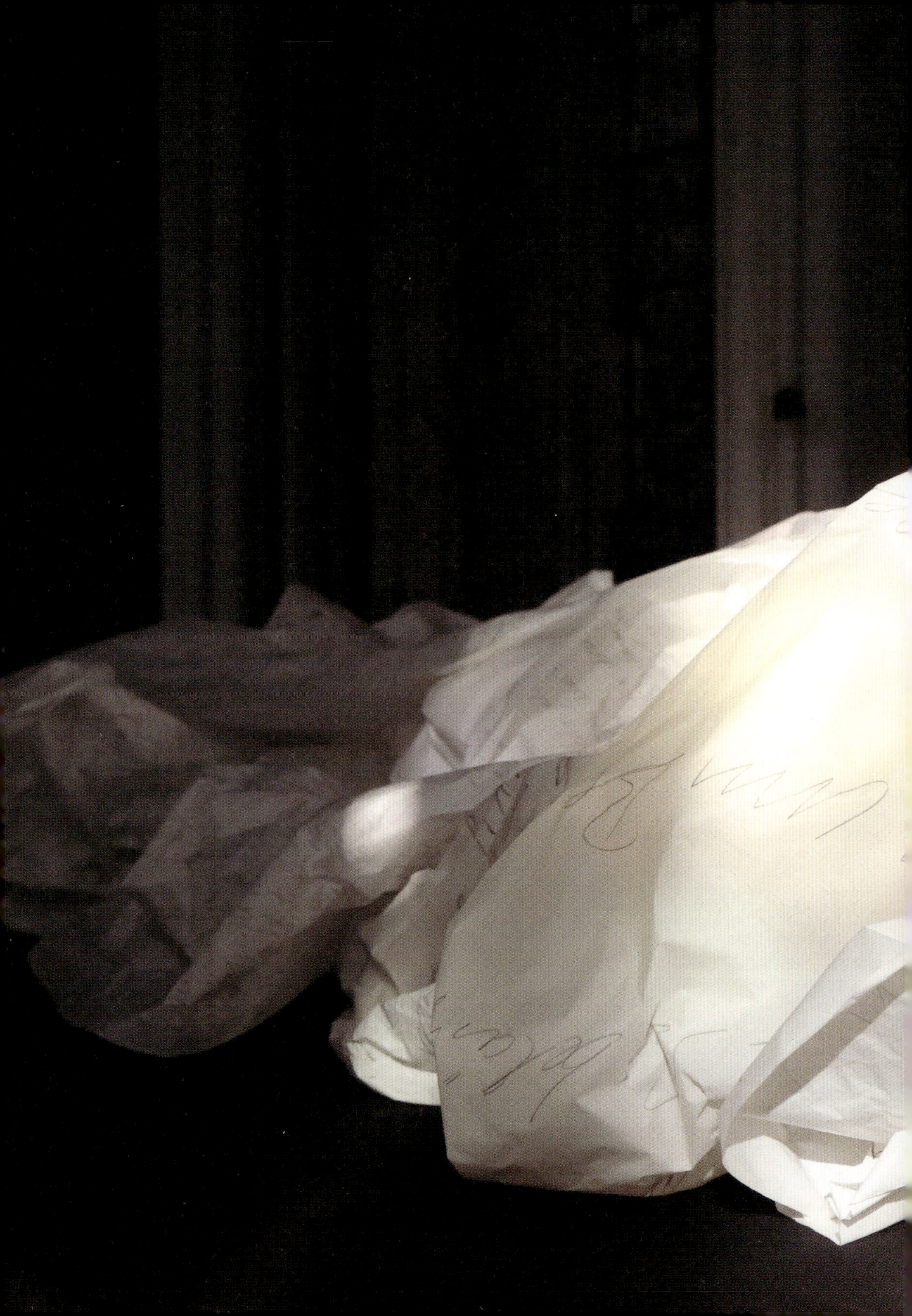

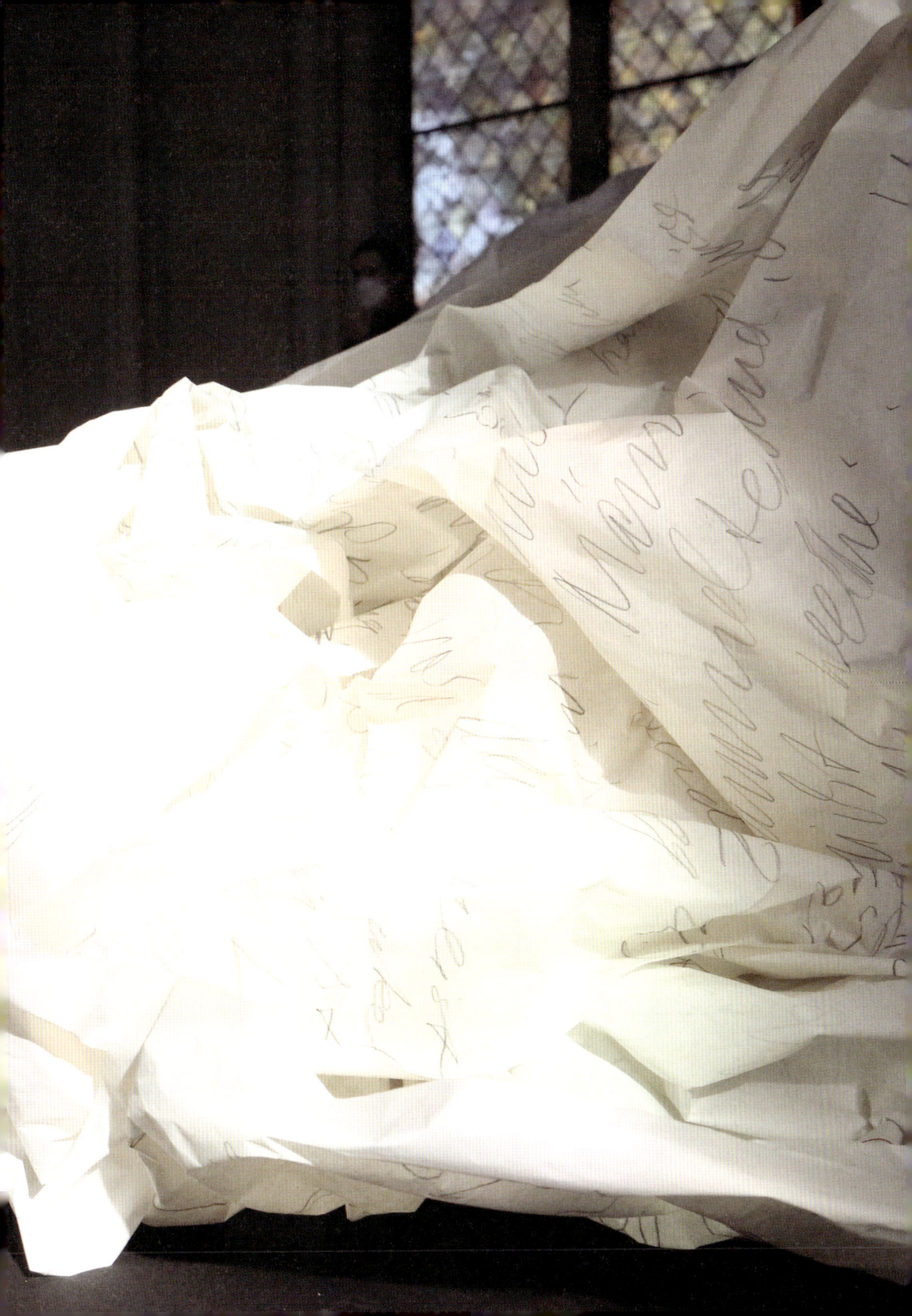

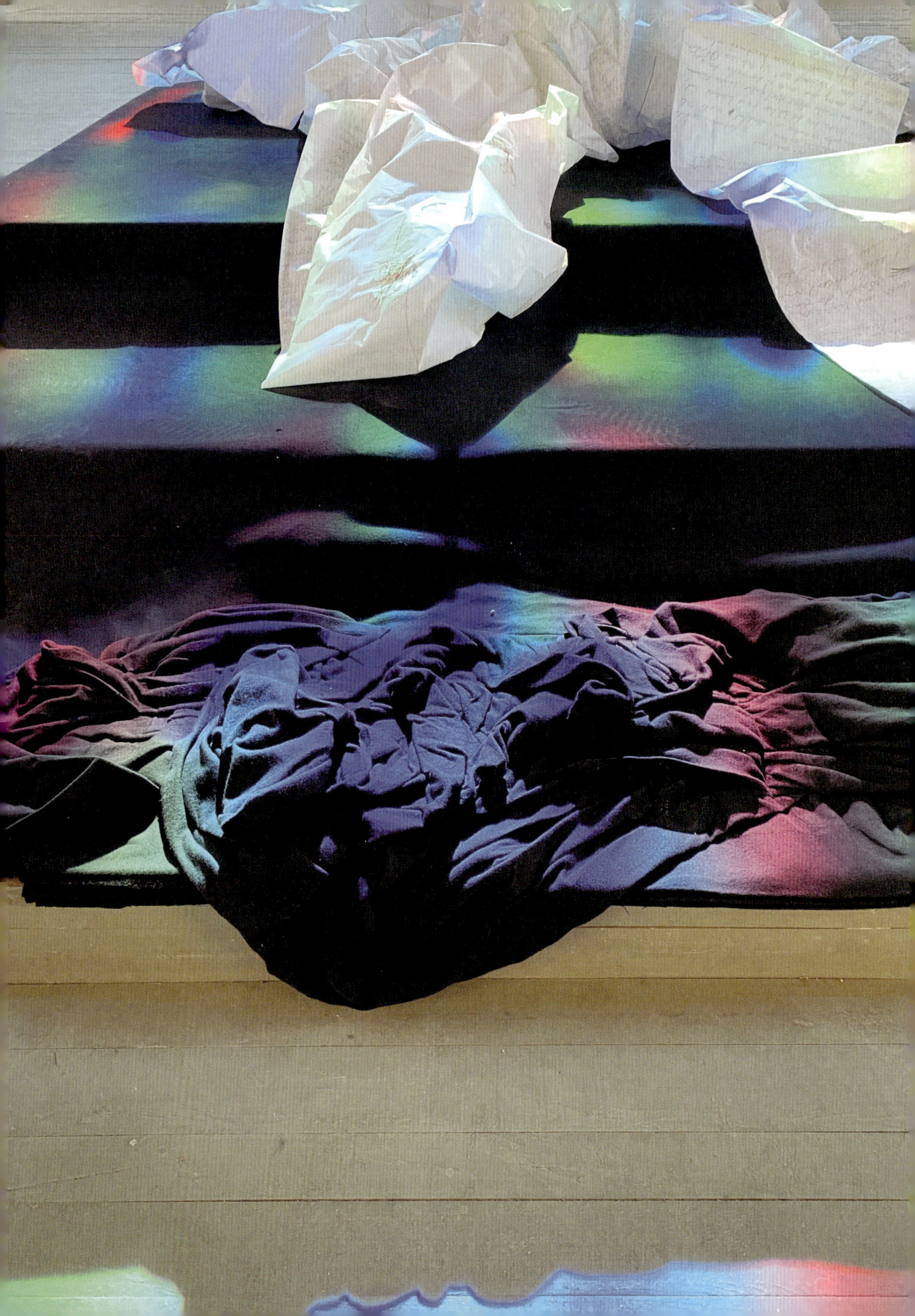

Man muss vertrauen. Eine andere Chance hat man als Blinder nicht. Das hatte Kulp noch am Abend vorher auf einen Zettel geschrieben, den er sicher nie wieder finden würde.

*> Kulp, Seite 29*

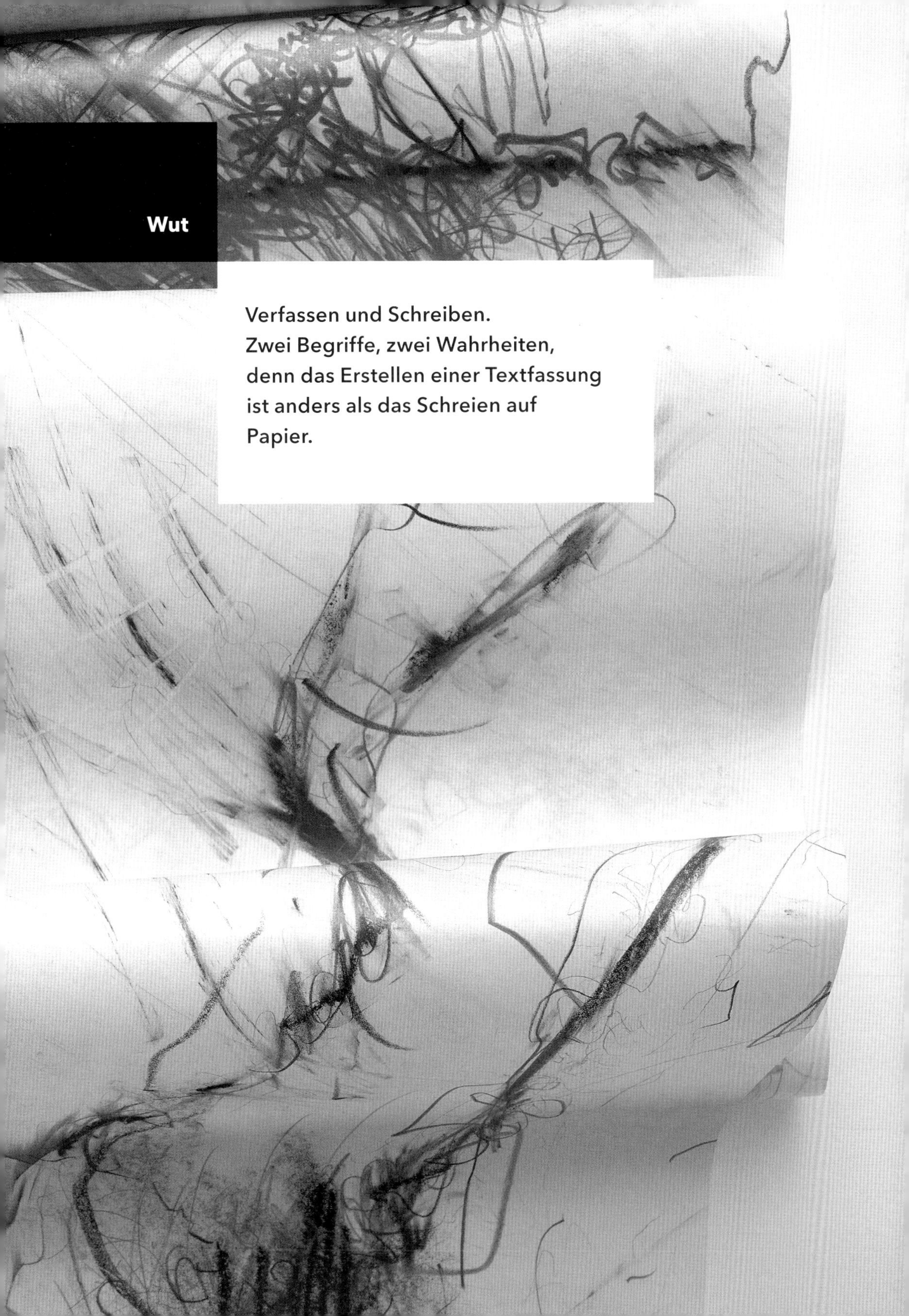

## Wut

Verfassen und Schreiben.
Zwei Begriffe, zwei Wahrheiten,
denn das Erstellen einer Textfassung
ist anders als das Schreien auf
Papier.

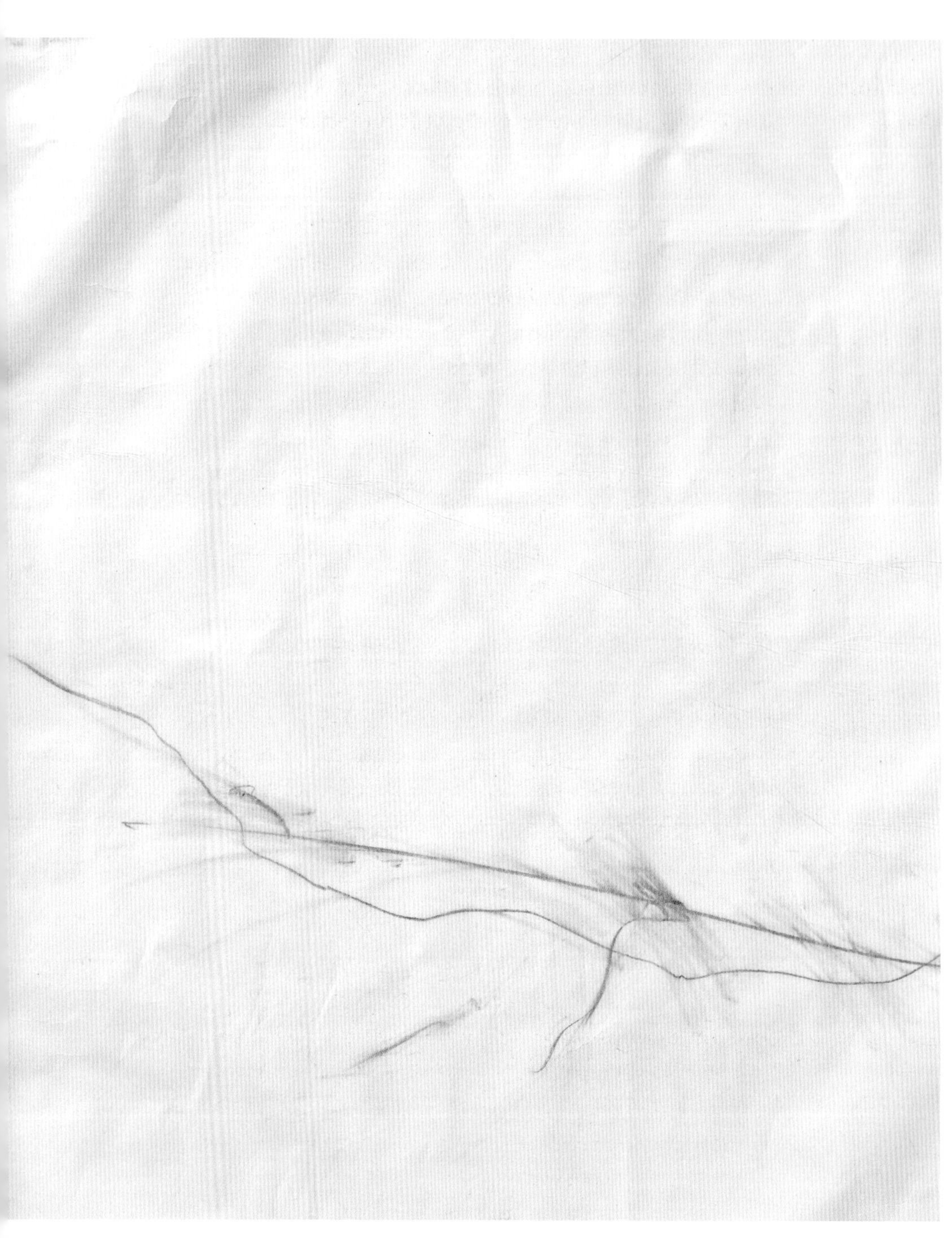

## Durch Kopf und Magen

Ich klappe den Rechner auf, oft am Morgen im Café, der Platz immer derselbe. Mein Blick streift kurz den Raum, die Tische sind gewischt, die Luft für jeden Gedanken rein. Noch bin ich die Einzige.

Vorne sprechen leise zwei Leute, die hier bedienen, dann steht der Kaffee neben mir, die Milch so weiß wie der Anfang. Ein Lächeln, ein Dank. Kurz darauf öffnet sich die Tür und eine Frau kommt, die immer kommt, auch sie hat ihren Platz, setzt sich neben die Säule. Sie klappt ihren Rechner auf und sieht sich im Raum um. Guten Tag, sagt der Raum und ich nicke, weil sie mir zunickt oder sie nickt, weil ich ihr zunicke. Das Getränk kommt wie gewohnt, kommt ohne dass sie fragt, sie lächelt und dankt. Sie trinkt immer Tee, der Ingwer schwimmt in klarem Wasser, am Morgen ist es immer klar. Ein herrlicher Tag, denke ich.

Es ist knapp acht Uhr, ich habe drei Stunden Zeit. Ich richte mich auf, lege meine Hände auf die Tastatur. Was auch immer jetzt losgeht: Es darf passieren. Der Tag darf kommen, er kommt mit der Unruhe, in der sich der Raum füllt, und Kopf und Magen. Der Tag kommt, weil er immer kommt, und wenn es gut läuft, kommt er immer auf die gleiche Weise. Im Café beginnt er am immer gleichen Tisch, ich möchte den Raum überblicken - das Fenster im Rücken -, will die Bank, um meine Sachen dort hinzulegen, weiß, wo die Stecker sind, habe hinter mir die große Fensterbank, um das Wasser abzustellen, das nicht neben dem Rechner stehen soll, und wenn der Platz ausnahmsweise schon belegt ist, weil ich ein paar Minuten nach acht gekommen bin - ausnahmsweise nicht pünktlich beim Öffnen des Cafés, sondern satte sieben Minuten später -, dann überlege ich, zu gehen, weil ich an einem anderen Tisch nicht sitzen will. Dieser andere Tisch ist nicht mein Tisch, nicht mein Bett, nicht

Seite 56–83
*Wut*
Zeichnung
70 × 1300 cm
Bleistift auf
Seidenpapier
2020

meine Heimat. Ich bleibe trotzdem in der Fremde, halte es kaum aus und ärgere mich fortwährend über den, der jetzt meinen Tisch hat.

So ist das mit der Gewohnheit. Sie ist so wichtig, wie die Sache selbst.

Wahrscheinlich, ganz sicher sogar, läuft unser aller Leben nur, weil wir den Gewohnheiten folgen, weil wir Notwendigkeiten behaupten und vereinbarte Vereinbarungen einhalten. Wir regeln alles, um im sicheren Hafen sicher zu sein, regeln unsere Liebe, man nennt es Ehe, damit wir wissen, zu wem wir *Ich liebe dich* zu sagen haben, wollen das Richtige im rechten Moment sagen und tun, denn das wollen wir, das wollen wir unbedingt. Und dann harren wir, harren der Dinge, die nicht kommen und lecken irgendwann unsere wunden Enttäuschungen.

Was aber sollen wir tun?

Das Unvorhergesehene lieben wir nicht, es macht Angst, verdutzt und erschrickt uns, und wir suchen es zu vermeiden.

Ganz sicher trägt die Gewohnheit die Sache auf ihren warmen, schützenden Händen durch unser Leben, und dann kommt die Sache selbst und will eben leider doch, dass die Hände ab und zu mal kalt und schmutzig sind. Die Sache selbst will das so, und ich vielleicht auch. Ganz sicher ich auch.

Ja, heimlich träumen wir von schmutzigen Händen, sagen es nicht, damit niemand denkt, wir wollen mehr als wir können, können es nicht, weil wir immer nur waschen, uns so reinwaschen, dass wir nichts mehr wollen. Das Reinwaschen ist die Sache selbst.

Welche Sache denn überhaupt?

Wahrscheinlich geht es nur um die Aufgabe.

Entgegen dem, was wir glauben, kommt sie nicht nur von außen. Oft tragen wir sie selbst an uns heran. Dabei ist uns jede Art von Diensteifrigkeit recht und wir wollen sie erfüllen wie einen Auftrag.

Das Erledigen ist die Sache selbst, das Erledigen von was auch immer.

Auch Kulp hat diesen inneren Diensteifer, eilt ihm hinterher. Um ihn zu bedienen – denn sein Anliegen kennt er noch nicht –, sucht er schreibend nach einem Sinn und ritualisiert sein Leben. Er sammelt Texte, hortet Gedanken, füllt sich ab mit Gedrucktem wie ein Säugling mit Muttermilch.

Sein Durst wird nicht gelöscht, und er redet, plant, verliert sich in Ideen, Überlegungen, Ansprüchen, Borniertheiten, Einsamkeit. Der Diensteifer quält und läuft ins Nichts.

Dann bricht Kulp aus. Die Hände so schmutzig wie nie zuvor, wird er Auslöser des Unheils.

Welch glücklicher Umstand könnte es sein, eine sinnvolle Aufgabe zu erfüllen? Der Sinn aber liegt im Verborgenen, das Drama und er selbst müssen im Dunkel bleiben. Das Suchen also hat ein bitteres Ende genommen, denn das Einzige, was er jetzt tun muss, ist, das Geschehene zu vergessen.

Von einem glücklichen Menschen weit entfernt, wird er dieser Anforderung sein ganzes weiteres Leben widmen.

Es geht um Schuld. Und wieder beweist Kulp übergroßen Diensteifer. Höhepunkt ist der selbstverschuldete Unfall, in dessen Folge er – das Dunkel fordert ein! – für immer erblindet.

Und schon ist sie da, die Aufgabe, die Kulp bis dahin nicht hatte: Die Bewältigung der Schuld und der selbstauferlegten Strafe, die vielleicht doch von oben kommt und verdient ist, und das Aushalten der damit verbundenen Fragen, die unlösbar sind. Jetzt sind es seine. Aus philosophischen Fragen am Küchentisch sind handfeste Bewältigungsstragtegien geworden.

Kulp muss das Leben als Blinder neu lernen, und jetzt schreibt er mit Grund. Der Grund ist er selbst. Dabei versteht er, dass das Schreiben ein anderer Vorgang ist, als das Verfassen von Texten. Als Blinder schreibt Kulp mit der Hand durch eine Zeilenschablonde. Ein rein mechanischer Zwang, dem er unterliegt und dem er seine Gedanken unterordnen muss. Am Anfang scheint es aussichtslos.

Er tobt auf dem Papier, die Wut ist unbeschreiblich, sie lässt sich nicht bändigen, das ist das Wesen der Wut und nicht das Wesen des Schreibens.

Die Schablone fliegt an die Wand. Aber auch hier lässt der Diensteifer nicht locker, und er will es wissen: Was geschieht denn hier?

So hilfreich das zusätzliche Werkzeug ist, so sehr bremst es Gedanken aus, die hinderdlich sind, wie jede Art von Strebsamkeit. Kulp versucht es mit List, teilt seine Kräfte ein, auch Worte, auch Handlungen, er wird maßvoll und ruhig, und dann spürt er eine nie gekannte befreiende Kraft, die beflügelt. Das Schreiben geht durch den Körper, der sein Maß wird.

Die Schablone hält Wollen und Sprachgewalt im wahrsten Wortsinn in Grenzen. Und weil dieser Akt so schwierig für ihn ist, die Hände schmutzig vom Stift, Kulp ungelenk und ohne jede Übung seine Gedanken auf das Papier bringen muss, hält er sie fest – so rein und einfach sie sind, so rein und einfach die Sprache, so rein und einfach wird sein Stil. Schmutz ist für ihn jetzt ohne Bedeutung, aber so rein und einfach sein Glück.

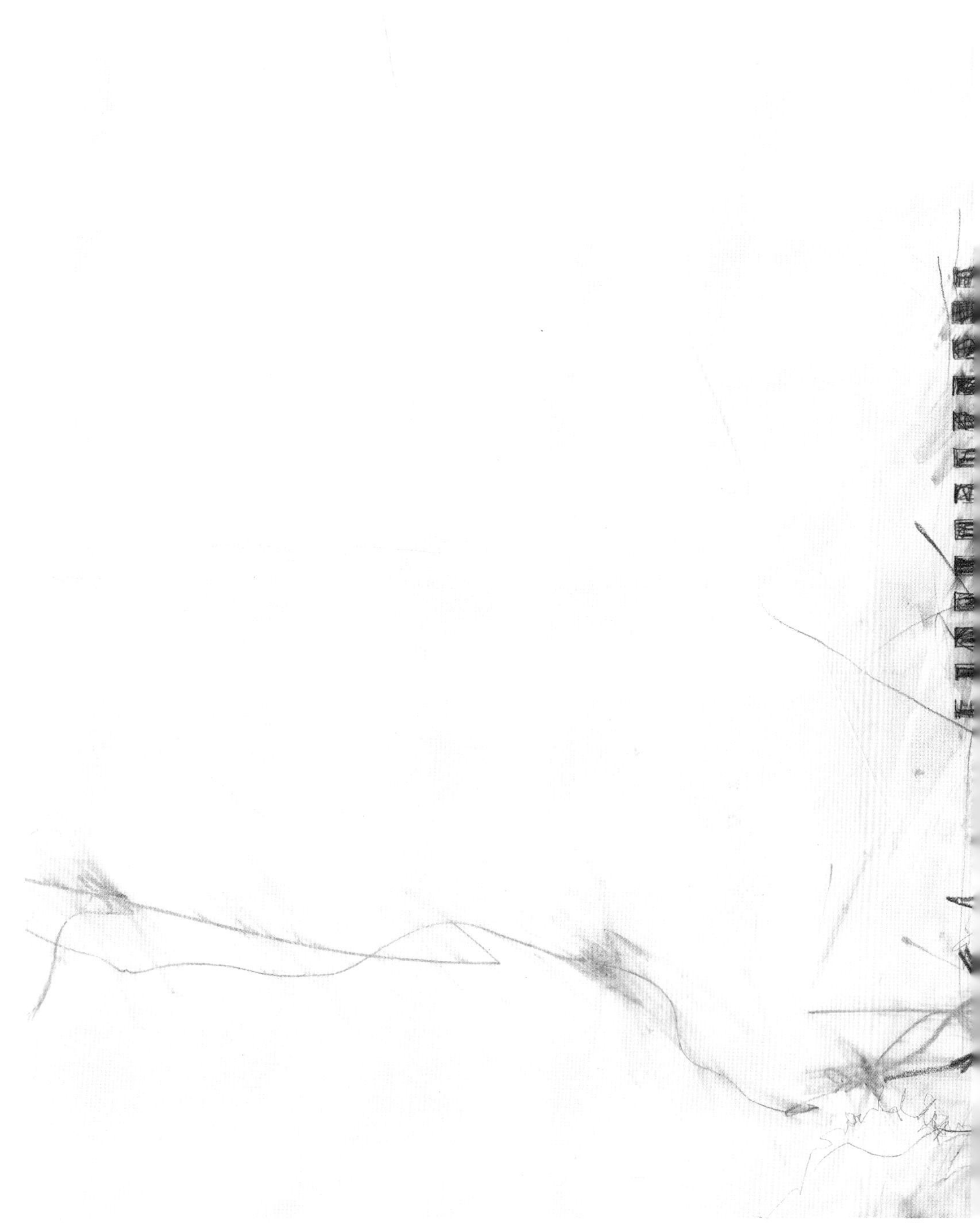

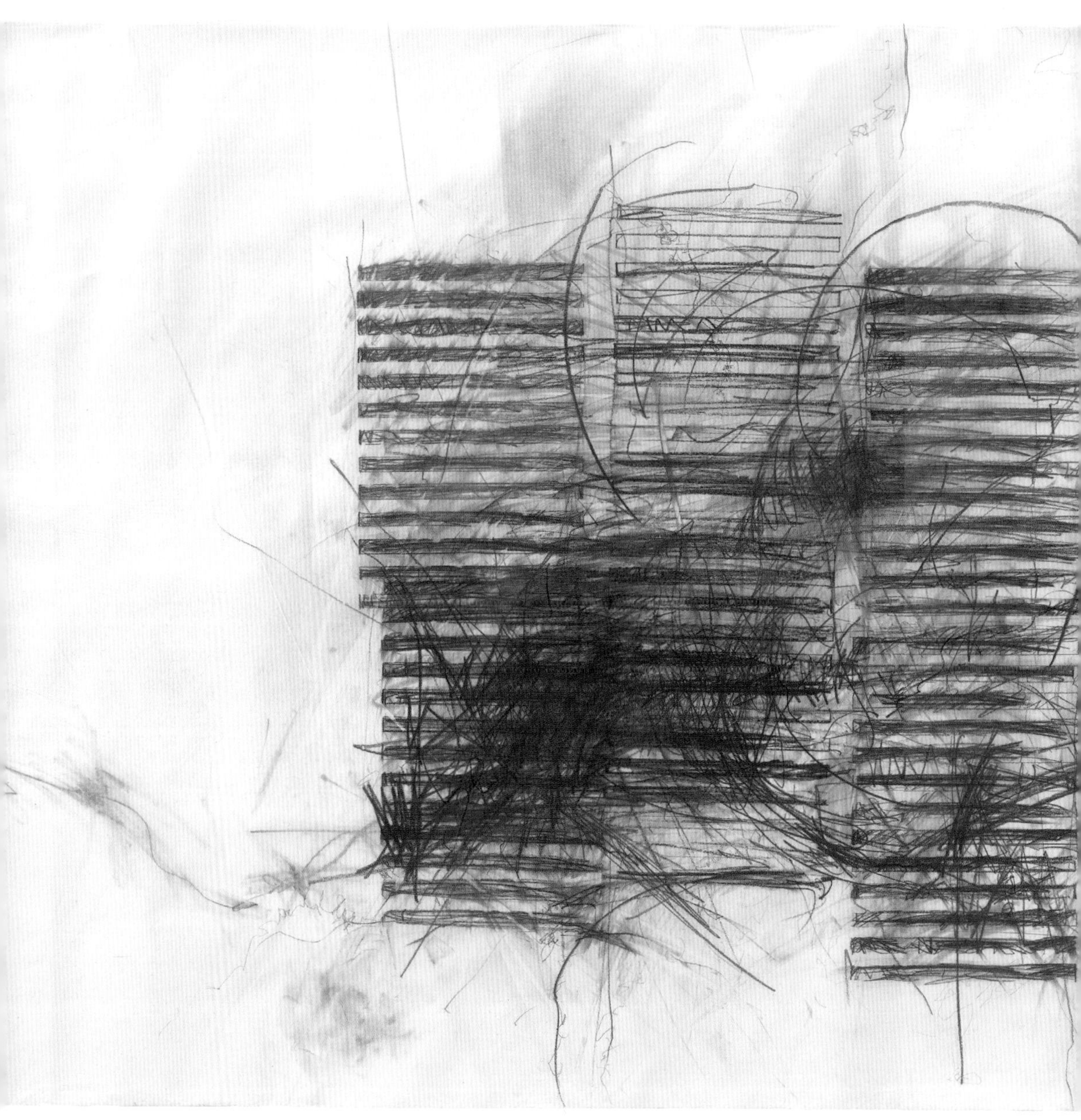

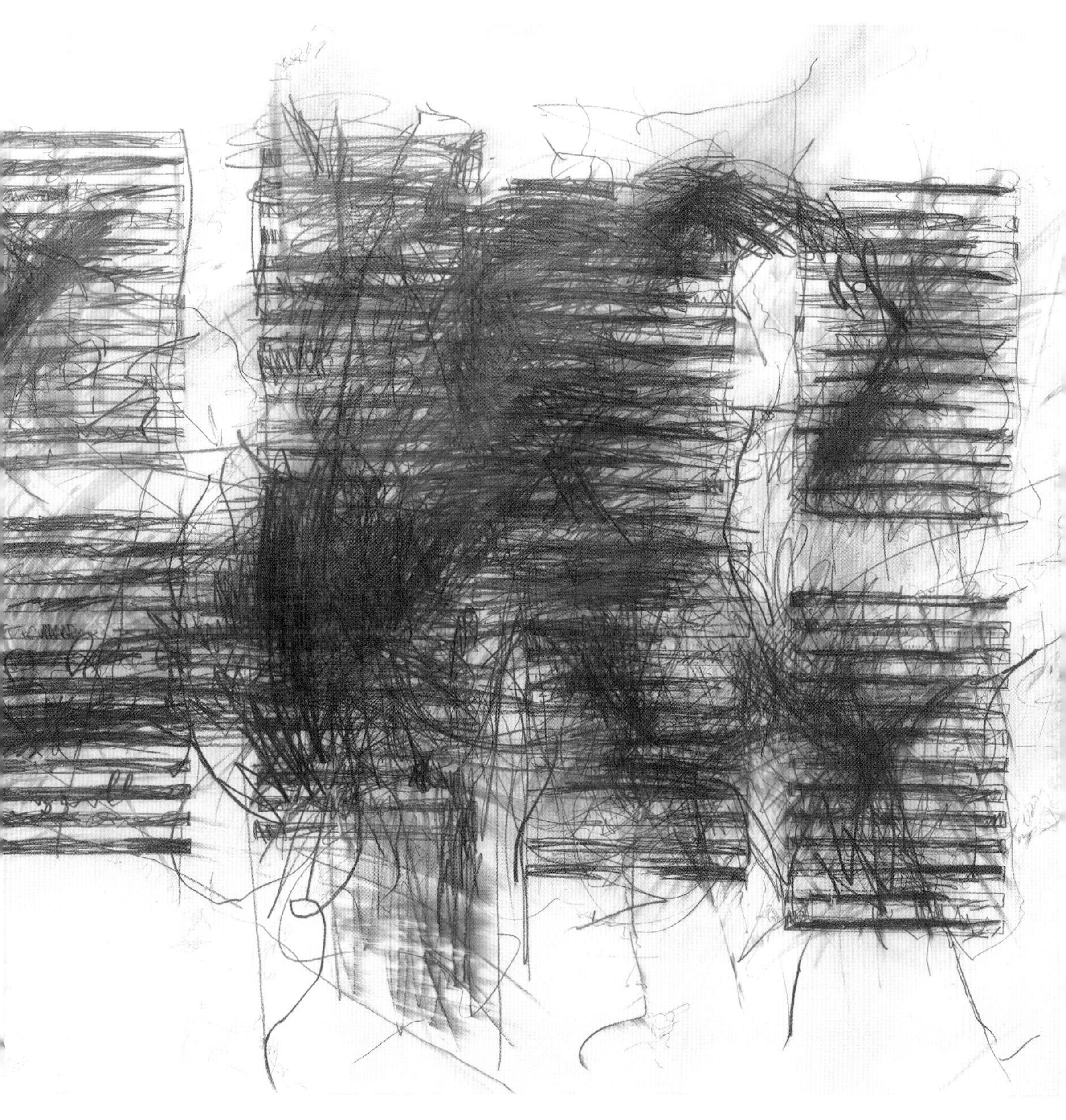

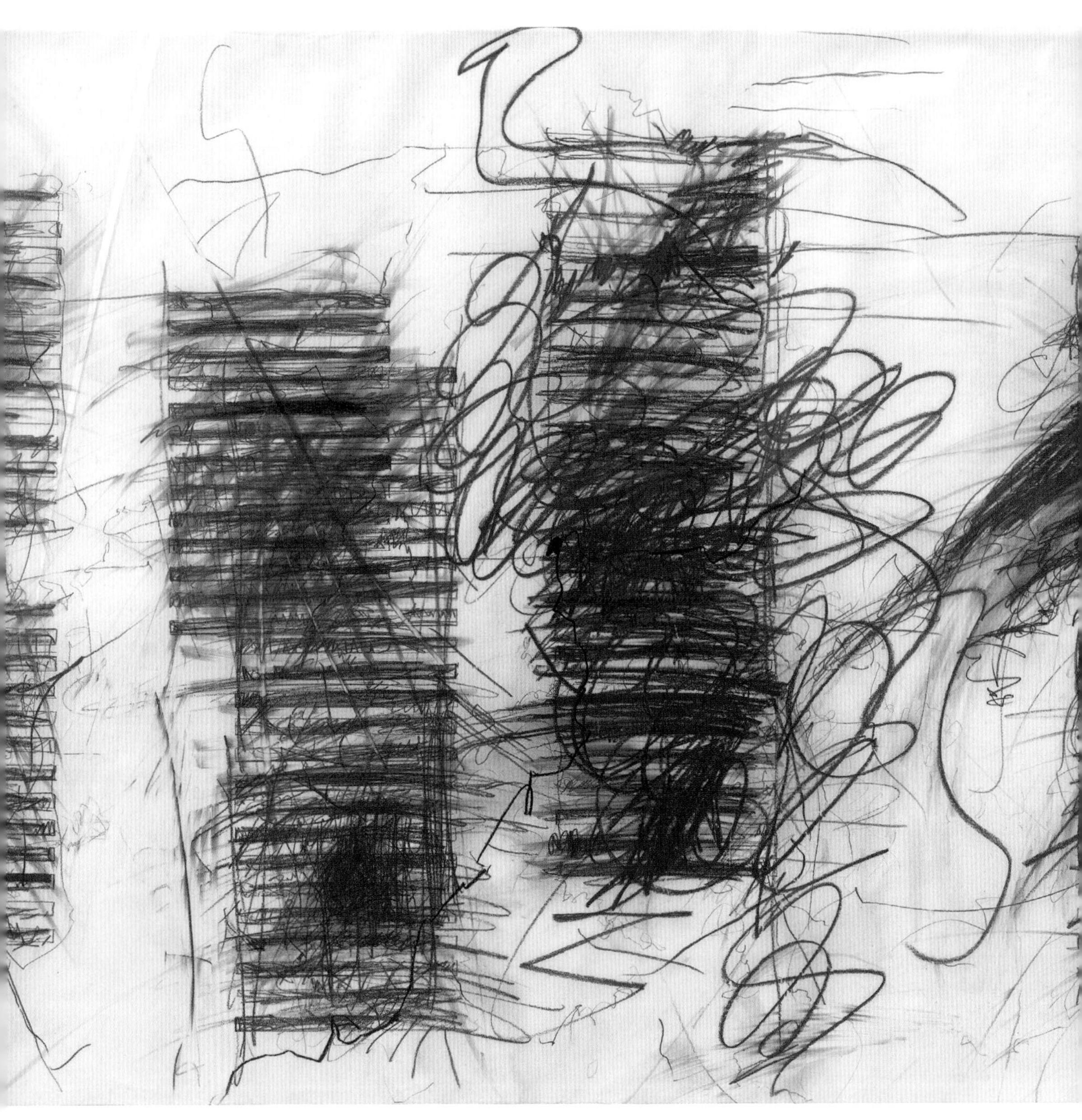

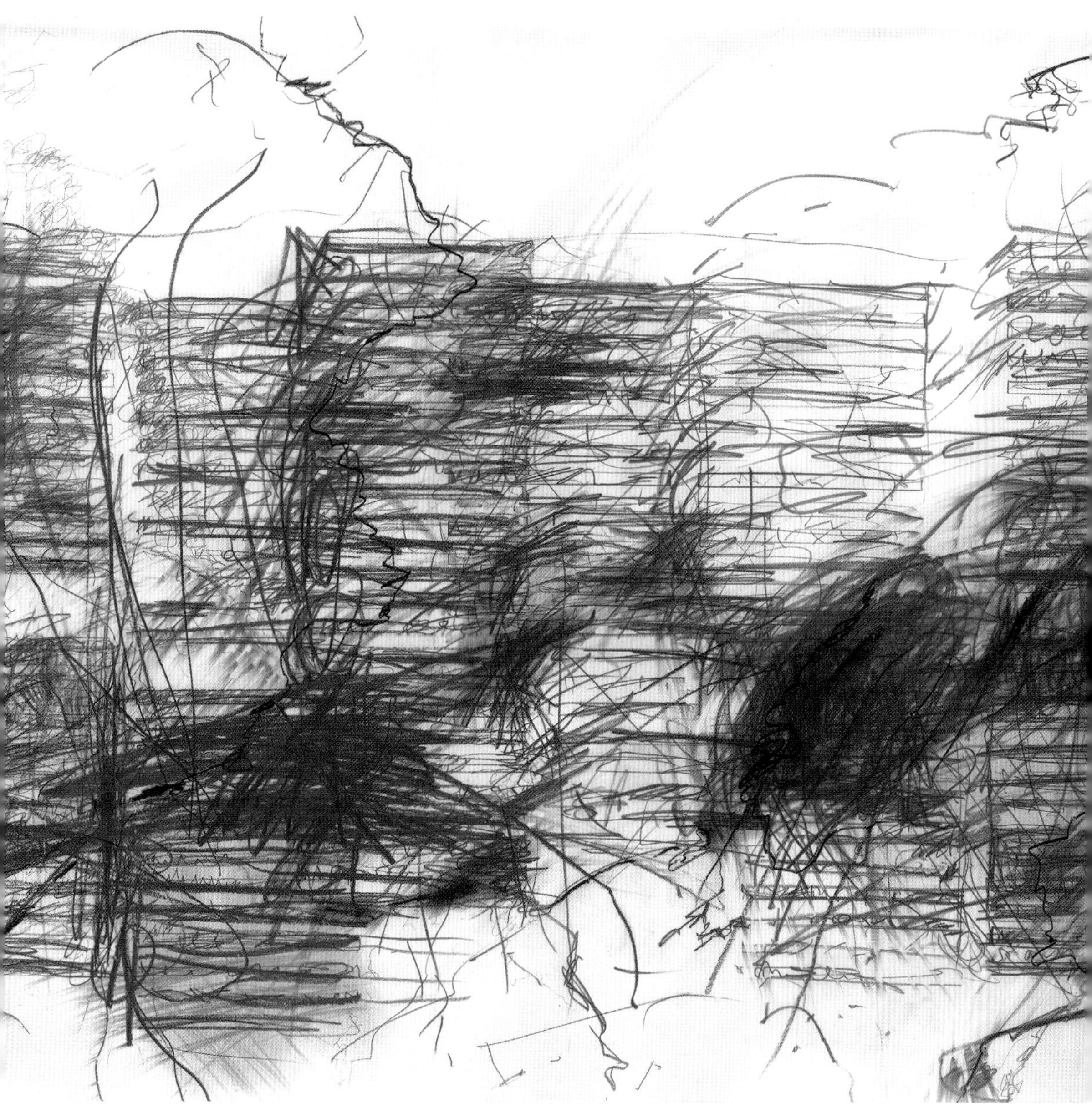

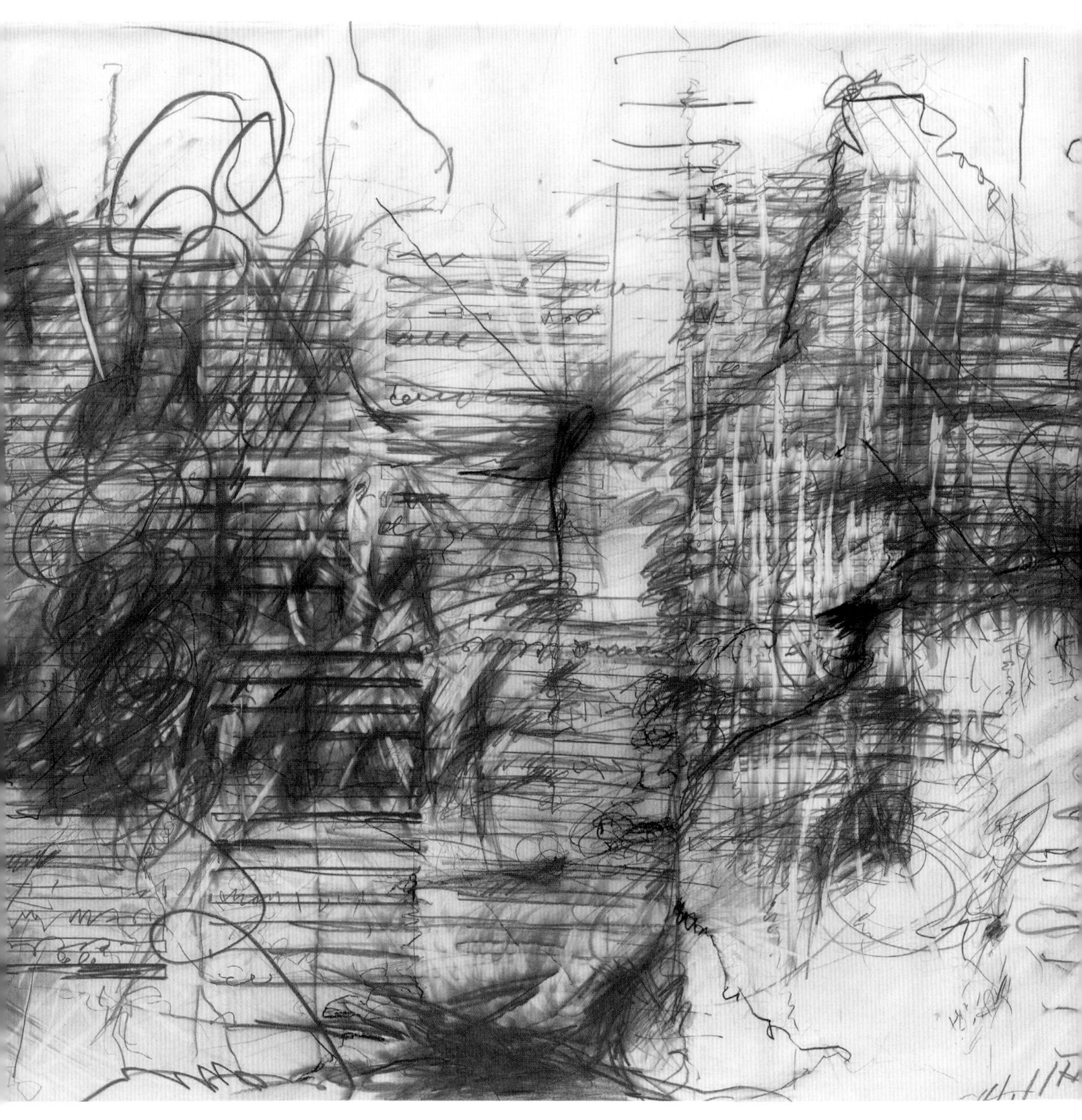

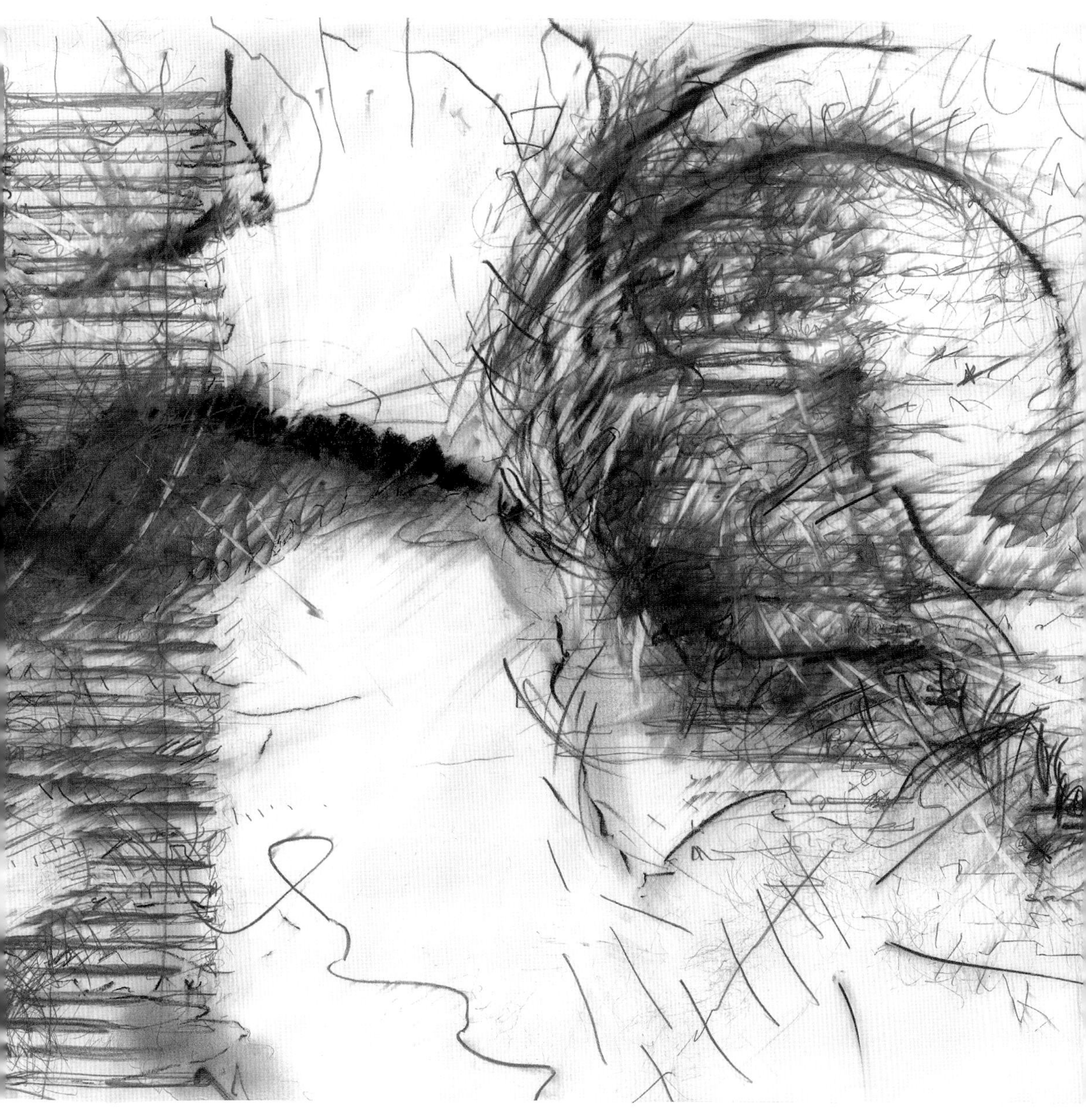

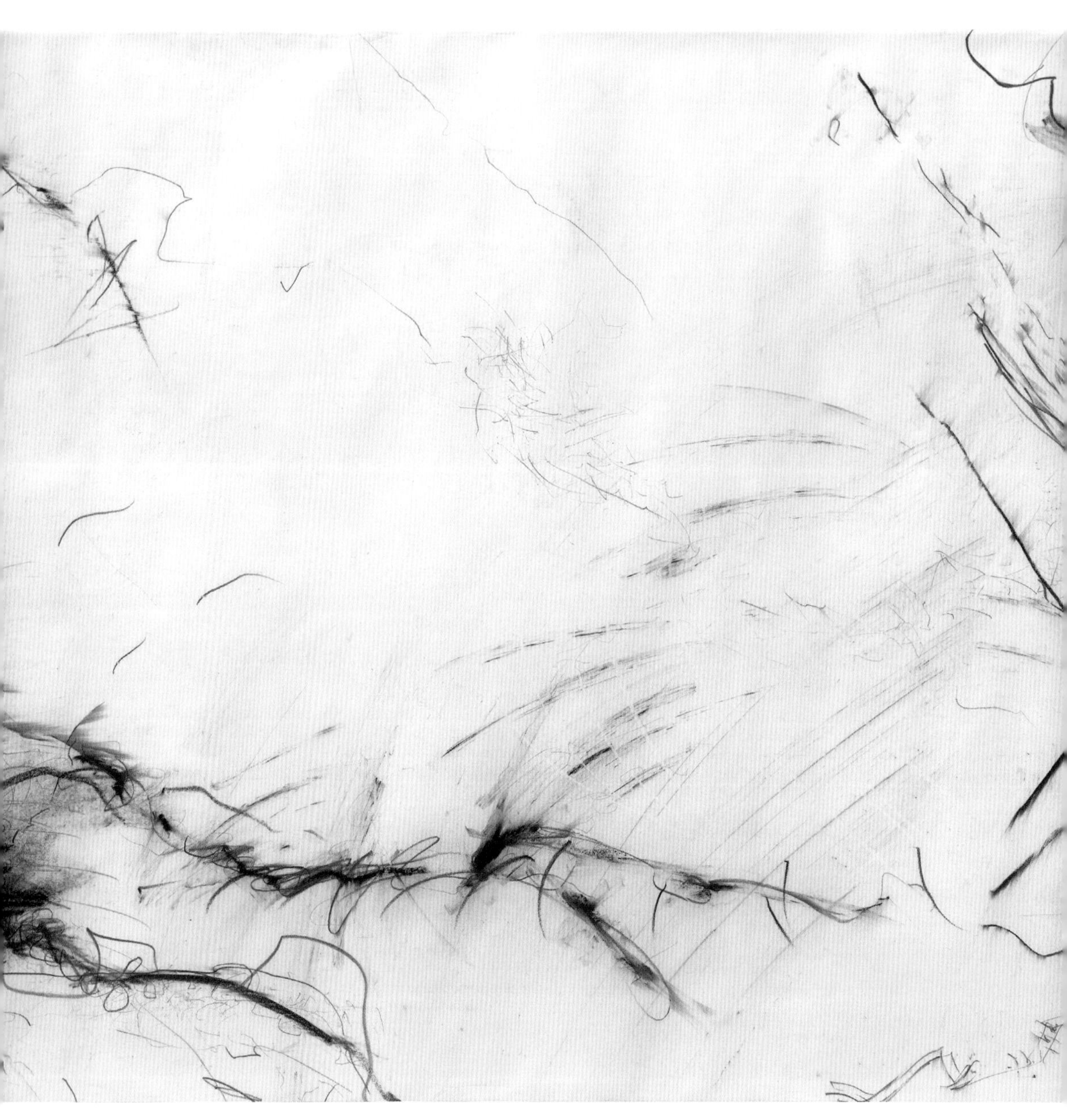

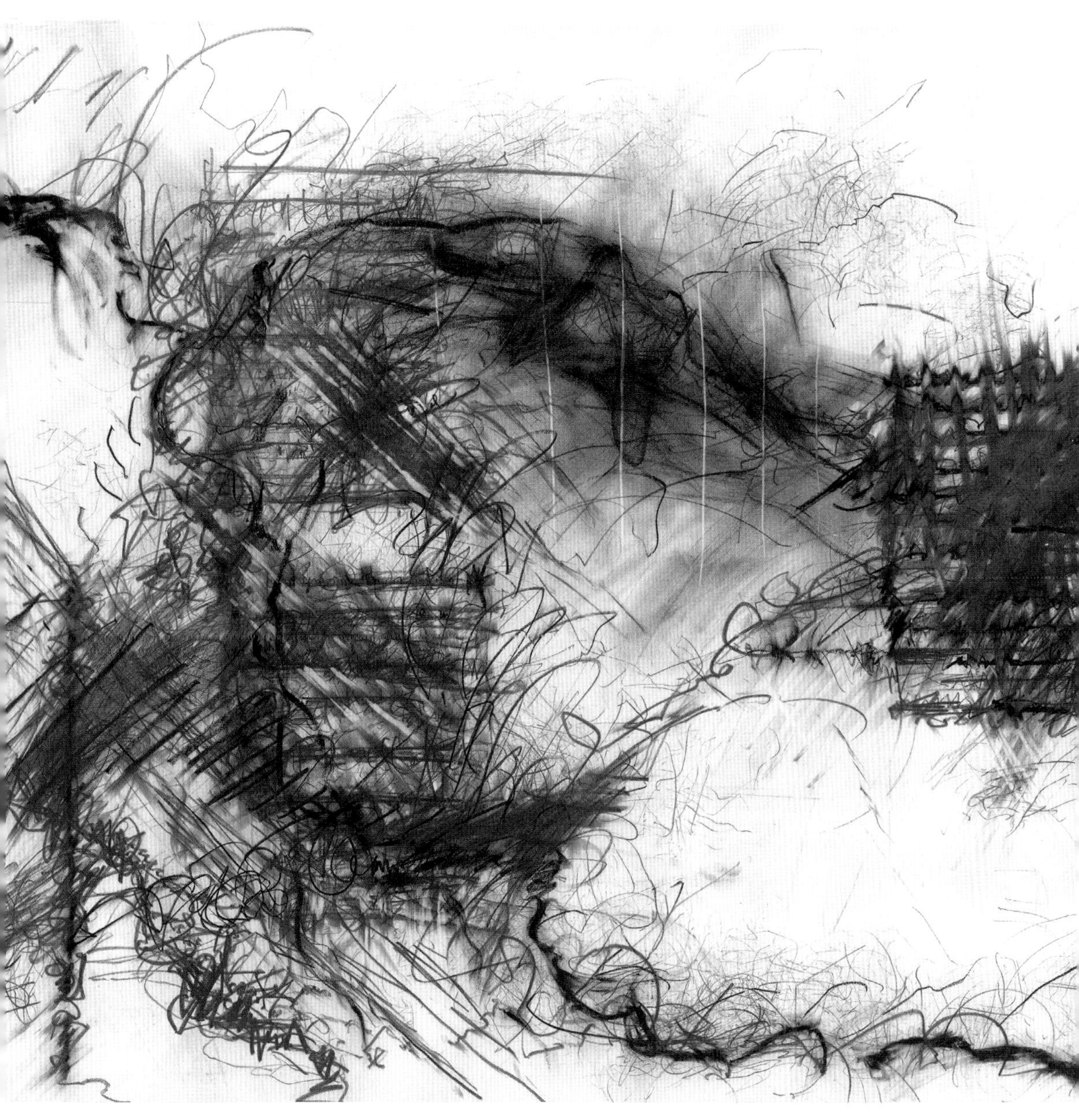

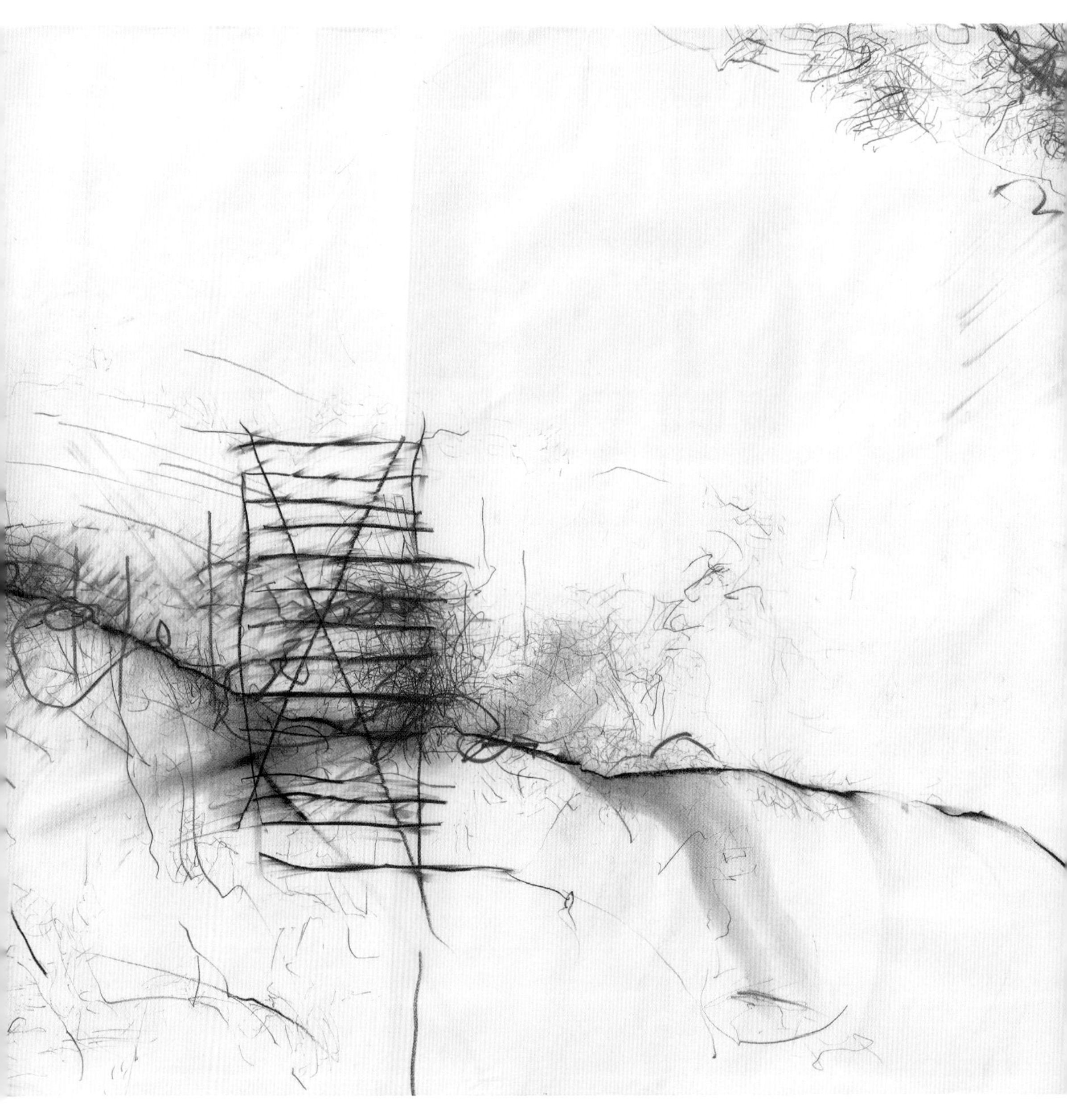

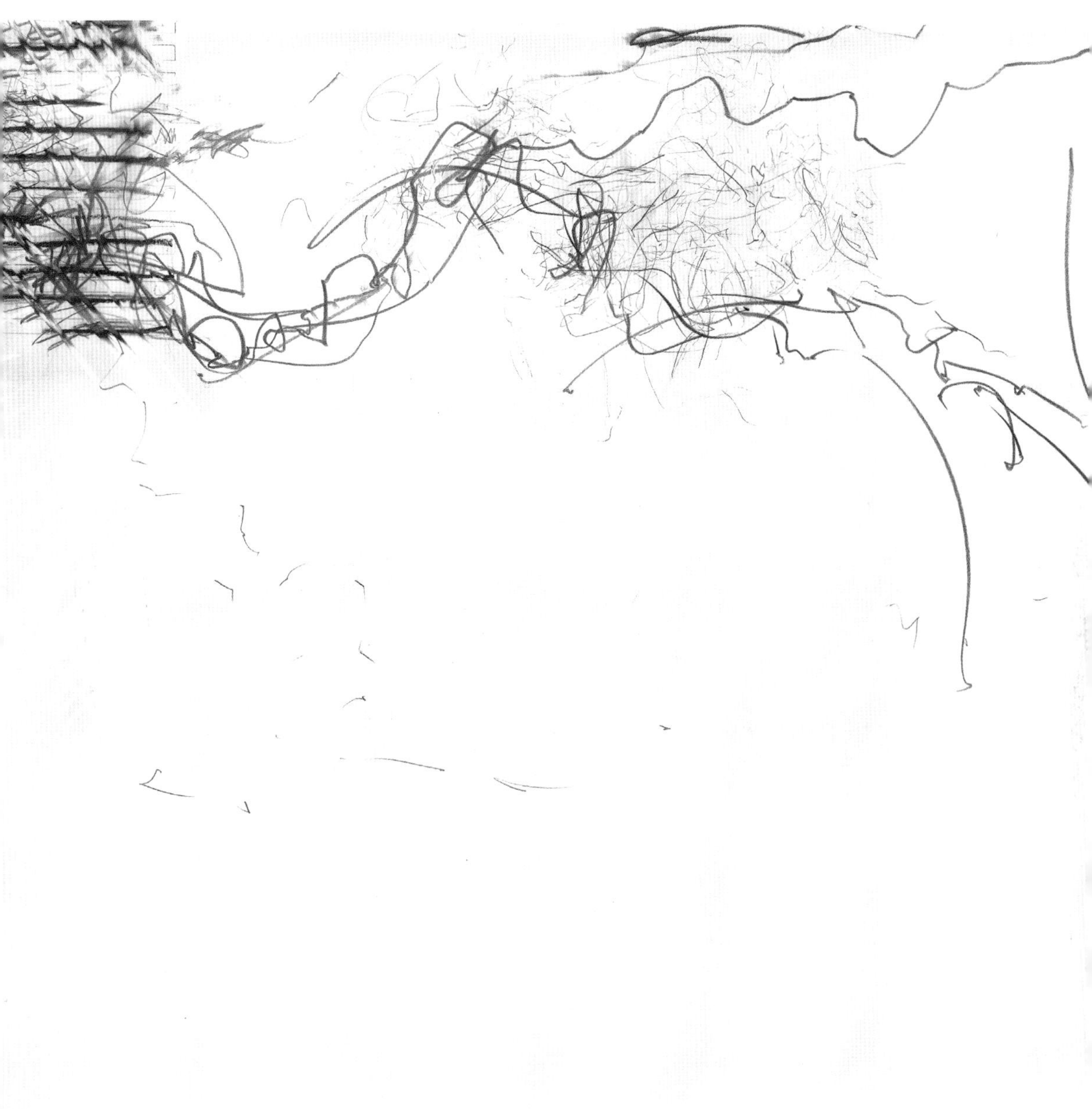

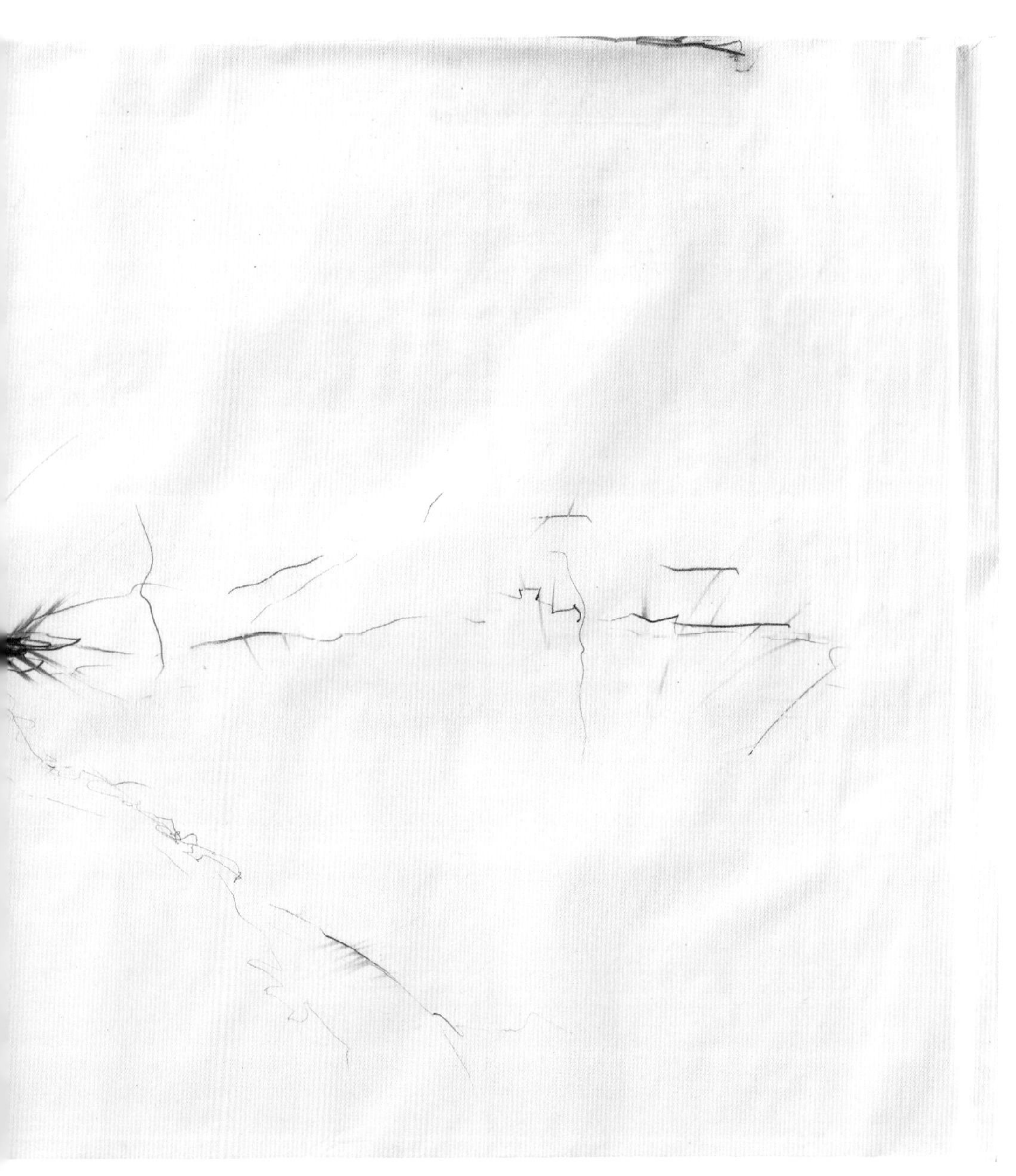

**Seine große Gestalt** nach vorne gebeugt, saß Kulp mit herabhängendem Kopf, und hätte er Augen gehabt, hätte er auf die Tischplatte gestarrt und in der Holzmaserung nach Tierköpfen gesucht. So aber dachte er darüber nach, wie er die nächsten Stunden verbringen sollte. Die nächsten Stunden und Tage. Wer sollte das alles bearbeiten, auf- oder wegräumen? Er würde ertrinken in all dem! Und wie überflüssig das alles jetzt schien, hatte er für sich doch ein ganz, ganz anderes Leben gedacht.
Die Zeit war lang und wurde immer länger.
Wie ein geschlagener Riese sah er sich selbst dort sitzen.
Er dachte daran, wie es war, den Überblick zu haben.
Das war jetzt vorbei. Da halfen ihm auch seine Einsneunzig nicht. Was sollte er tun? Wie seinen Beruf ausüben?
Seltsam, dass er plötzlich dachte, er habe einen Beruf. Noch nie hatte er einen Beruf gehabt, noch nie in seinem ganzen Leben einen einzigen Cent selbst verdient. Was auch hätte er anbieten sollen?
Aber jetzt saß er da und dachte zum ersten Mal in seinem Leben: Ich bin Schriftsteller.
Die Blindheit gab Einsicht und Kulp lächelte.
Dann nicht mehr. Wie sollte er ab jetzt schreiben? Alles, was er in Kladden notiert hatte, war zu keinem fertigen Text geworden. Und all diese Versuche würde er nie wieder finden! Ein Schriftsteller ohne Texte. Vor allem er selbst würde sie nie mehr lesen können.
Vielleicht war das sein Segen, sein Glück, vielleicht die Chance, sich nicht weiter an Versuche zu klammern, auf bereits Angefangenes beziehen zu müssen, auf erklärte Absichten und höchste Ansprüche.

*> Kulp, Seite 27*

**Seitdem er aus dem Krankenhaus gekommen war,** gab es nur noch Blindsein. Für Kulp unfassbar, dass das jetzt so bleiben sollte, dass er so geschädigt war, so untauglich. Um diese Versehrtheit als normal anzusehen, musste er sie annehmen. Wie sollte er?

„Ich kann Ihnen da nicht helfen. Sie müssen es wollen!"

„Was wollen?"

„Sie müssen leben wollen, auch ohne Augen. Es wird sich daran nichts ändern, das müssen Sie einsehen, sonst wird das nichts."

„Was soll nichts werden?", fragte Kulp und wusste selbst die Antwort.

„Was wollen Sie machen, wenn es Ihnen nicht passt, ohne Augen zu leben? Was wollen Sie tun? Wollen Sie erleben, wie Sie unglücklich werden, weil Sie Ihr Schicksal nicht annehmen?"

„Ich habe versucht einzugreifen und habe versagt. Nicht nur ein Mal bin ich mit dieser Idee gescheitert."

„Welcher Idee?"

„Mit der Idee mein Schicksal zu drehen. Es zu verändern, zu manipulieren, was auch immer. Das passt dem da oben nicht."

„Sie haben Gott gespielt."

„Das hat meine Frau auch gesagt. Ja. Ich habe Gott gespielt."

„Dann nehmen Sie jetzt die Herausforderung an und führen Sie ein Leben!"

„Ich habe mein Leben buchstäblich an den Baum gefahren."

„Noch sitzen Sie hier. Lebendig und gesund."

„Sind Sie noch bei Trost? Diese Unterscheidung zwischen Krankheit und Behinderung ist reine Wortklauberei und kann nur jemandem einfallen, der weder das eine noch das andere hat. Meine Erblindung könnte man ebenso gut als chronische Krankheit bezeichnen."

„Wenn Sie zornig werden, hilft Ihnen das gar nicht."

„Wenn ich keinen Zorn mehr habe, ist es ganz vorbei. So ist das!“

Kulp stand vom Tisch auf, um sich nach wenigen Sekunden wieder zu setzen. Die Wut wusste nicht wohin, nur mit Worten war sie noch zu fassen. Aber dann griff Kulp nach der Tischdecke und riss mit einem kräftigen Ruck alles, was sich auf dem Tisch befand, zu Boden. Der Lärm übernahm das Schreien.

Charlie war aufgesprungen und machte sich am Boden zu schaffen.

„Ist viel kaputt?“

„Sie haben recht“, kam es von unten. „Sie haben mit allem recht. Und trotzdem hilft es Ihnen nicht. Ich glaube, Sie müssen den Blickwinkel ändern.“

„Ja, allerdings. So kann man es nennen.“

Kulp kroch jetzt auch unter den Tisch. Als sie beide wieder saßen, ertastete Kulp die Tischdecke, die an manchen Stellen feucht war.

„Was ist das für eine Decke?“

„Sie ist beige mit bestickten Blumen. Sicher schon alt.“

„Ich will sie nicht mehr haben. All der Kram muss weg, alles, was überflüssigen Aufwand bedeutet wie Waschen, Bügeln und Pflegen.“

„Aber Sie wollen ab jetzt nicht nur noch in Jogginghosen rumlaufen, oder?“

„Es geht um kritische Distanz. Wie sich die Bedeutung normaler Worte plötzlich dreht. Das Wort *Distanz* nimmt sich plötzlich doch eher lächerlich aus.“

„Ich glaube, Sie müssen für alles eine neue Form finden. Krankheit, Behinderung hin oder her. Sie müssen sich neu erfinden, sich und Ihre Umgebung.“

*> Kulp, Seite 31*

**Oft saß Kulp stundenlang auf der Bank** im Park. Es wurde kalt, ein leichter Wind wehte durch Haare und Jacke, er schlang die Arme um seinen Körper und blieb sitzen.
Die Unsicherheit, die ihm das Aufstehen bescherte, die Orientierungslosigkeit, die Angst, zu fallen oder sich zu verlieren irgendwo im Gelände, den aufsteigenden Zorn, das Stolpern über den Stock, die Wut darüber, dass er nie wieder ohne dieses Ding würde gehen können, ohne vollkommen verloren zu sein, hilflos und auf unbekannte Leute angewiesen, die ihm die Hand reichten, er ertrug es nicht, wollte die Zeit aufhalten, wollte alles aufhalten, das Leben, das Leben als Blinder, sein Leben.
Schließlich war er doch zu Hause angekommen.

*> Kulp, Seite 36*

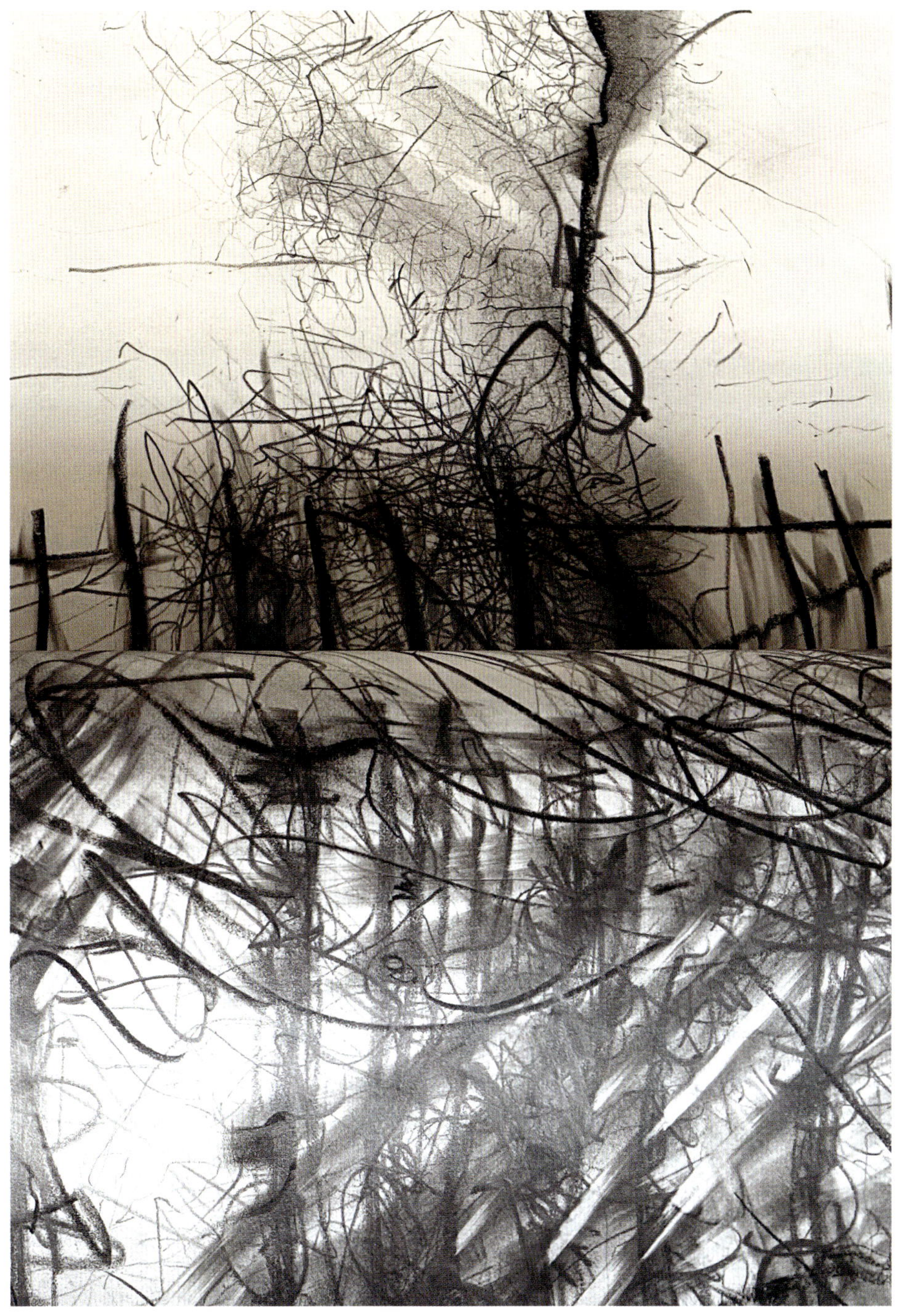

**Ein anderer Weg** des Schreibens war die Zeilenschablone. Kulp schrieb durch die Löcher einer Metallplatte, damit er sich auf dem Papier nicht verlor.
Das Schreiben strengte ihn an. Er schrieb durch Löcher, genau genommen durch Spalten, und trug in die Aussparungen der A4-großen Vorrichtung seine Zeilen ein, was mühsam war und unbequem. Innerhalb der länglich schmalen Fläche, die für eine der Zeilen gedacht war, klemmte er seine Buchstaben, stieß dabei an die Kanten und verlor die Orientierung innerhalb der schmalen Fensterchen.
Wenn er absetzte und die andere Hand dem Weg des Bleistifts nicht gefolgt war, musste er ein Fensterchen tiefer weiterschreiben. Die Finger tasteten sich zum nächsten Loch ganz nach links und – wo war er, welches Wort hatte er zuletzt geschrieben, hatte er schon oder hatte er noch nicht? – abgerissen: Gedanke wie Schrift. Das neue Fenster begann mit einem neuen Gedanken und irgendwann riss auch der ab, wurde unterbrochen durch das zu frühe Anheben des Stifts oder auch durch einen neuen Gedanken, der raus wollte und erst durchs Gitter kriechen musste, um auf das Blatt zu kommen, das Kulp nicht sah.
So schrieb er seine Texte in eine erzwungene Ordnung, die ihm die Gedanken stutzte.

*> Kulp, Seite 98*

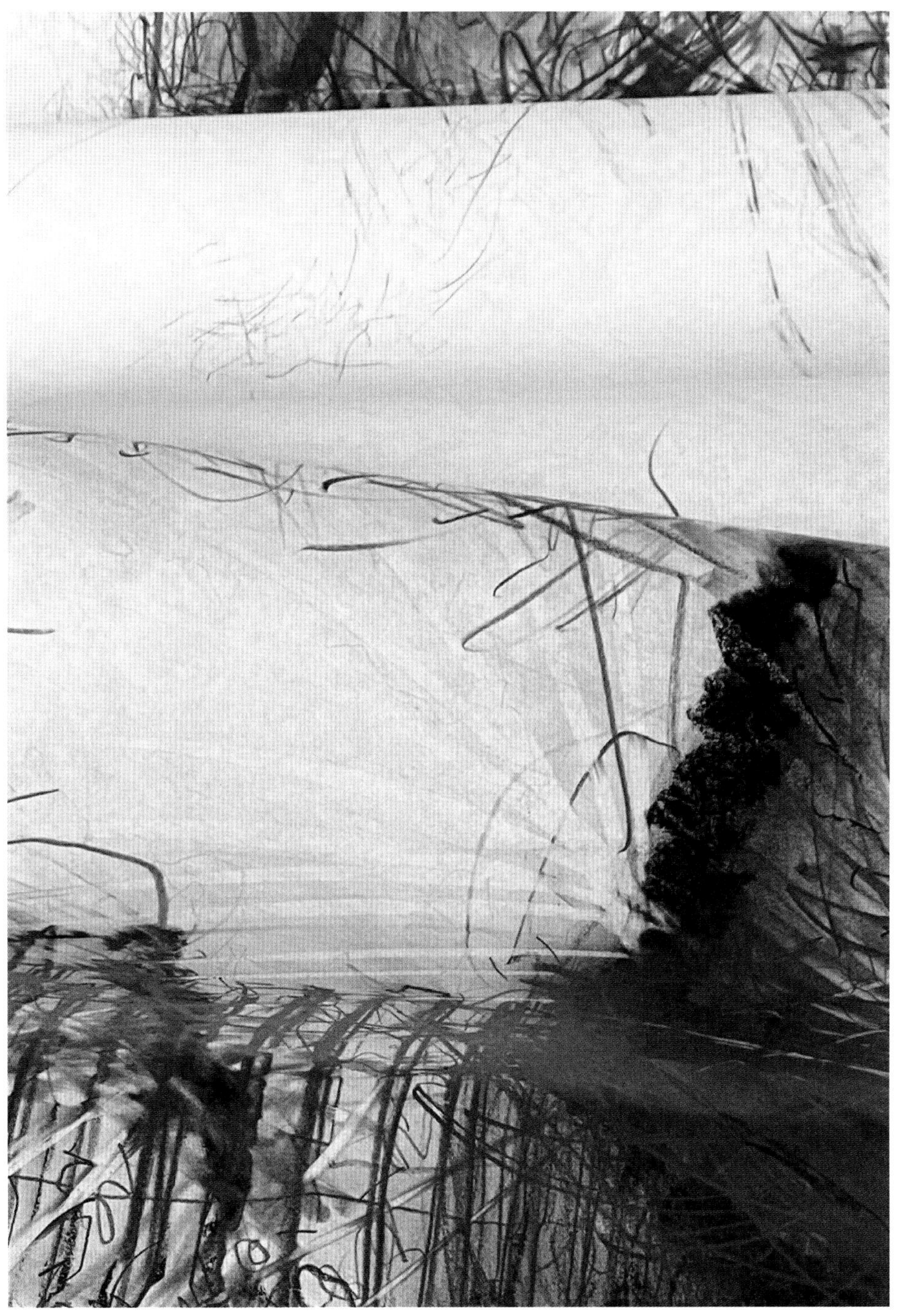

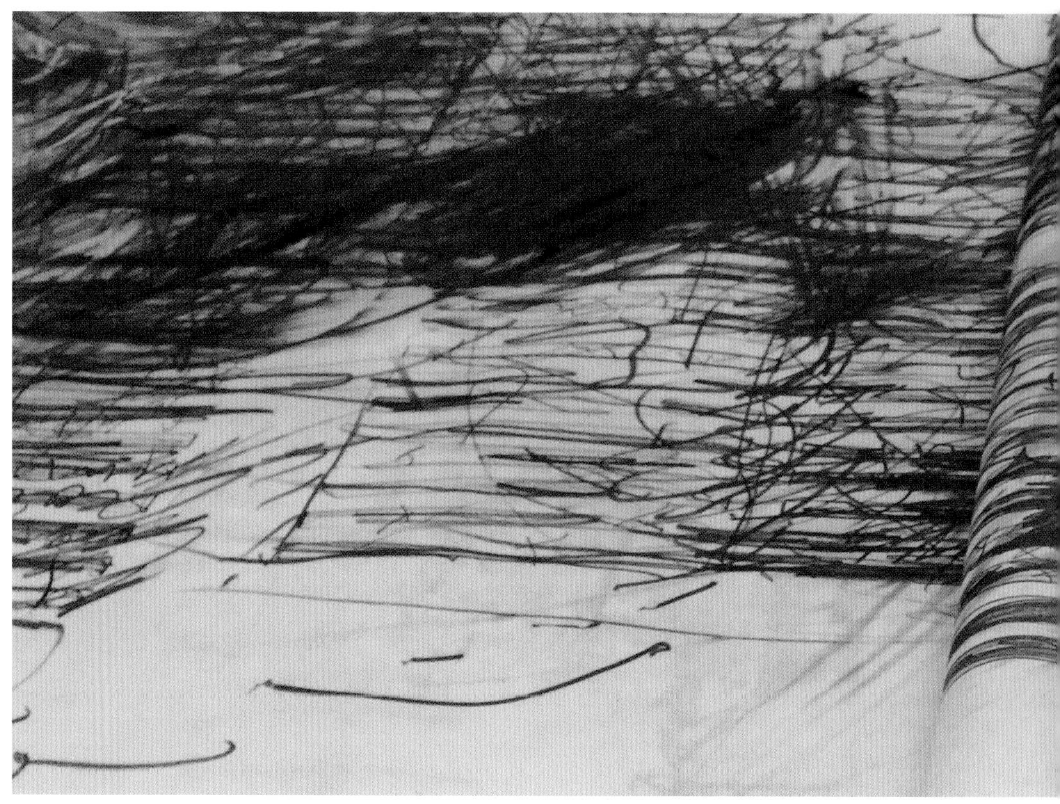

**Die Blindheit zwang Kulps Gedanken** in Buchstabenkorsette und sie verschaffte ihm eine Lebensgeschichte, die es – nach Notburgs Einschätzung – wert war, gedruckt zu werden.
Die ganze Geschichte war es, die verkauft werden sollte: die Geschichte eines Späterblindeten, der, angewiesen auf Hilfsmittel, mit unsichtbarer Hand auf unsichtbares Papier zu stottern in der Lage war.
Und so produzierte Kulp mit winzigen Schrittchen seine Seiten, im Dienste seines Verlangens, seiner Seele, die er sich aus dem Leib schreien wollte.
Das war jetzt seine Geschichte, eine Geschichte, die interessierte, weil ein Blinder seine ungelenken Texte schrieb, die

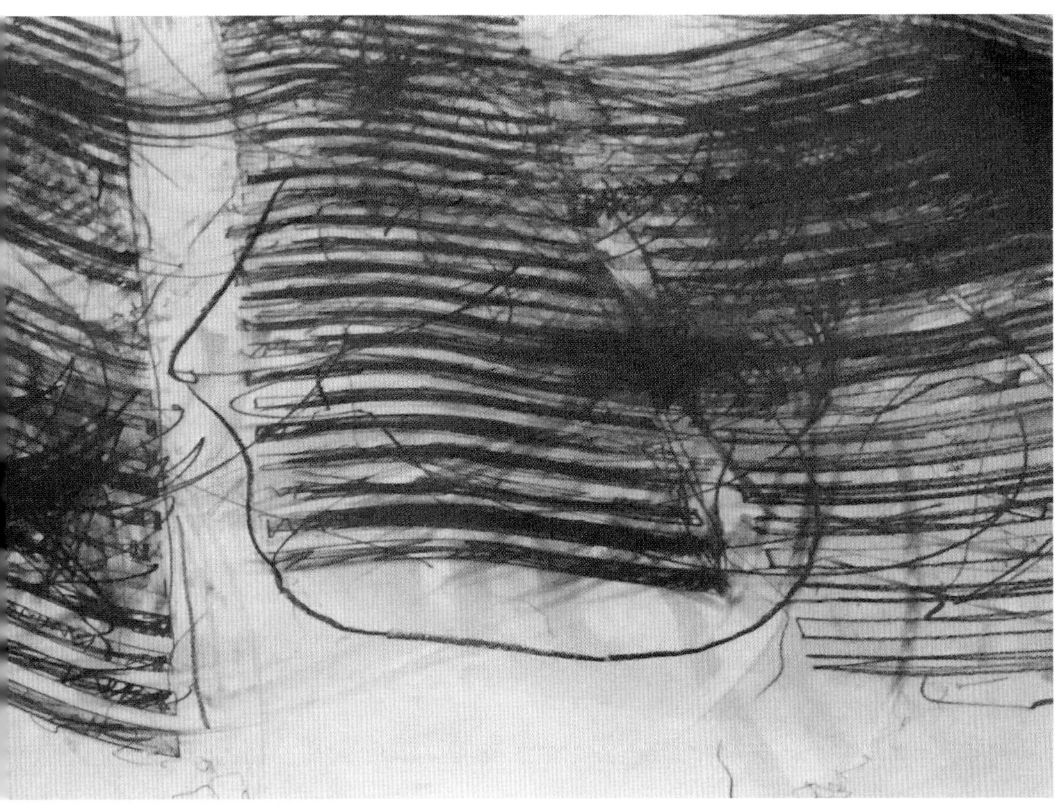

Menschen anrührte und sie deswegen mehr haben wollten, immer mehr.
Und Kulp lieferte. Er schrieb, indem er seine Gedanken laufen ließ. So wie es kam, so war der Text.
Er wusste selbst nicht, wie er es machte, aber er wusste, dass er nur dann eine Chance hatte, wenn er sich allem verweigerte, was man gemeinhin als Schreibstil oder als einen guten Text bezeichnete. Es ging darum, sich den eigenen Ansprüchen und den Beurteilungskriterien der anderen zu entziehen. Insofern war die Art, wie Kulp seine Texte schrieb, eine Folgeerscheinung seiner Lebensführung. Er hatte es geschafft.

*> Kulp, Seite 167*

**So sehr die Schablone** ihn zur Kleinteiligkeit zwang, so draufgängerisch ging Kulp im Laufe der Zeit beim Schreiben damit um, so entschieden und überlegen, so virtuos und grotesk. So beschrieb es Notburg.
Die Mechanik des Schreibens verkraftete keine Erklärungen. Bemühungen und Rechtfertigungen kamen in Kulps Sprache nicht mehr vor. Die Schablone verlangte nach Zuwendung, vertrug kein Nebenbei. Sie forderte uneingeschränkten Einsatz.
Die ein Zentimeter hohe Aussparung des Metalls war eng, der Bleistift wurde von der rechten Hand geführt, von der linken Hand gleichzeitig ertastet, um das zu bespielende Feld zu erkunden. Wenn der Stift stumpf wurde, diente ein Kieselstein als Markierung, der dort platziert wurde, wo Kulp aufgehört hatte zu schreiben. Nach dem Spitzen wurde der Stein ertastet und der Stift wieder angesetzt.
Die Unterbrechung des Schreibvorgangs schaffte nach Überwindung desselben eine der berühmten Ungereimtheiten. Sie verhalfen dem Text zu der Typik, die Kulp als Autor zu dem machten, was er heute war.
Das Schreiben erforderte physisch alle Aufmerksamkeit, ungeachtet dessen, was Kulp die Absicht hatte mitzuteilen. Die Schablone, als Hilfsmittel gedacht, bestimmte die Fingerfertigkeit wie auch die Rasanz des Denkens und zwang damit den Schreibenden genau zu sein. Die Schablone verlangte Klarheit und verschmähte Absichten, Selbstversicherungen und Ausreden, verschmähte sie aufgrund ihrer eigenen Begrenzung.

> *Kulp, Seite 172*

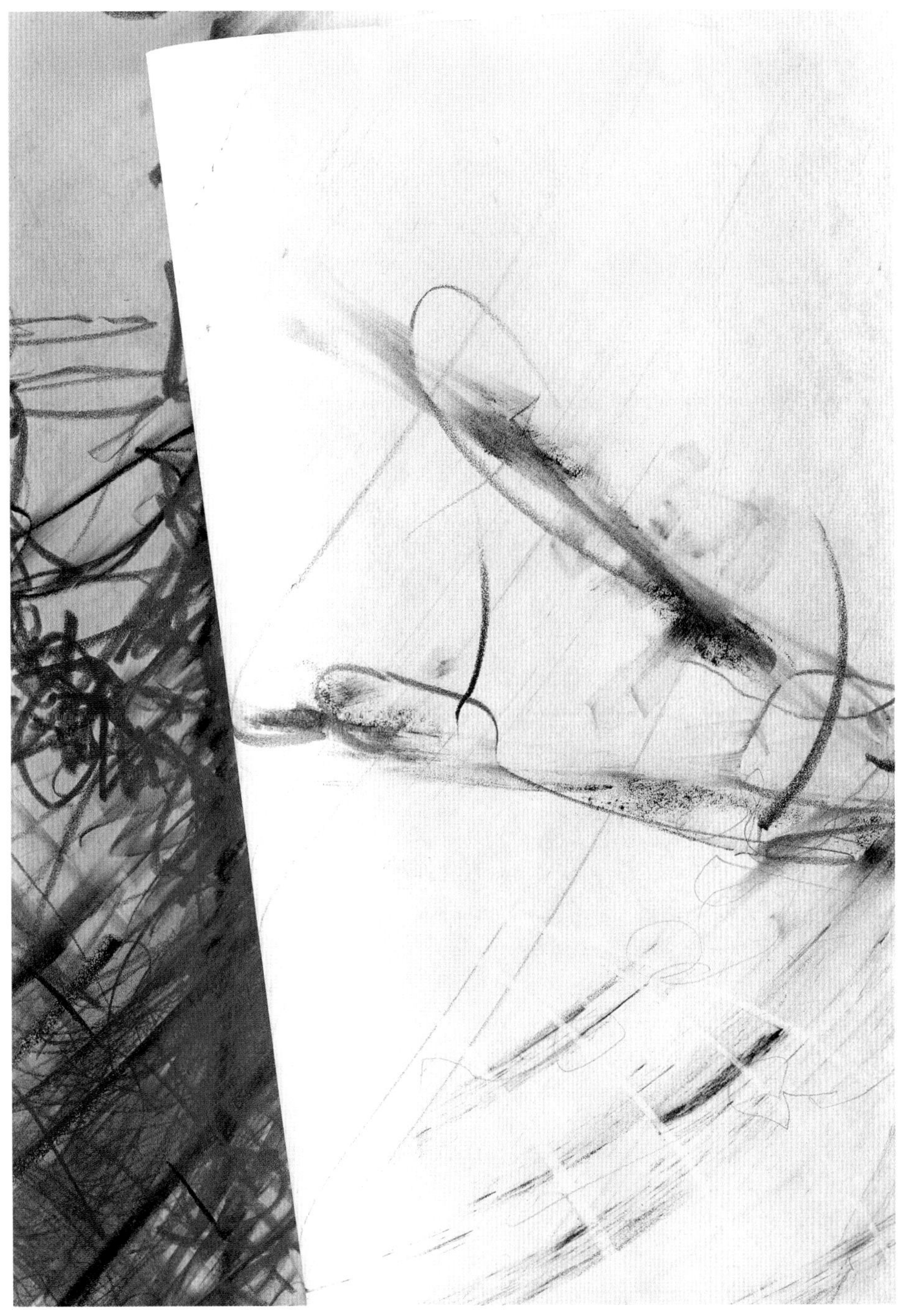

**Während** Notburg für den eigentümlich sperrigen Schreibstil des Autors wohlfeile Formulierungen fand, nannte Kulp selbst diese Art des literarischen Umgangs: *die Verschriftlichung des Unvermögens.*
Die Leichtigkeit der anderen war Kulp immer verdächtig gewesen, die Schnelligkeit, mit der sie etwas fertigstellten. Jetzt war er sich selbst manchmal suspekt. Trotzdem erlitt er das Glück und lebte gut damit, nicht ohne zwischendurch immer seltener werdende Anflüge von Verachtung zu verspüren, einerseits dem Verleger gegenüber, der ihn freundschaftlich ausnahm, und sich selbst gegenüber, der er blind werden musste, um seinen schriftstellerischen Frieden zu finden.
Manchmal meldete sich die professionelle Ethik und fragte nach der Ernsthaftigkeit seines Tuns, das doch ohne Sorgfalt und ohne jeden Plan rein mechanischen Gegebenheiten zu folgen schien, viel mehr als einem geistigen Anliegen, das um zutreffende Worte rang, sie auch fand nach unendlichen Stunden harter, sich selbst quälender Arbeit. Wenn diese Arbeit zeigte, wie die Dringlichkeit über das Werkzeug triumphierte, war das sein Sieg.

Aber die Ethik sollte Ethik bleiben und Kulp folgte im Siegestaumel seinen Vorgaben, die da waren: Blindheit, wenig Zeilen, enge Umrahmungen und harte Kanten, zwei mit Tasten und Schreiben beschäftigte Hände und die Trägheit des Ablaufs, die der schnellen Abfolge von Gedanken widersprach. Die gut gemeinte Schablone verhinderte das Eintauchen in gedachte, spielerische Sphären, weil sie sich gegen die Geschwindigkeit des Denkens richtete und der Stift durch das Anstoßen an die oberen und unteren Kanten auch die freiesten Gedanken in ihre Grenzen verwies. Wie ein Klotz bremste sie Spontaneität und Wagemut und machte das leidenschaftliche Durchdringen eines Gedankens, eines Anliegens scheinbar unmöglich.

Seite 88–115
*sich blind schreiben*
Zeichnung
70 × 1300 cm
Bleistift auf Seidenpapier
2020

Mit den Vorgaben musste die Sprache sich nehmen, was ins Schablonenkästchen passte. Die Schablone war das Maß aller Buchstaben und Wörter, und auch Maß allen Denkens. Das konnte man bedauern, denn es war tatsächlich grauenhaft und gleichermaßen auf die kargste Art bereichernd, war Segen und Fluch in einem. Kein Sieg ohne Kampf, und Kulp kämpfte und hatte schließlich gewonnen.
Die Schablone war der Filter, durch den Kulp sprach, es war eine Sprache ohne längerfristiges Handeln, ohne Bezüge, denn das große Ganze ging in den einzelnen Zeilenfenstern verloren. Auch der Überblick wurde von der Schablone gefressen. Wie ein monströses, löchriges Metallmonster wollte es ständig mehr, mehr Zeilen, mehr Seiten, mehr Eifer.
Und Kulp war eifrig, er bediente die Schablone gut, er lebte mit den vergessenen Wörtern, den verlorenen Impulsen, den abgebrochenen Gedanken, den Wiederholungen, den Inhaltslöchern und Sprachrissen.
Und dann schrieb er das Wesentliche, schrieb die gezielte Bündelung aller Überlegungen in wenigen Zeilen, weil es eine Nachbesserung nicht gab. Einmal mit der Hand nach oben gegangen, einmal die Zeile unterbrochen, einmal ein falsches Wort an falscher Stelle geschrieben, einmal das letzte Wort durch einen anderen Gedanken verjagt, einmal ein Blattwechsel im Gedankenstrom und alles war weg, unprüfbar durch den wissenden Blick durch flinke Augen, die das Blatt sekundenschnell nach Lücken oder Fehlern abtasten würden.
Einzig das Erfühlen des nächsten Zeilenfensters war ihm möglich und das Zählen der noch freien Stellen auf gegenwärtigem Blatt.

> *Kulp, Seite 170*

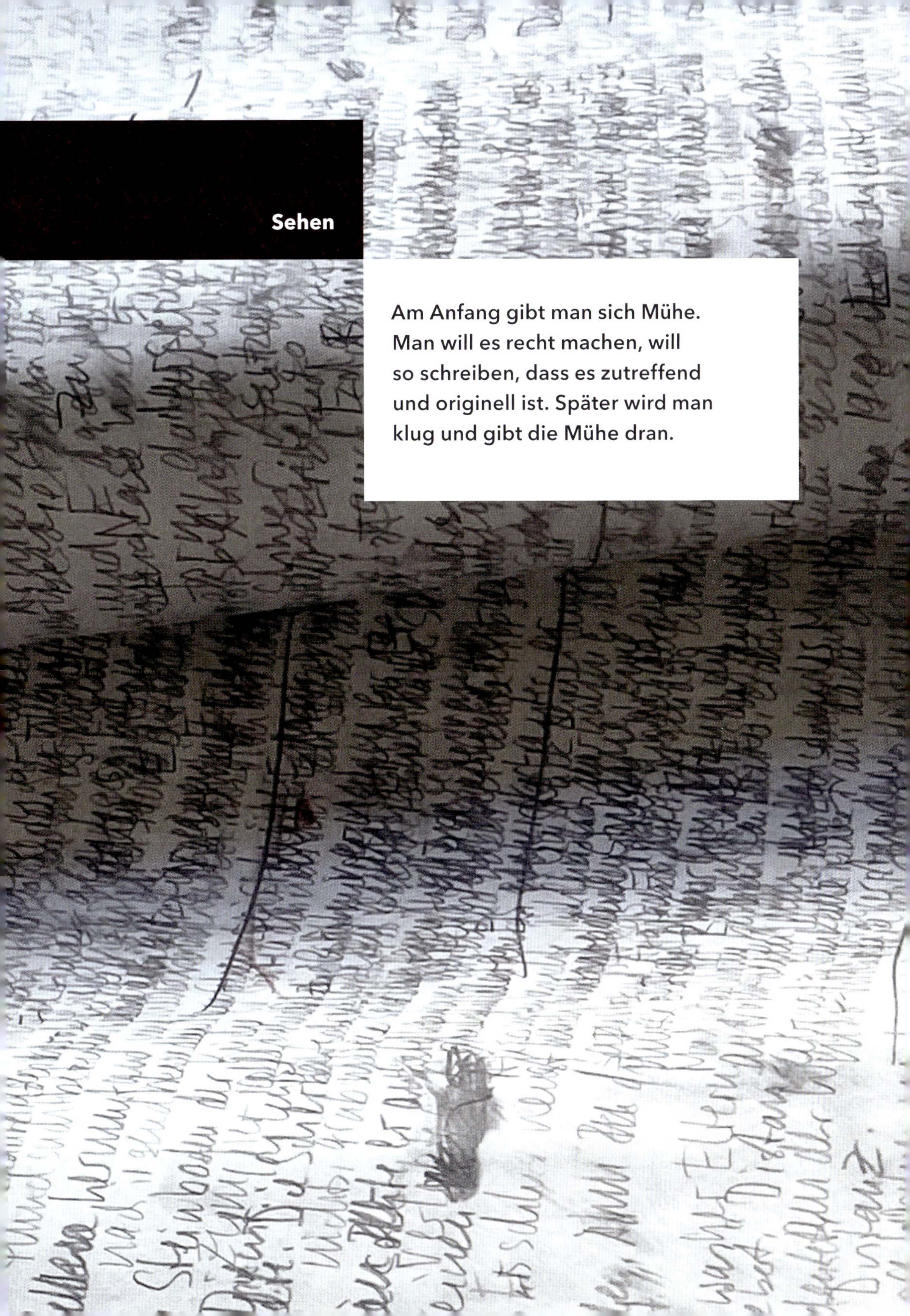

## Sehen

Am Anfang gibt man sich Mühe. Man will es recht machen, will so schreiben, dass es zutreffend und originell ist. Später wird man klug und gibt die Mühe dran.

Für [illegible] –
gibt es kein Sterbebett

Einem glücklichen Umstand zufolge, war er jetzt blind: ein Autounfall vor zehn Jahren, lange nachdem sie sich das letzte Mal [illegible] gesehen hatten.
So fügen sich die Dinge manchmal und man muss selbst nichts tun.
Nur warten.

Teil I

Abgang.

1
Was [illegible] immer er mit dem schiefen Abgang gemeint hatte; es war schief [illegible] gegangen. Schief war kein Ausdruck, denn dieser Abgang entpuppte sich als [illegible] Anfang von einem neuen

Leben, das Edgar sich so [illegible] vorgestellt, geschweige [illegible] gewünscht hatte.

Der Unfall hatte ihn über das Ziel hinaus geschossen.
Weit war er geflogen und dann mit dem Kopf aufgeprallt hart auf steinige Erde.

Es geschah am frühen Morgen, ein Tag nachdem Gabriele ihn [illegible] hatte. Edgar befand sich

Mit dem [illegible]
in die St[illegible]
Nichts hi[illegible]
war müde
die Sicht [illegible]
auch. Gab[illegible]
und das [illegible]
die Ah[illegible]
immer [illegible]
Er fuhr [illegible]
und kurz [illegible]
Langensel[illegible]
Handy. [illegible]
ihn zu ei[illegible]
das Gespr[illegible]
Jemand [illegible]
Telefon [illegible]
kaum, [illegible]
einer Ma[illegible]
– – –
Edgar tr[illegible]
ganz na[illegible]
hielt da[illegible]
in den [illegible]
der An[illegible]
aufgelegt [illegible]

Hand konnte das Steuer nicht halten, der Wagen kam von der Straße ab und überschlug sich mehrfach.

2

Im Krankenhaus wachte er auf.
Tage waren vergangen vielleicht Wochen. Der Kopf [struck] war verbunden beide Arme gebrochen, ein

„Lassen Sie es langsam angehen", sagte der Arzt.
Was für ein saudummer Spruch! So langsam ist noch nie etwas angegangen, dachte er.

Er saß auf dem Bett. Seine Füße berührten [struck] den Boden. Kalt war er. Stein oder Linoleum? Weil er nichts sah, fraß die Kälte jedes Gespür.

Bloß nicht die Augenwattie anfassen! ... Irgendwann würde er in die Löcher greifen, vermutlich im Halbschlaf. würde sich kratzen und merken, dass die Löcher keine Löcher sind, nur Haut und Gewebe ohne Aufgabe. Irgendwann würde er ohne Mullbinde würde er die toten Augen berühren. Wie sahen sie überhaupt aus? Wie sah

Die Stimme des Arz[illegible] vor der Operation [illegible] anders geklungen. [illegible] er, Schwester [illegible] Pflegerinnen [illegible] verschalteter [illegible] alles gedacht unter [illegible] [struck] gemi[illegible] Vereichen, den Bedingungen ein[illegible] schriften, der [illegible] Bedingungen ein[illegible] Toleranz, denen er

(Bein auch, alles schmerzte.
Der Arzt sprach über einen schwierigen Prozess und dass man mit dem schlimmsten rechnen müsste, was nach Monaten des Bangens, Abwägens [struck] Hoffens auch eintrat.
Edgar wurde blind und Gabriele kam nicht zurück.

Edgar beugte sich nach unten um mit den Fingerspitzen den Boden zu merken. Er war glatt ... ein paar Sandkörner.
Auch das Laken auf dem er saß, war kalt wie der Boden, wie das Metallgestänge des Bettes, wie der Nachttisch mit kaltem Apfel auf kaltem Teller.
Edgar tastete über Wangen, Stirn und Haare.

sein Gesicht aus? Ohne Augen konnte es keinen Ausdruck geben, nur Händedruck. Die Hände würden jetzt alle erfahren müssen.
„Ist das Fenster auf?" fragte er in den Raum.
Wo war die Schwester?
Vielleicht hatte er zu leise gefragt. Aber warum sollte seine Stimme plötzlich leise sein ...

[illegible] Personen galt [illegible] ständnis- und [illegible] sichtsvoll schaffen [illegible] Atmosphäre des Künst[illegible] Edgar dachte an [illegible] Glocke durch die er [illegible] hörte, verhalten und [illegible] aus dem Totenreich. [illegible] plötzliches [illegible] kam ihm wie der [illegible] in die eigene Toten[illegible] er erschrak vor sich [illegible] Wie sich der Arzt an[illegible]

Übersicht im wahrsten [illegible] Sinne.
Jetzt saß er im Gang [illegible] auf dem Boden. Der Raum wäre doch besser gewesen. Da dachte er und ließ sich langsam mit dem Rücken [illegible] Wand nach unten gleiten. [illegible] Kauernd saß er auf dem Boden und umfasste seine Knie.

Er zitterte. Wie soll das alles [illegible] Schwester hatte Recht [illegible] wollte ihm genau das hier [illegible] ersparen [illegible]. War er denn tatsächlich behindert? War er das? War das jetzt sein Leben?

Während er [illegible] den blinden Schreck als einen [illegible] in seinem Leben wahrnahm, der ihm ab jetzt mit jedem Schritt [illegible] Verzweiflung [illegible] Lage war [illegible] Zitterte er immer noch. Immer wieder würde er ihn dazu veranlassen, augen- und kopflos das Weite zu suchen und er derjenige, der zu einer Klärung [illegible] würde beitragen können, dazu fehlte die

Konnte er denn nicht normal weitersehen. Konnte er das nicht mit Tapferkeit [illegible] erzwingen? Mit Durchhaltevermögen, Kraft, Anstrengung …?

Es würde sicher [illegible] nur um ihn selbst gehen. Wahrscheinlich würde er sich in Zukunft auch gegen die geballte Zuwendung all der Mitleidigen schützen müssen. Wie eine Riesenwelle würde sie ihn verschlucken und er drohte dagegen wehrlos zu sein, als seine Behinderung [illegible] würde machen können.

Es würde schwer werden [illegible] und Nein sagen um seine Bedürfnisse noch durchzusetzen; Hilfe abzuschlagen unbedingt [illegible].

Das Wort Behinderung [illegible] all seiner Schwere [illegible] der damit verbundenen Konsequenzen war in diesem Fall die Behinderung selbst. Es schürte Ängste und Vorurteile und [illegible] beiden Seiten so viel [illegible] vernehmen, dass Edgar in diesem Moment um sein selbstbestimmtes Leben [illegible] sich jetzt so sehr fürchtete.

4

„Sind Sie Edgar Kulf? Ich soll Sie nach Hause begleiten." Edgar fuhr zusammen. Früher hatte er sich nie erschrocken. Im Gegenteil. Mit Vergnügen hatte er andere erschreckt, besonders Vera. Ein [illegible] Bruder ist er gewesen, [illegible] sich hinterher noch über sie, die [illegible] so zimperlich war, das kleine Vögelchen. [illegible] half ihm hoch. [illegible] sein Lebensende wäre er dort unten sitzen geblieben. Der Mann hatte sich mit Charlie [illegible] und führte ihn am Arm nach draußen. Edgar ließ sich leiten und lief neben ihm her, wie ein Roboter. Sie stiegen ins Auto. Ein großer Wagen, die Stufen schwer zu erklimmen. Als er endlich saß, beugte sich Charlie über ihn, schnallte ihn

Es war unmöglich, sich fortzubewegen, ohne zu sehen, wohin sie fuhren. Edgar hatte den Eindruck entführt worden zu sein und mit verbundenen Augen an einen Ort verbracht zu werden wie ein Stück Vieh, immerhin ohne Lebensbedrohung und Angst. Der Entführte aber hätte zumindest das [illegible] des Augenbinde erhoffen können.

Charlie fuhr ruhig. Edgar konnte nur am Klang des Motors erkennen ob er schnell oder langsam fuhr. Er spürte es nicht, denn sein Bezug zu Geschwindigkeit war ohne Augen verschwunden.

Edgar hatte seinen Kopf zur Seite gedreht, zum Fenster hin. Wie würde man das nennen, was er jetzt tat?

Schatten, keinen Licht[illegible], keinen Farbschimmer.

[illegible] hörte [illegible] andere Fahrzeuge [illegible] ab und zu hupte [illegible]. Er bemerkte [illegible] Fenster um [illegible] dass sie nur einen Spalt weit geöffnet [illegible] wurde nass. Manchmal bremste Charlie und sie warteten an Ampel oder Kreuzung, dann hörte das Keindropfen auf.

Am Westend-Krankenhaus in Frankfurt waren sie losgefahren und Edgar sah vor sich was er nicht sah und ließ seit sich [illegible], dass Phantasie, die sich aus seinen [illegible] bis zum heutigen Tag gemachten Beobachtungen

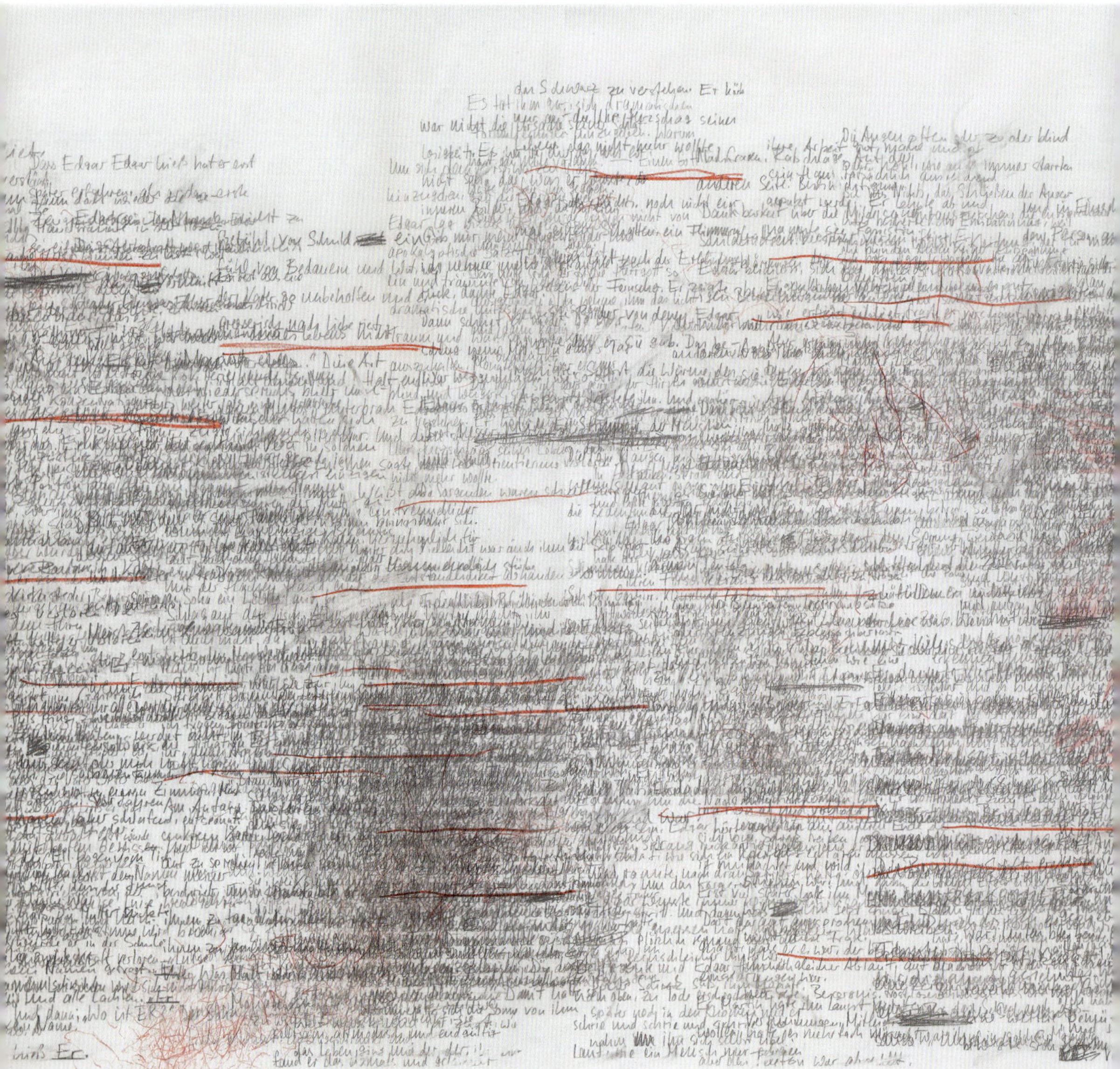

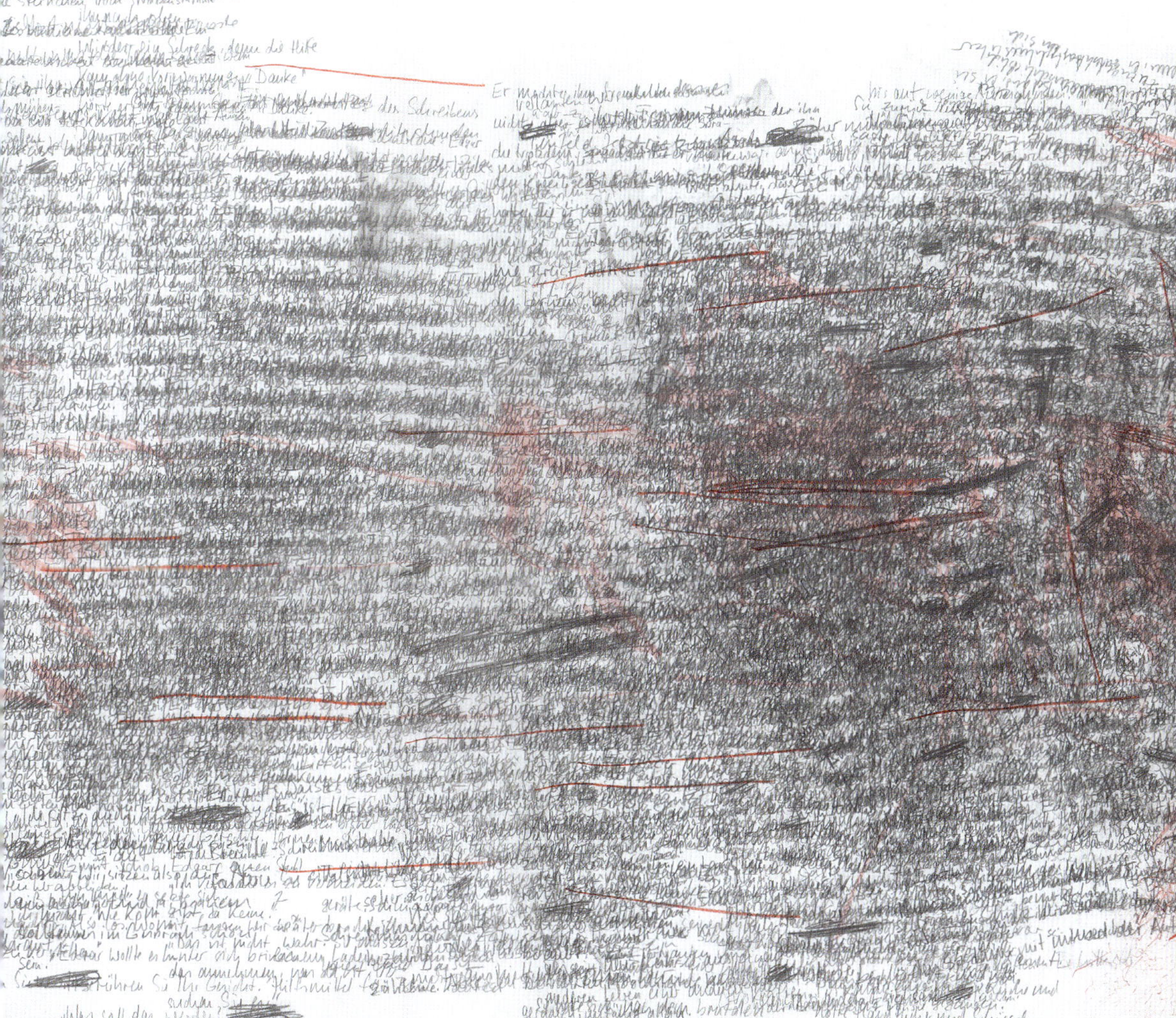

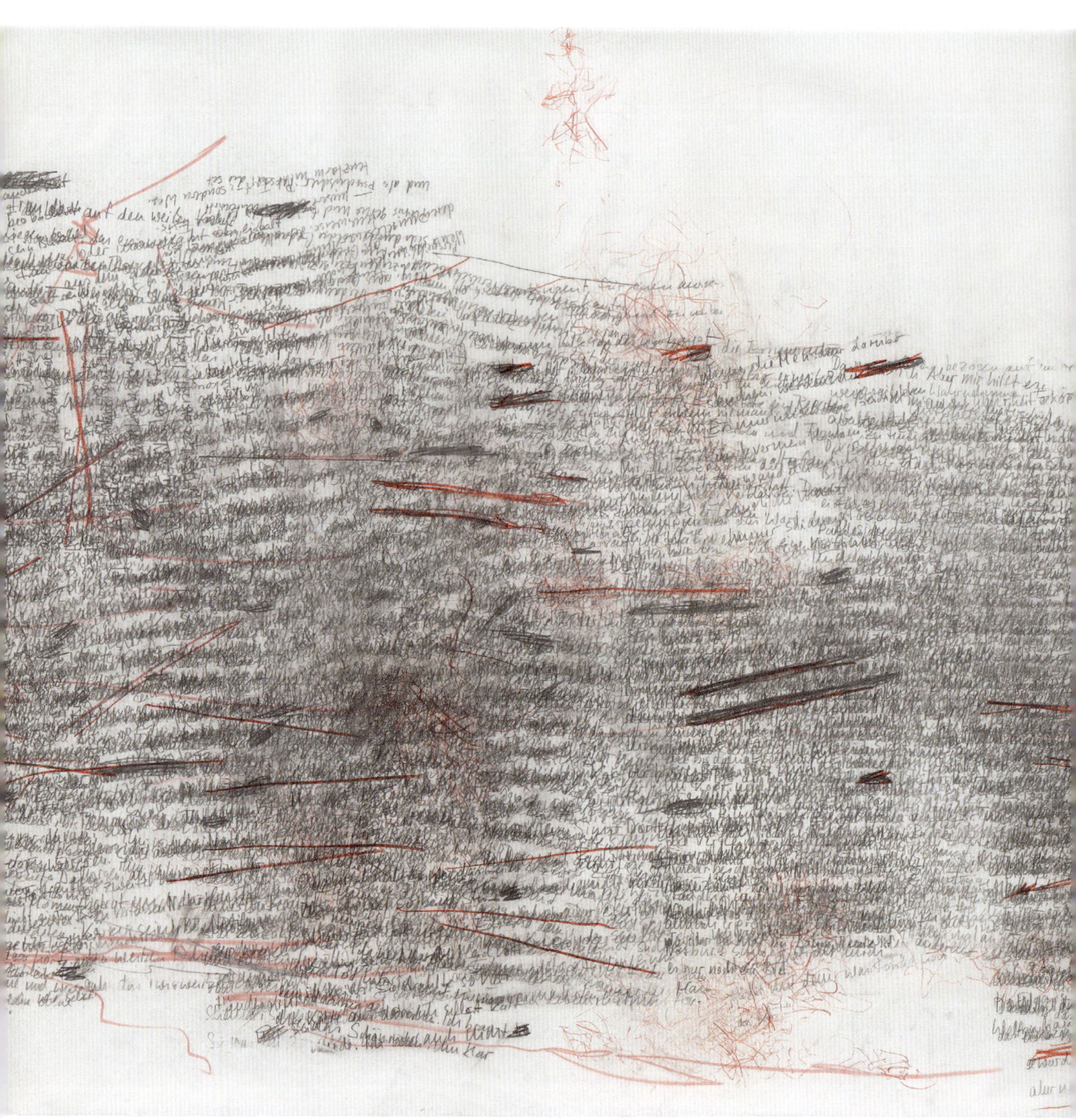

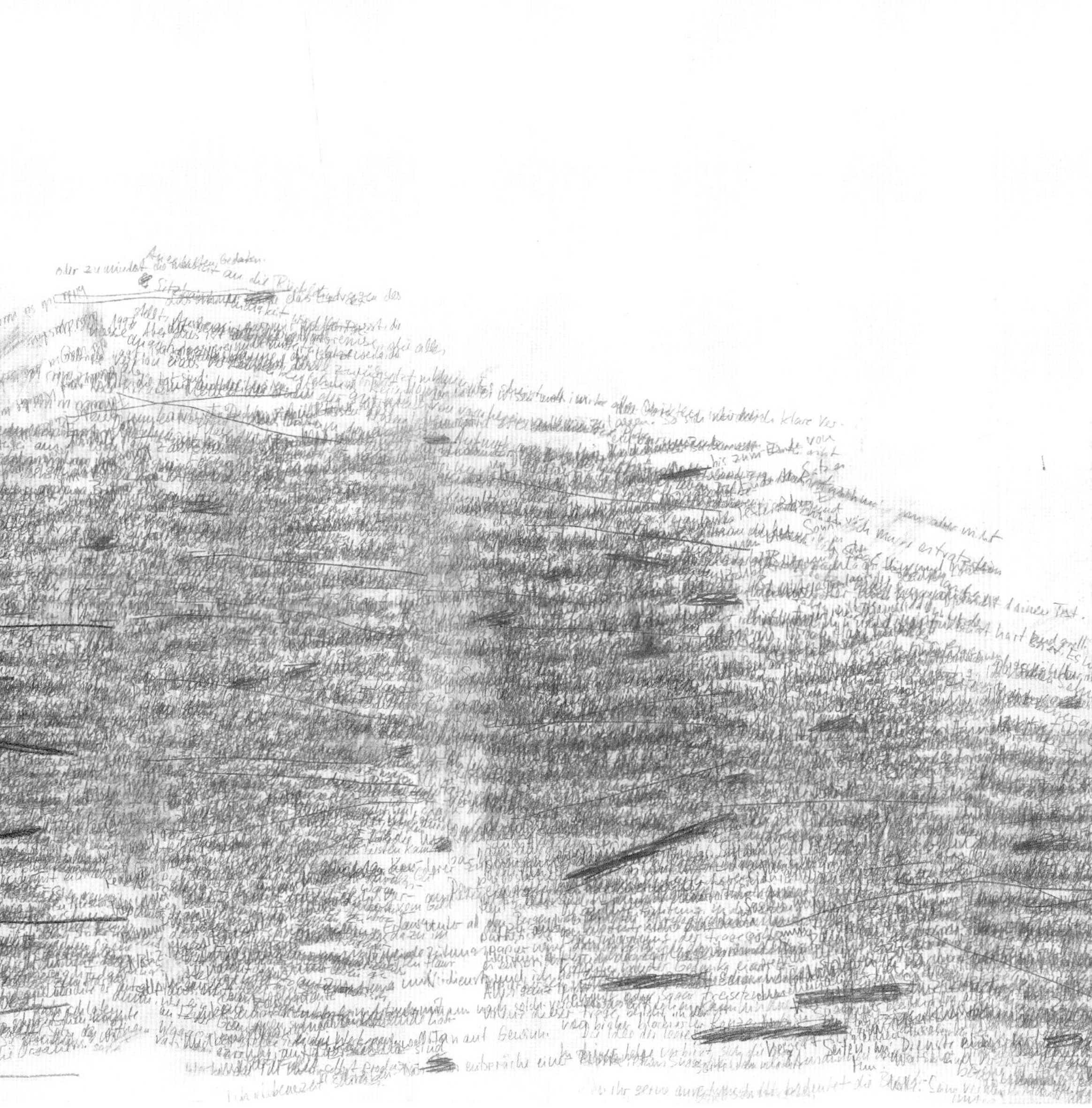

**Wie sehr ich es hasste,** mein Gesicht wie einen nackten Arsch in die Welt zu strecken und nichts zu sehen.
In diesen Momenten fiel mir ein, dass ich blind war, ein Gedanke, der mir sonst stunden-, ja, tagelang nicht mehr in den Sinn kam.
Ich wusste, dass ich angestarrt wurde und diese Starre übertrug sich auf mich. Es war das, was ich früher oft erlebt hatte, kurz nach meiner Erblindung: Die Leute hatten mich angesehen und ich war nicht in der Lage, die Zeichen zu deuten, die mich darüber aufgeklärt hätten, was diesen Glotzern beim Betrachten des blinden Mannes durch den Kopf gegangen war. Aber sie glotzten unbeirrt weiter, ich spürte es körperlich, ich spürte ihren Blick auf meiner Haut, als sei ich nackt.

*> Kulp, Seite 233*

**„Mir fehlt der Witz“**, sagte ich.
„Beim Schreiben?“
„Immer.“
„Was soll das heißen: der Witz? Welcher Witz?“
„Ich habe immer beobachtet. Ich habe es geliebt, in den Cafés zu sitzen und andere Leute anzusehen. Auch Leute in meiner Umgebung.“
„Warum fangen Sie jetzt an, das zu vermissen?“
„Ich vermisse es schon lange. Immer wieder. Und immer wieder konnte ich mich darüber hinwegsetzen. Aber jetzt habe ich das Gefühl, meine Eindrücke sind verbraucht. Es ist so, als sei der Vorrat leer, als käme nichts nach. Woher nehmen?“
„Lesen Sie, gehen Sie wieder tagsüber raus, fahren Sie in die Stadt.“
„Ablenkung.“
„Ja, Ablenkung. Sie müssen sich Anregungen holen.“
„Darum geht es nicht, Notburg. Ich brauche keine Zoobesuche oder Theateraufführungen. Ich habe vielmehr das Gefühl und hatte es immer, dass ich genau dieser Art von Ablenkung jahrelang aufgesessen bin. Wie eine Stopfgans habe ich mich mit Büchern und Zeitungen abgerichtet, habe gesammelt wie ein Bekloppter und herausgekommen ist nichts weiter als ein paar vermeintlich kluge Gedanken, die zu nichts führten.
Kein Thema habe ich wirklich durchdrungen, an nichts bin ich wirklich drangeblieben. Dieses Lesen und Sammeln war ein Fluch.
Insofern ist mir die Blindheit zu Hilfe gekommen. Sie hat diese Manie gestoppt. Und Zoobesuche sind von daher – Gott sei Dank – auch vorbei.“

> *Kulp, Seite 258*

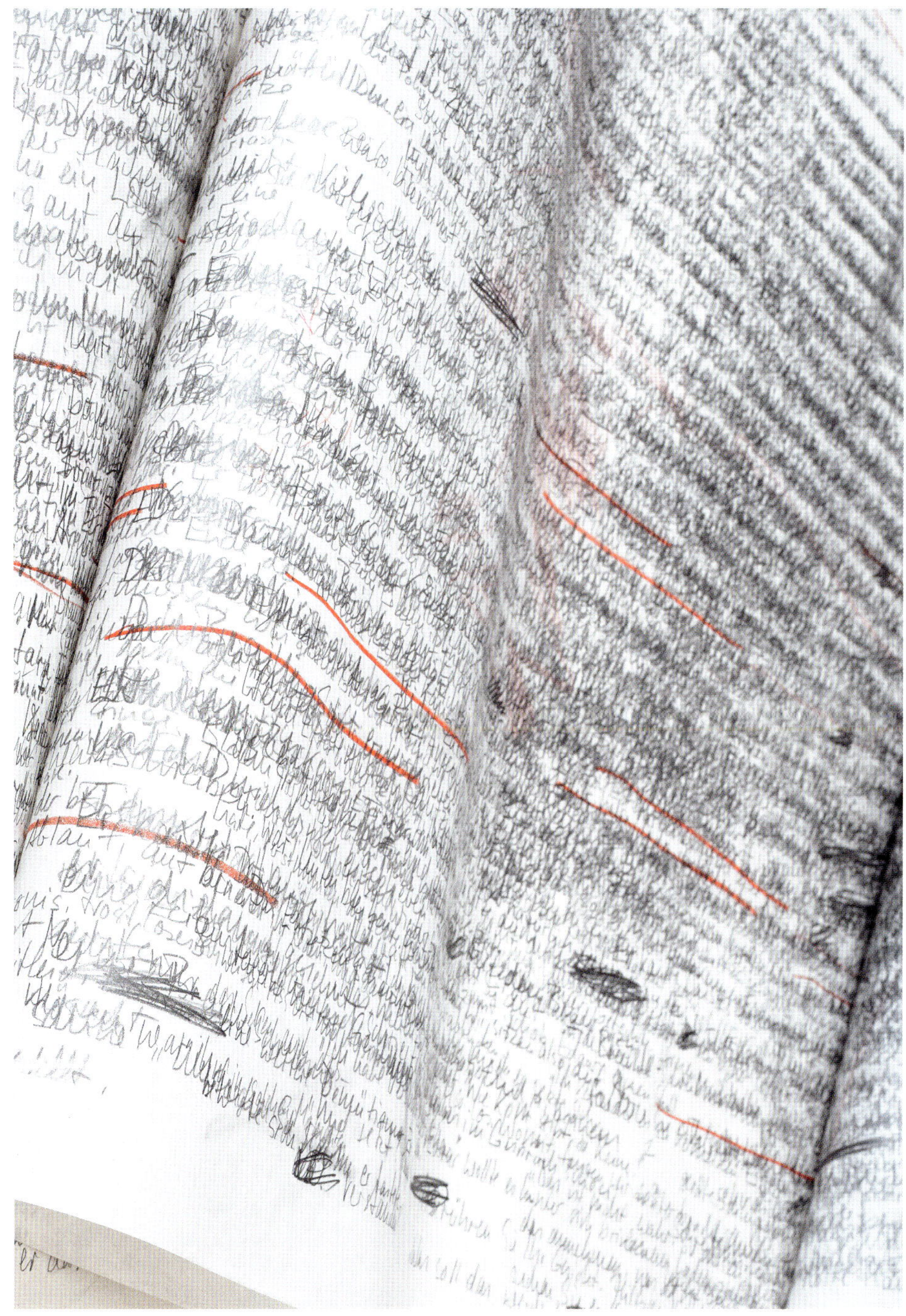

**„Früher, lange bevor ich blind wurde,** hatte ich Entschlüsse gefasst, Regeln für mich aufgestellt. So etwas wie:
- Entferne alles aus deinem Leben, was Erfahrungen verhindert.
- Entferne alles, was Fragen erstickt.
- Meide Antworten, die kommen, bevor die Frage gestellt wurde.
- Antworte auf Fragen niemals vollständig.
- Antworten auf wirkliche Fragen sind nicht möglich, denn jede Vollständigkeit wiederholt Teile einer bereits gegebenen Antwort.
- Nicht vollständig lesen."

„Ein wunderbares Vorhaben: Entferne alles, was Erfahrungen verhindert."

„Ja. Ich war sicher, dass ich damit an einen Punkt käme, der zum Kern führt."

„Das klingt buddhistisch."

„Ja, und die Erblindung hat mich in dieses Fahrwasser geworfen. Ich musste nur lernen, darin zu schwimmen."

„Eine Perspektive."

„Ja, lieber Notburg, das glaube ich, dass Ihnen das gefällt. Aber diese Perspektive, von der Sie sprechen, ist eine zweifelhafte Sache, denn Sie wissen doch selbst, wie langweilig das Paradies ist."

„Eine Perspektive ist noch kein Paradies. Zunächst ist sie nichts weiter als eine Hoffnung." Notburg wurde unternehmungslustig. Ich merkte, wie ihn das Gespräch aufstachelte.

„Es ist aber nicht die Hoffnung."

„Sondern?"

„Es ist die Sehnsucht. Es beginnt mit der Sehnsucht und endet mit der Enttäuschung darüber, dass es nur eine Sehnsucht geblieben ist.

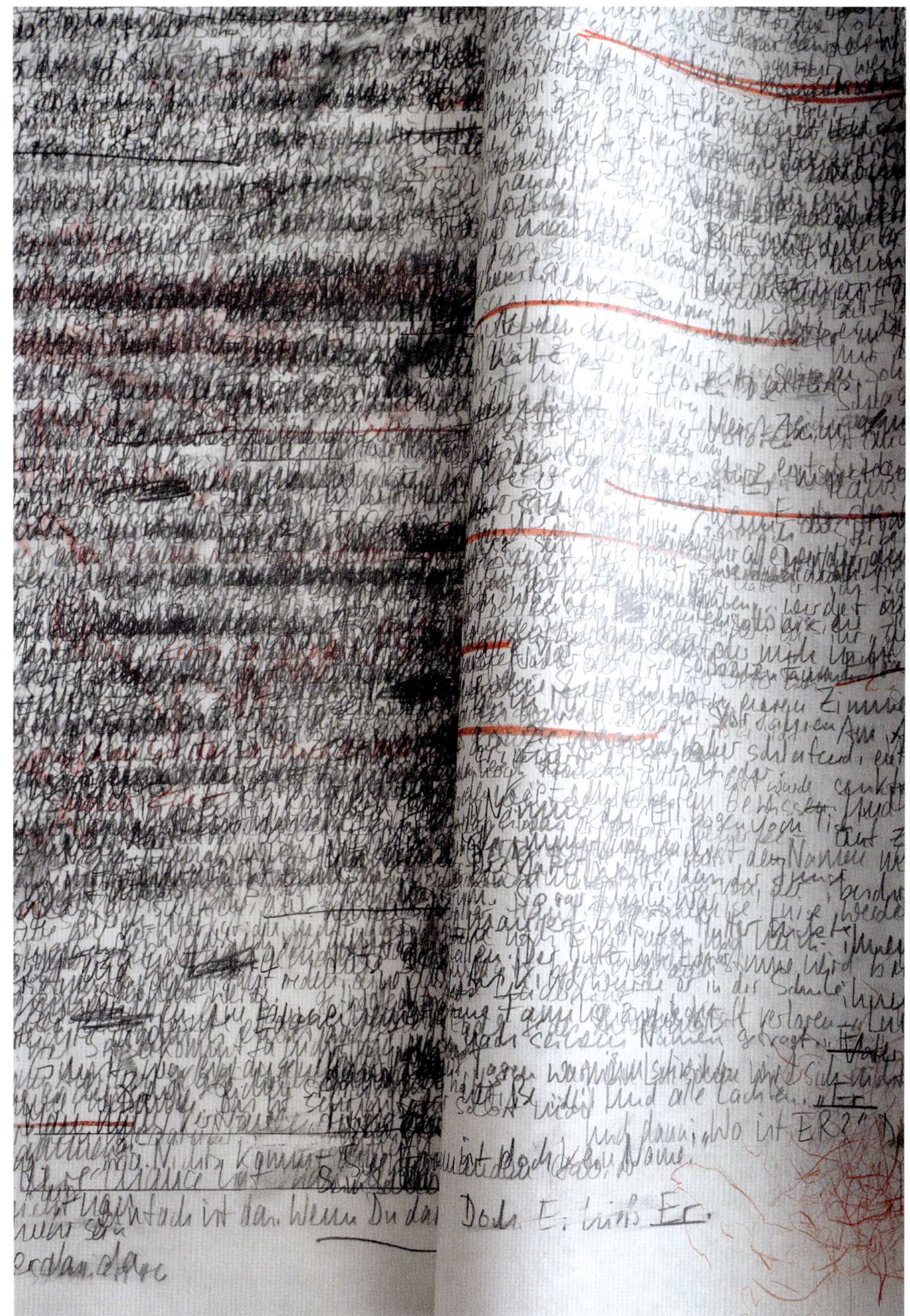

Übrig bleibt: das Dauerschielen nach dem Paradies. Das aber ist ohne jede Inspiration. Es ist die Langeweile allerfüllter Wünsche."

„Manche Leute begehen sogar einen Mord, um ihr etwas entgegenzusetzen. Und auch Ihre Blindheit hat geholfen, Sie von einem paradiesisch intellektuellen Dasein – das Sie langweilig nennen – in einen höllenähnlichen Zustand zu verfrachten."

„Ich war nie in einem paradiesischen Dasein. Diesem Ort des verlogenen Friedens bin ich nie aufgesessen, Notburg. Ich habe ihn immer zu meiden gesucht. Und aus dem höllenähnlichen Zustand ist leider auch nichts geworden. Es waren eher unerfüllte Begehren, das mag sein. Daraus aber speisten sich Hoffnungen, wie Sie wissen, und ich bin froh, dass ich sie hatte und jetzt wieder habe."

„Ich spreche von Sehnsucht, die Sie verurteilen – und Sie sprechen von Hoffnung, die Sie feiern."

„Die Hoffnung hat etwas mit freudiger Erwartung zu tun, die Sehnsucht ist schmerzlich. Diese Schmerzen habe ich nicht."

*> Kulp, Seite 261*

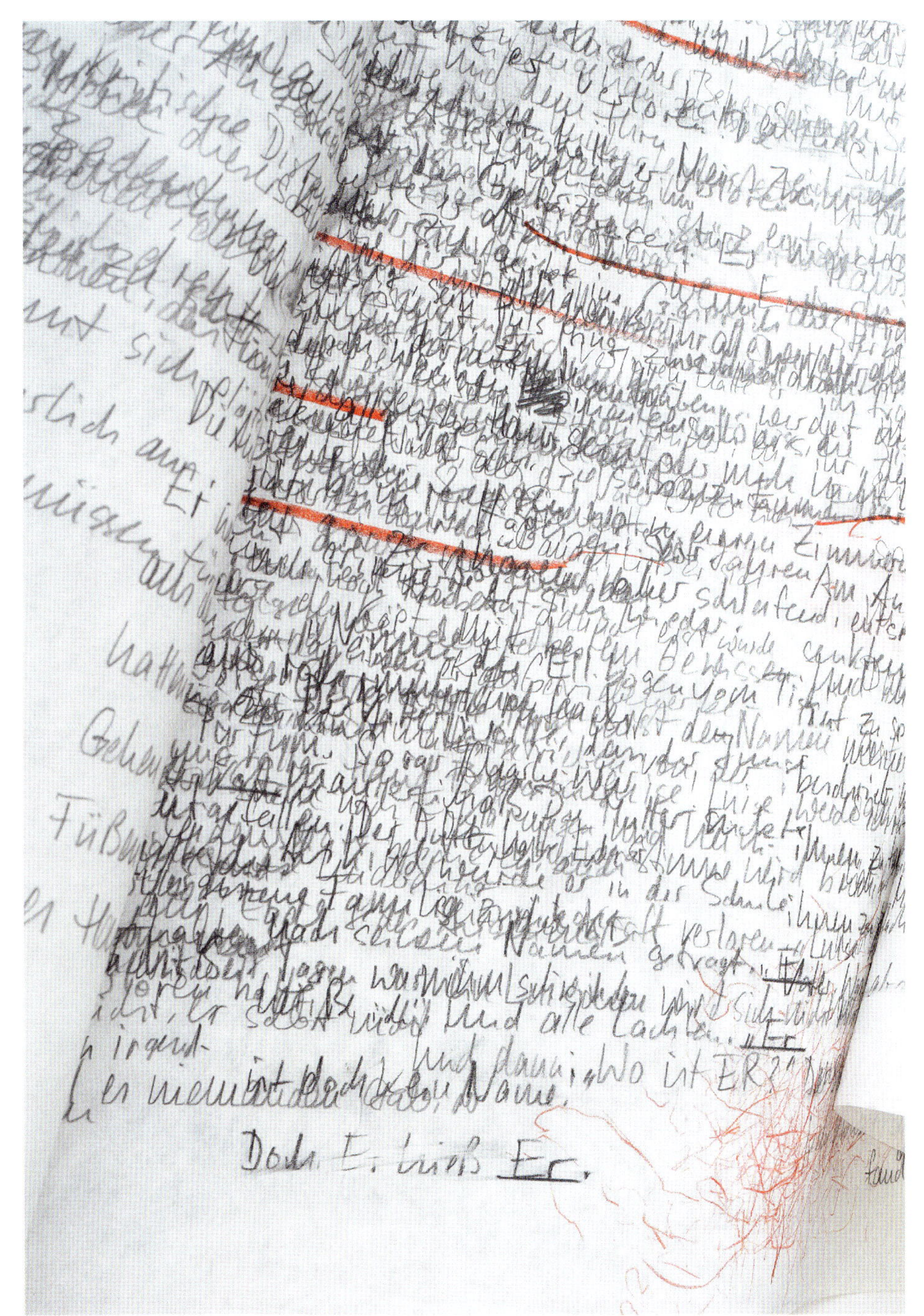
Doch E. hieß Er.

**Mit der Blindheit** wurde es laut: Es gab nur noch die Stimme, die für Heimlichkeiten kaum ausreichte. Hätte ich die Wahl gehabt, ich hätte mich immer für den verstohlenen Blick entschieden, nicht für das verhaltene Wort. Das Geheimnis lag im Blick, nicht im Flüstern. Nur mein Auge erzählte nichts mehr.

*> Kulp, Seite 269*

**Gegenwart und Vergangenheit** spielen sich gegeneinander aus, und ich zerreiße mich mit der Frage, was davon die Wahrheit ist. Entspricht sie dem, wie ich die Welt früher gesehen habe, oder dem, wie es meine Vorstellung heute fassen kann? Wenn meine Wahrnehmung damals schon falsch war oder auch gegenwärtig nur meine Erinnerung falsch ist – ich dieses „falsche Material“ in Form eines Unblicks mit meinen derzeitigen Vorstellungen vermische – dann löst sich jede Art von Gewissheit einfach auf!

*> Kulp, Seite 268*

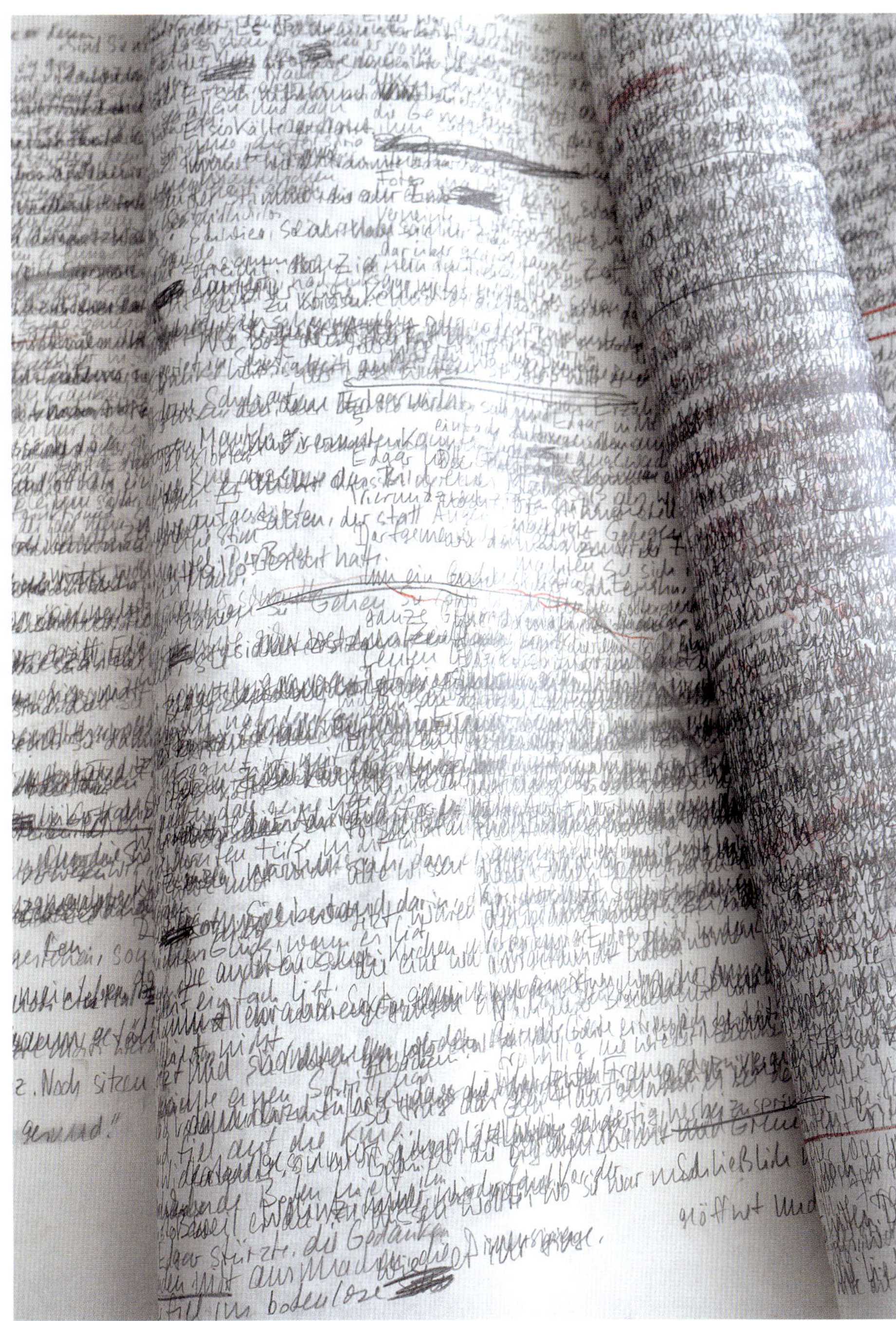

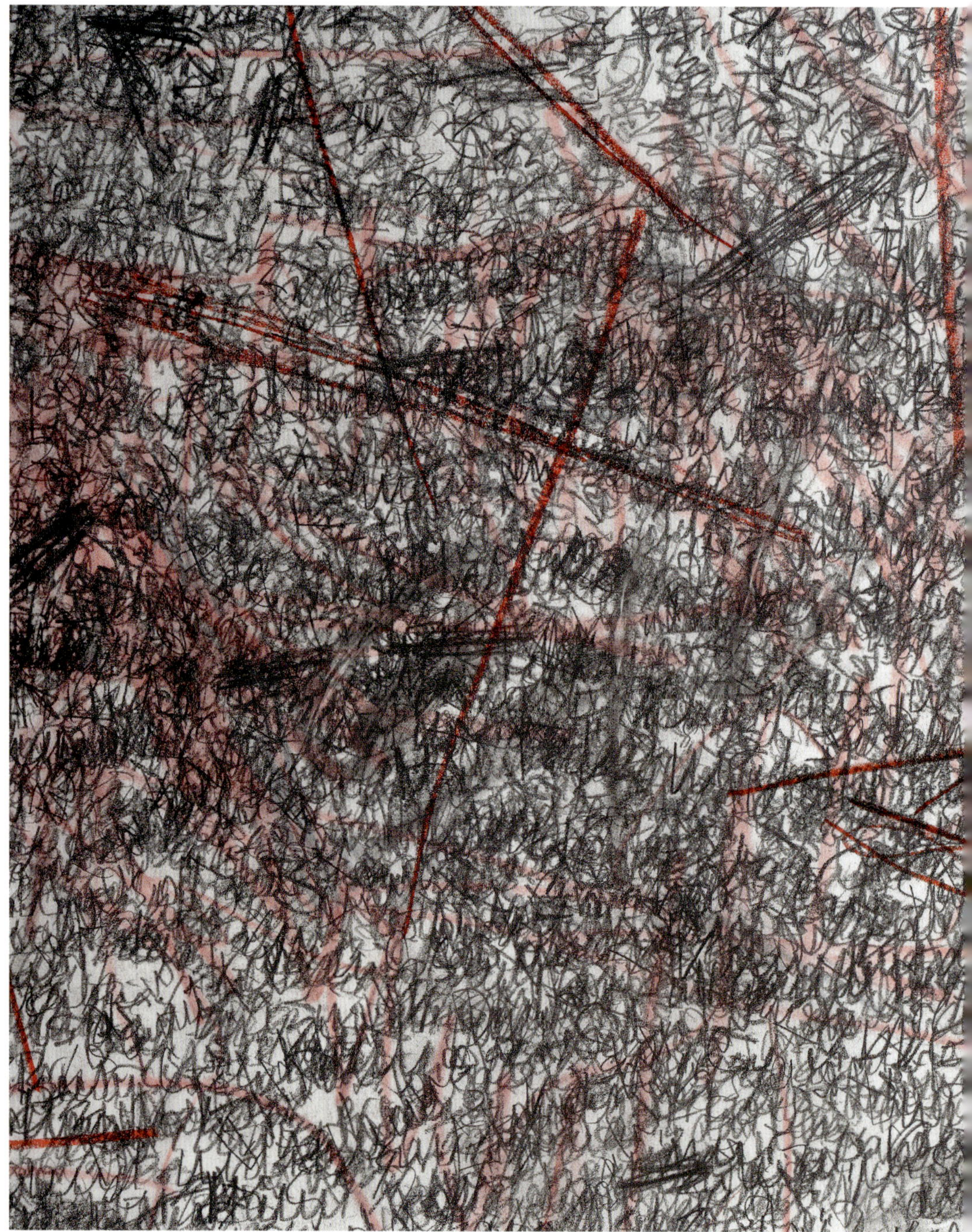

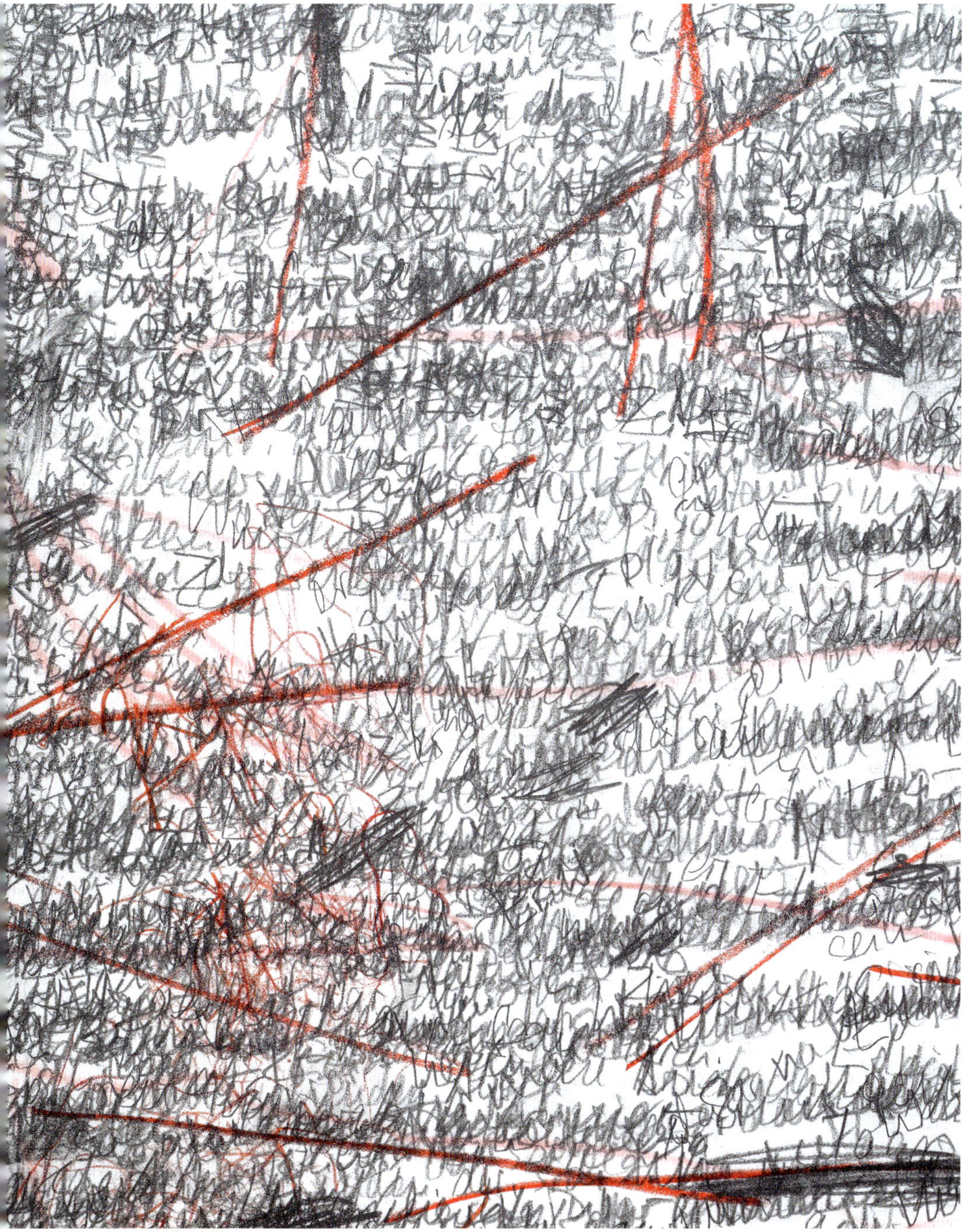

Guten Tag

Die Höhe des Raumes
spürt ich im Rücken
Ich richtete mich
forderte Gott ein gerades

durch
nach vorn
mit den Fußspitzen.
die erste Stufe stieß.

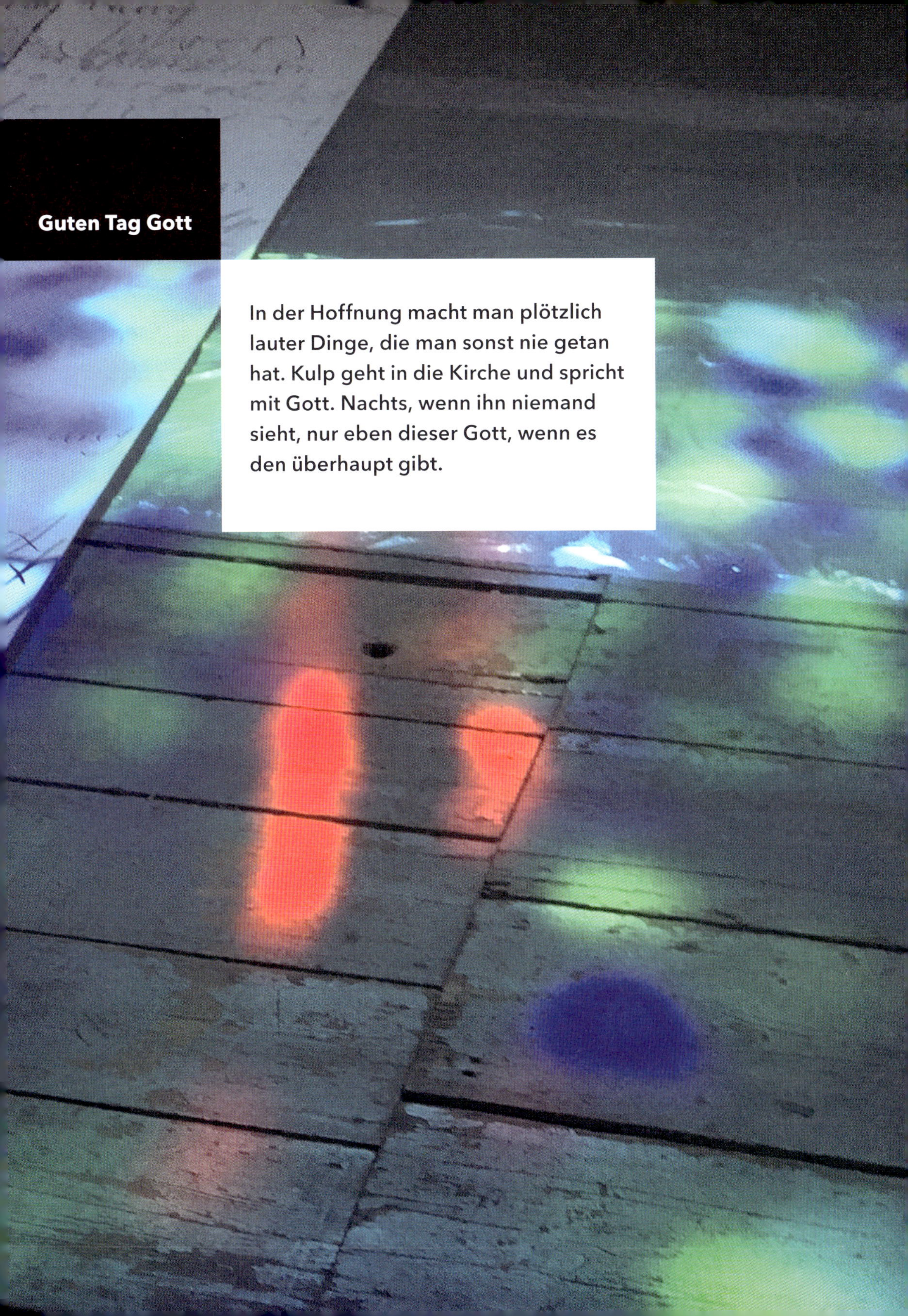

## Guten Tag Gott

In der Hoffnung macht man plötzlich lauter Dinge, die man sonst nie getan hat. Kulp geht in die Kirche und spricht mit Gott. Nachts, wenn ihn niemand sieht, nur eben dieser Gott, wenn es den überhaupt gibt.

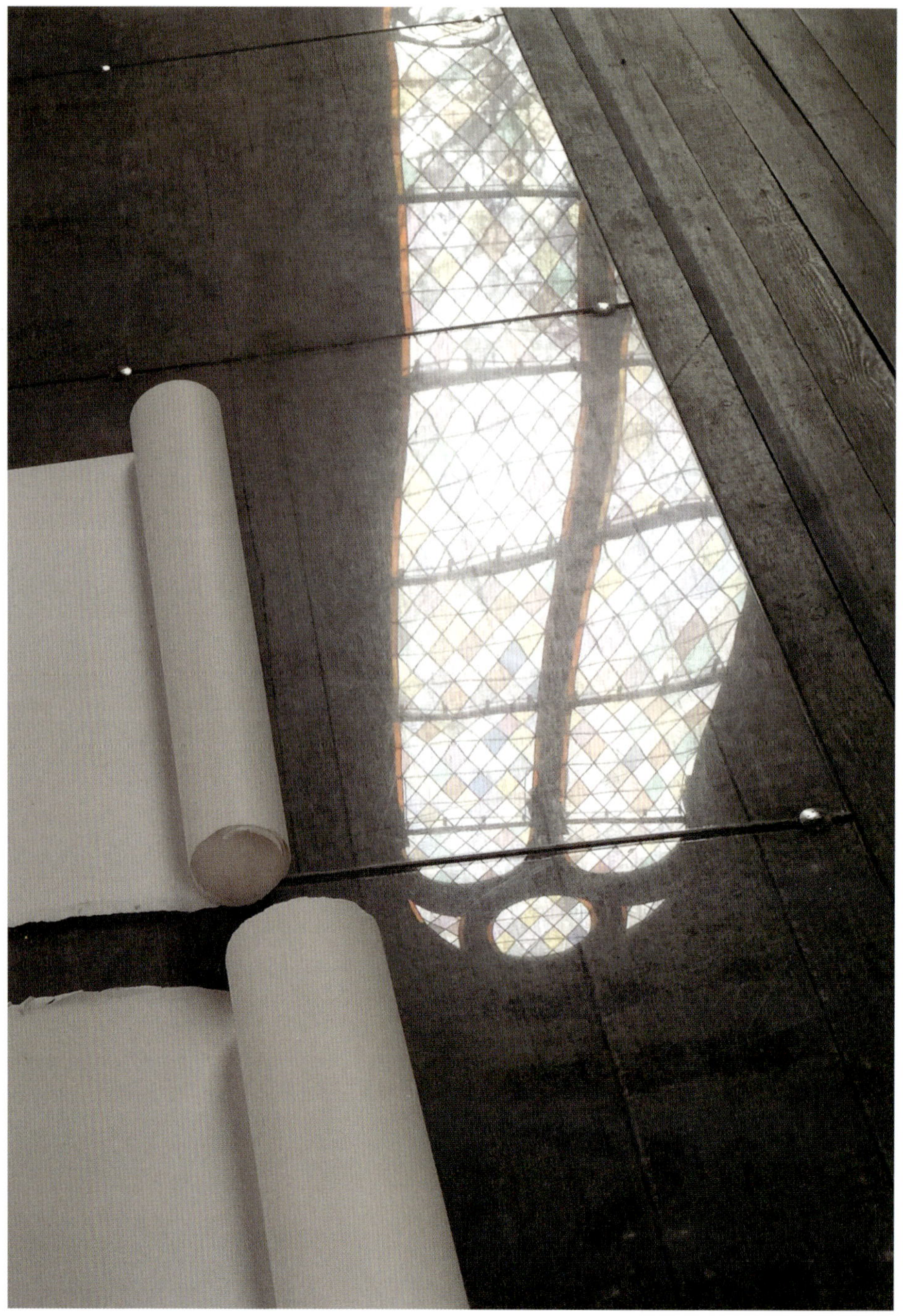

**Warum der Allwissende nicht alles weiß**

Kulp glaubt nicht an Gott, hat es nie getan. Würde man ihn gefragt haben, er hätte ganz sicher ein überlegenes Lächeln aufgelegt, gnädig ein bisschen, mitleidig vielleicht, weil der arme Fragende einer Hoffnung aufgesessen ist, die verständlich, aber doch eher einem schlichten Geiste entspringt, einem Kleingeist sogar.

Gesagt hätte Kulp nichts, hätte nur dieses allwissende Lächeln aufgesetzt. Das Wort *aufgesetzt* beschreibt es deutlich, denn Kulp weiß, wie man etwas zum Ausdruck bringt. Jetzt also: Überlegenheit.

Verräterisch – denn er wollte mit diesem Lächeln enttarnt werden –, hätte er damit behauptet, keinen Allwissenden da oben zu brauchen, weil *er* es ja ist, der genau und umfassend um das weiß, was man gemeinhin als *die Welt* bezeichnet. Aber gesprochen hätte Kulp darüber kein Wort, wenn man ihn dazu gefragt hätte. Niemals. Er war zu klug und zu eitel dazu, und das Allwissende beinhaltet, dass man weiß, wie dumm Eitelkeit ist, gerade wenn man unter ihr leidet.

Die Hoffnung auf Gott also ist etwas für schlichte Gemüter, deren Verstand Gott erleuchten soll. Bei Kulp muss er das nicht. Ganz sicher geht er davon aus: Sein Verstand ist so hell wie nie zuvor, sein Geist wach, seine Gesten frisch. Selbst der Erblindung kann eine gewisse Größe nicht abgesprochen werden.

Und dann sieht sich Kulp plötzlich selbst nachts die Kirchentür öffnen und eintreten. Er will es wissen, will wissen, warum der Allwissende nicht alles weiß, will sich dem großen Unbekannten stellen, der ihm gar nicht unbekannt ist, und dann stellt er fest, wie schlicht auch seine eigenen Gefühle plötzlich sind, wie klein und unterlegen, und wie kleingeistig groß die eigene Hoffnung ist und immer war.

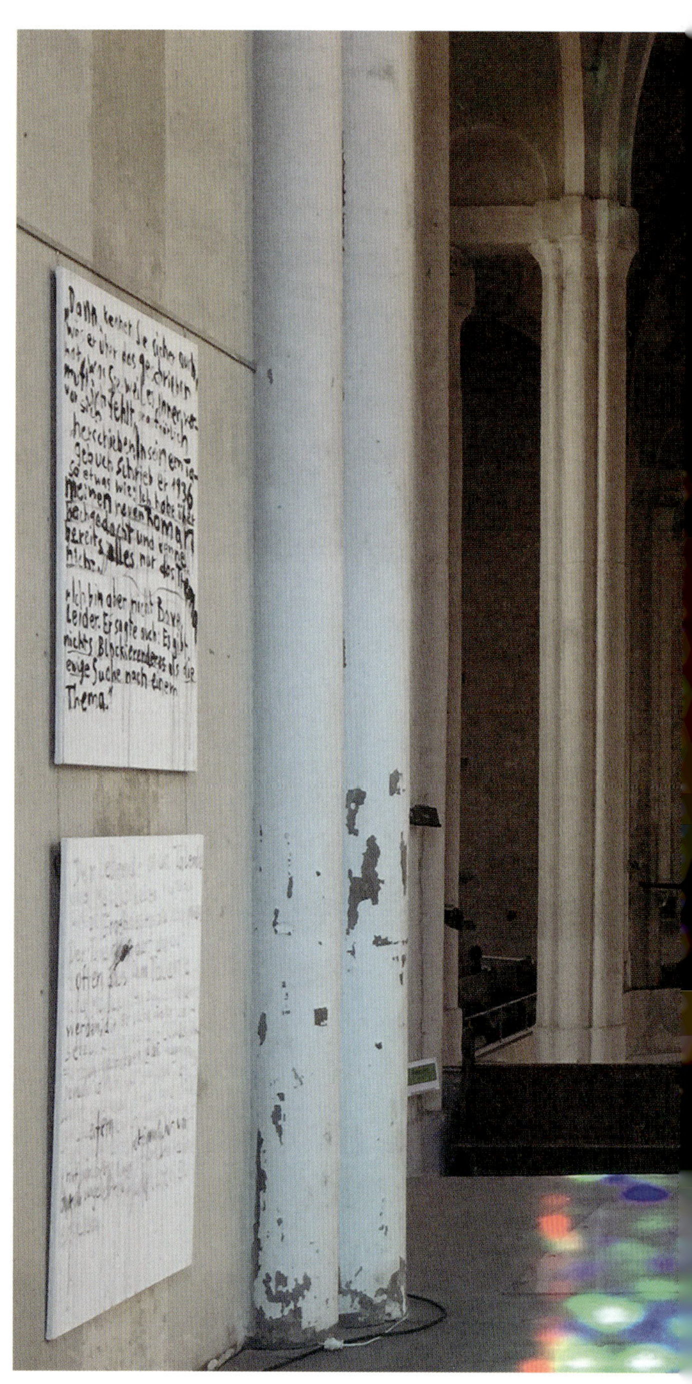


Seite 116–188
*Guten Tag Gott*
Ausstelllung, Zionskirche Berlin
Acryl, Bleistift auf Papier
120 × 2100 cm
Acryl auf Leinwand
120 × 170 cm, 2020

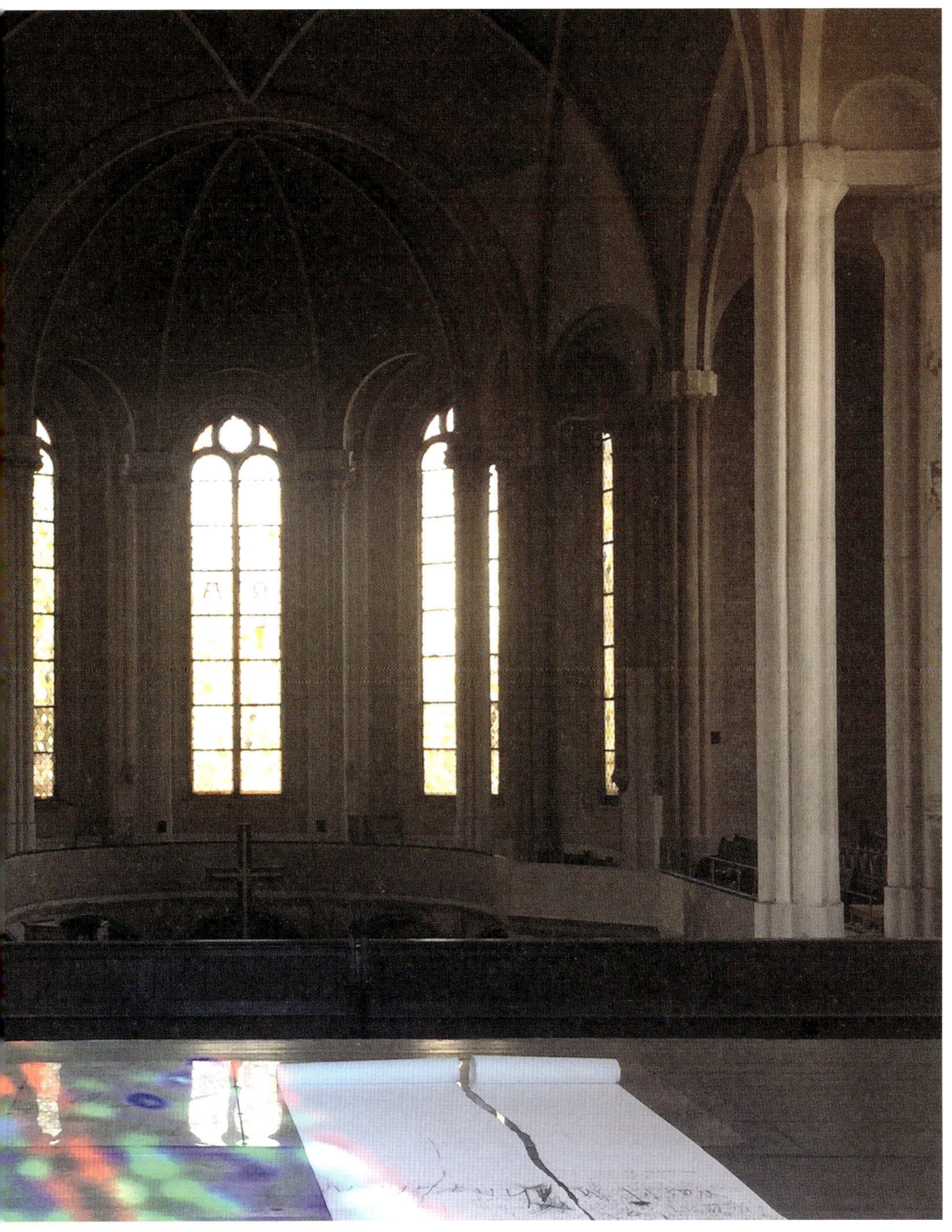

**Notburg dachte über das Gespräch nach:** Dass sich alle zu sehr auf die Augen verlassen, daran konnte kein Zweifel sein. Dass wir dabei auf diejenigen, die sich dem Diktat der Augen nicht unterwarfen, weil sie – wie Kulp – ohne Augen waren und nicht zu den Unsrigen zählten, herabsahen, war auch eine Tatsache. Diesen Umstand hatte Kulp nicht zum Thema gemacht. Er selbst aber hatte oft beobachtet, dass er sich seinem Freund gegenüber überlegen fühlte und Kulp nicht ernst nahm, weil er eine Behinderung hatte.
Solange sie sich kannten, hatte Notburg ihn bedauert, ohne dieses Verhalten abschalten zu können.
Dieses Mitleid machte ihrer beider Unterhaltung zu einem Gespräch zwischen einem Gnädigen und einem Erbarmungswürdigen.

*> Kulp, Seite 208*

Von Gott
So sagt man das
Dafür sei man auf der Welt.
Guten Tag
der Beerdigung

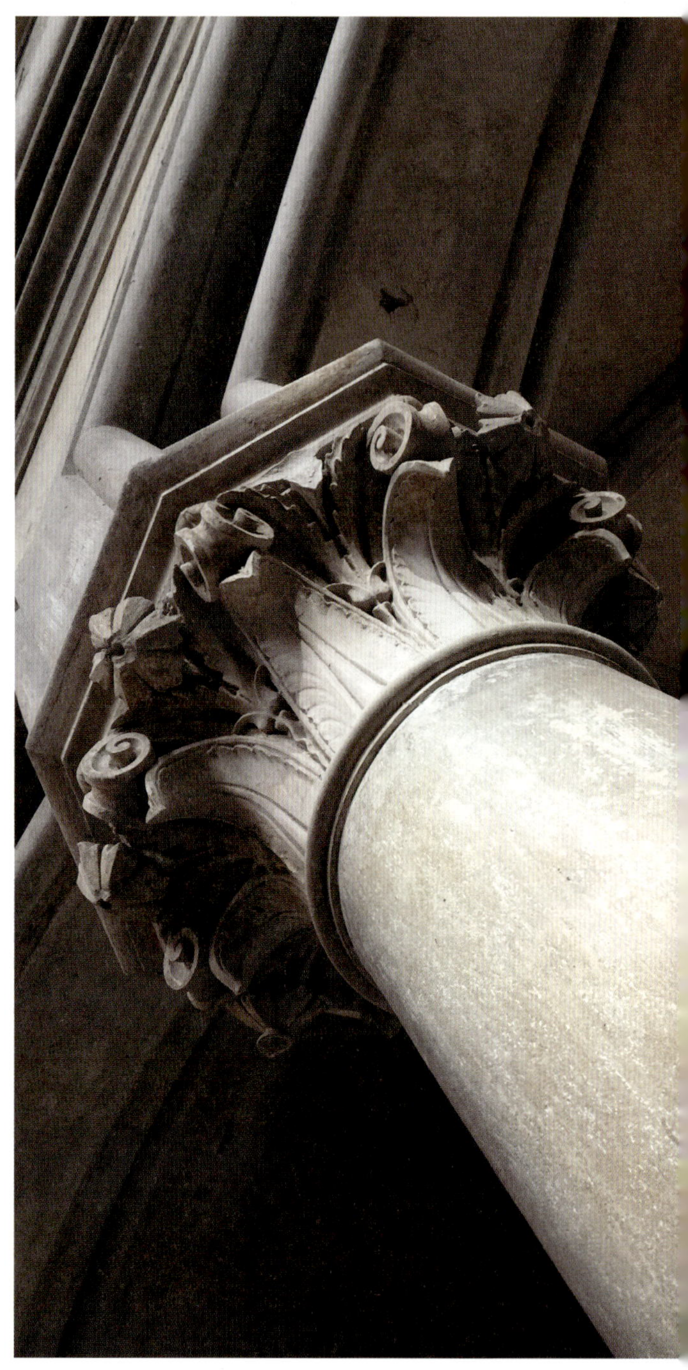

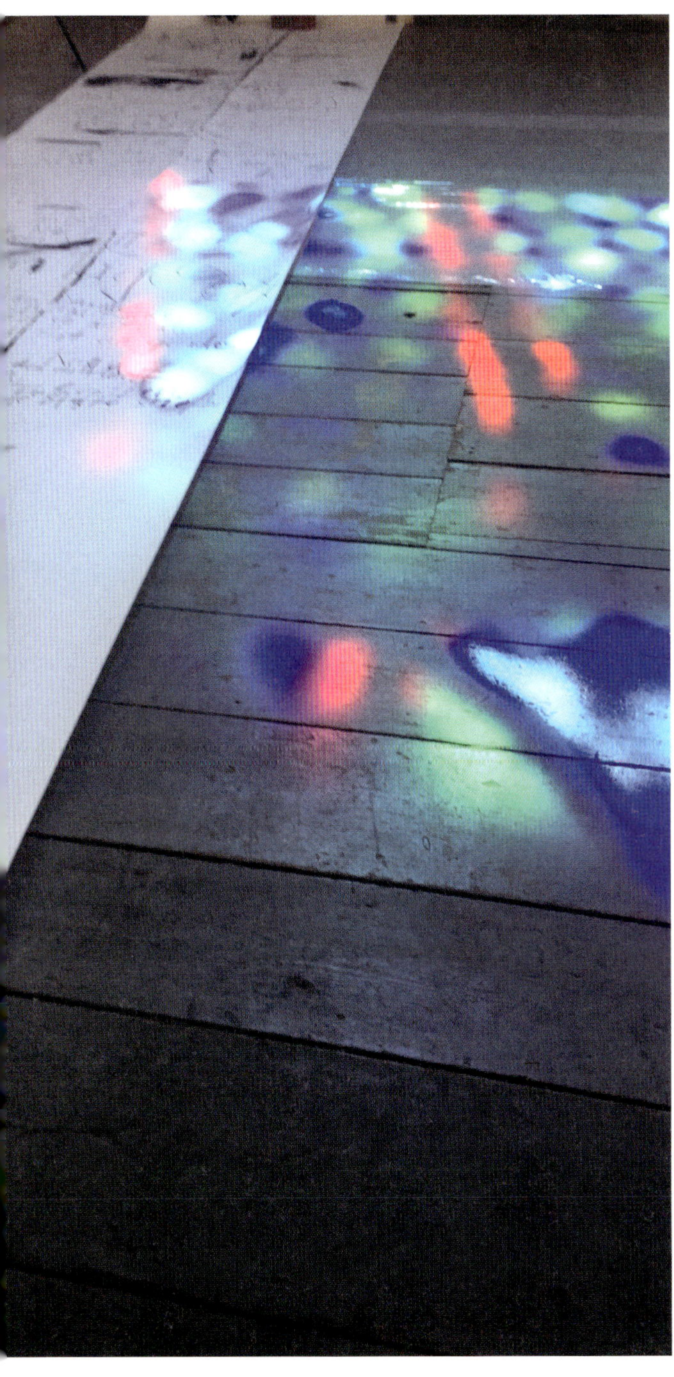

**Warum** hatte sich die Sonne von ihm abgewandt?
Es tat gut, sich dramatischen Formulierungen hinzugeben.
Warum hast du mich verlassen? Einen Gott hatte es für ihn nie gegeben.
Auch jetzt würde er sich nicht von ihm einlullen lassen.
Das hatte der sich so ausgedacht. „Ich nehme ihm das Licht und dann kann er schlafen.“
Vielleicht ein Gnadenakt.
Da hat er sich aber geirrt, der Hirni. Dass Kulp zu viel sah, war nicht die Ursache seiner Schlaflosigkeit. Es war ja eher das, was er nicht sah, das, was er wusste, die inneren Bilder, nicht die äußeren.
Gib mir meine Augen wieder und ich nehme meine Alpträume zurück, dachte Kulp.

*> Kulp, Seite 59*

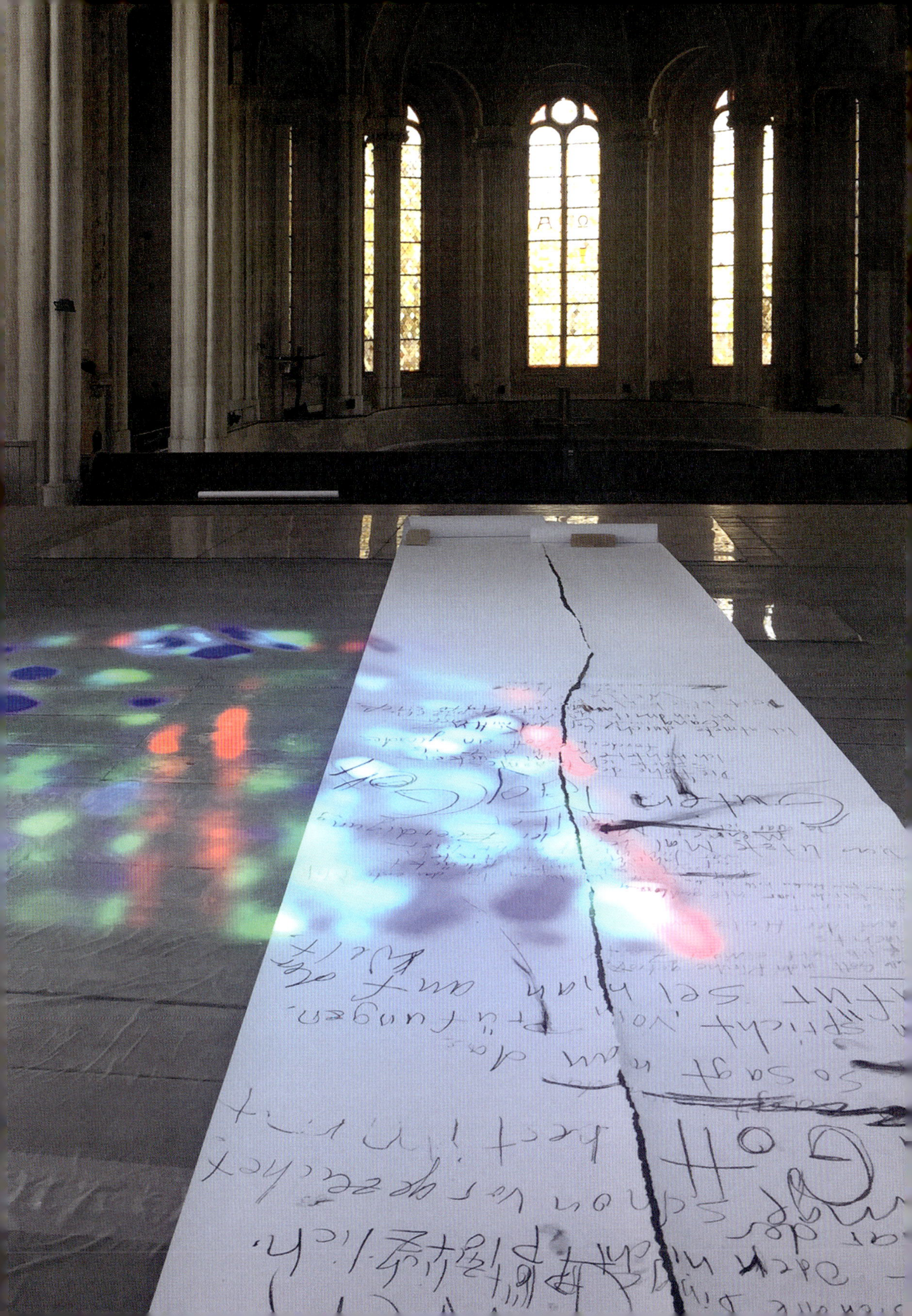

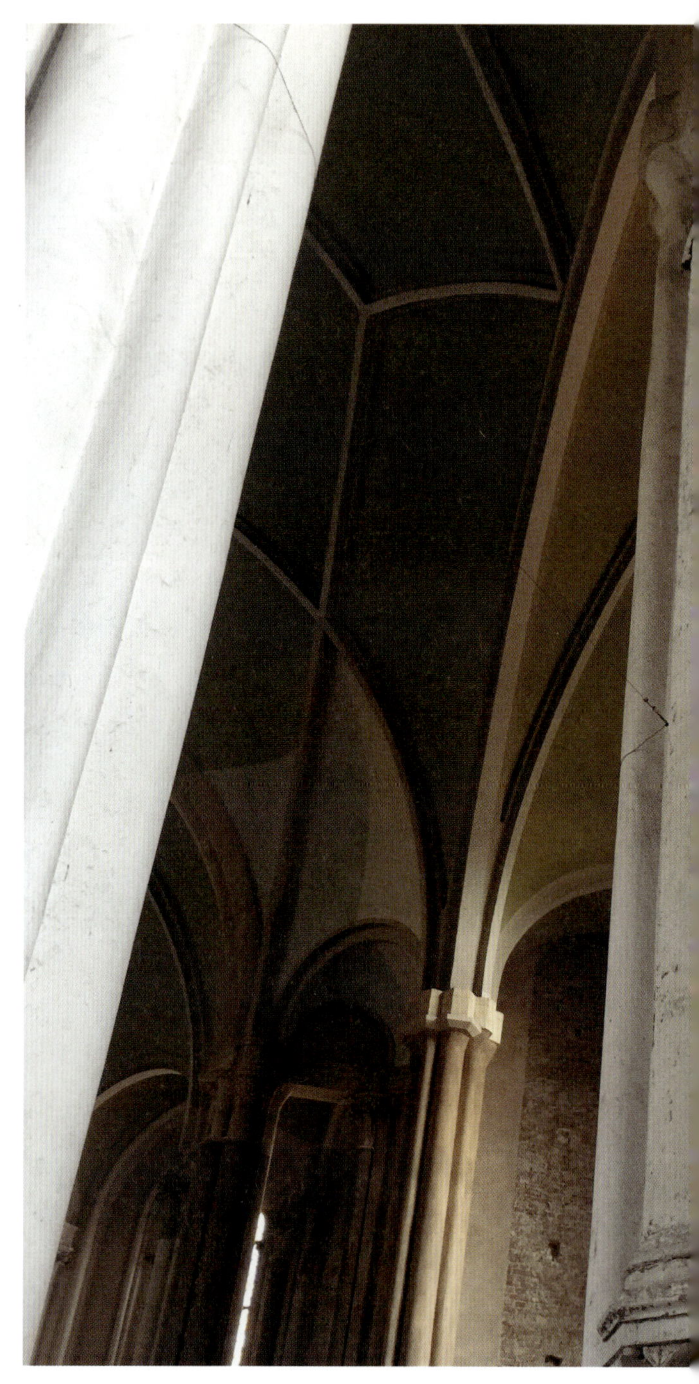

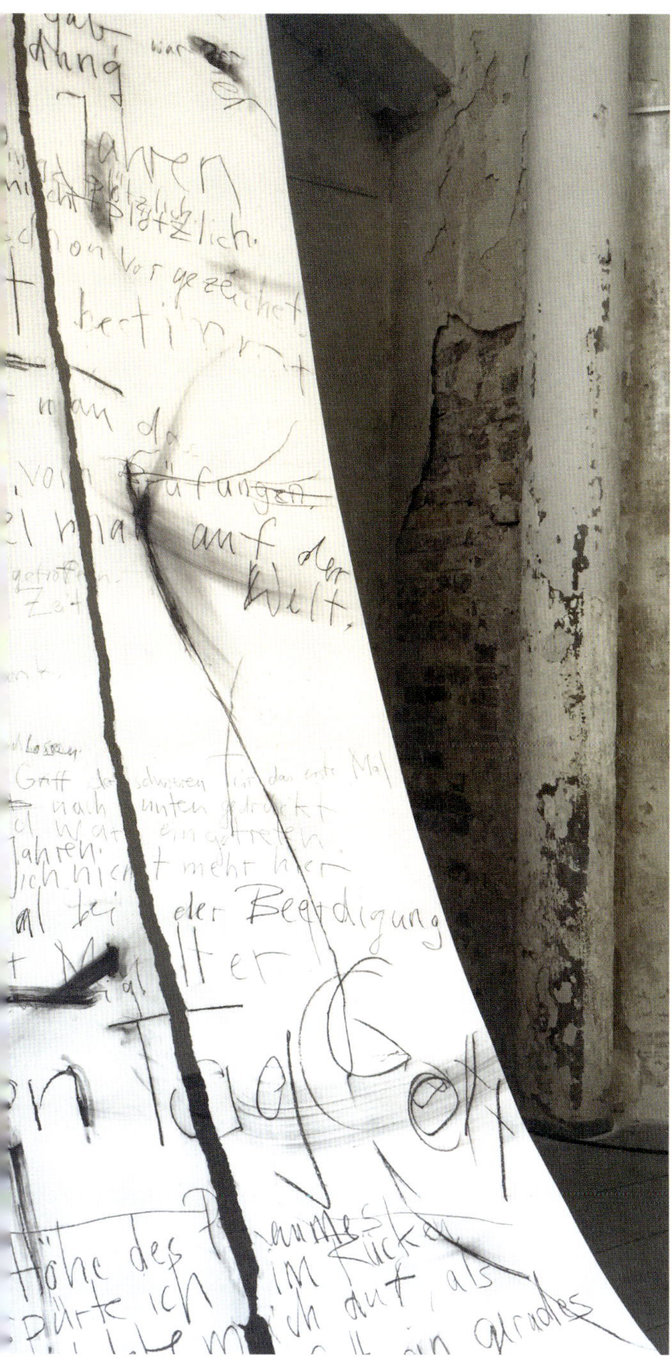

**„Du bist nicht Gott!“,** hatte Gabriele einmal gesagt.
„Was meinst du damit?“
„Du musst nicht gottgleiche Vollkommenheit anstreben.“
„Ich glaube weder an Gott noch an Vollkommenheit.“
„Ich meine auch nicht religiöse Gefühle.“
„Sondern?“
„Größenwahn.“

> *Kulp, Seite 71*

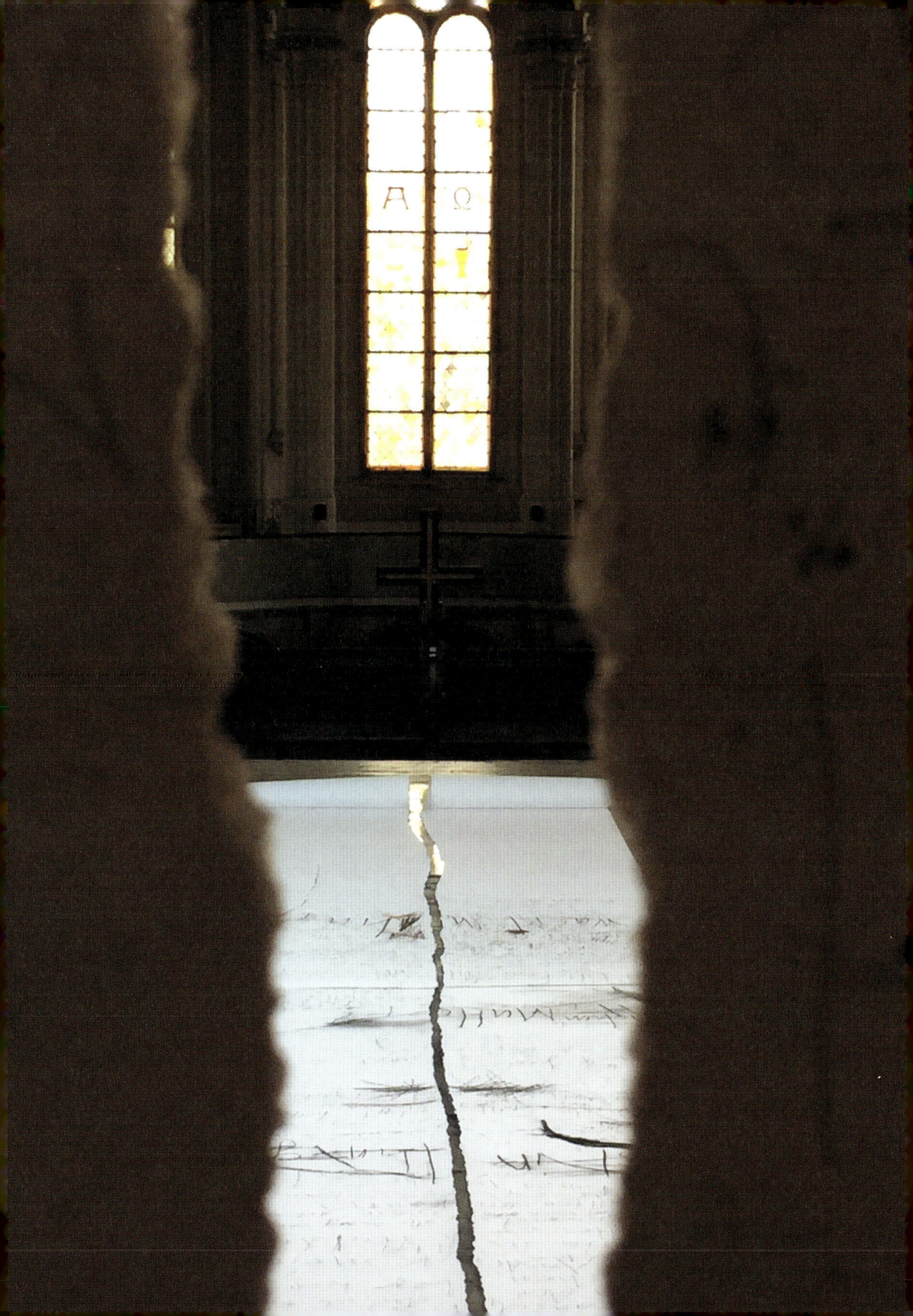

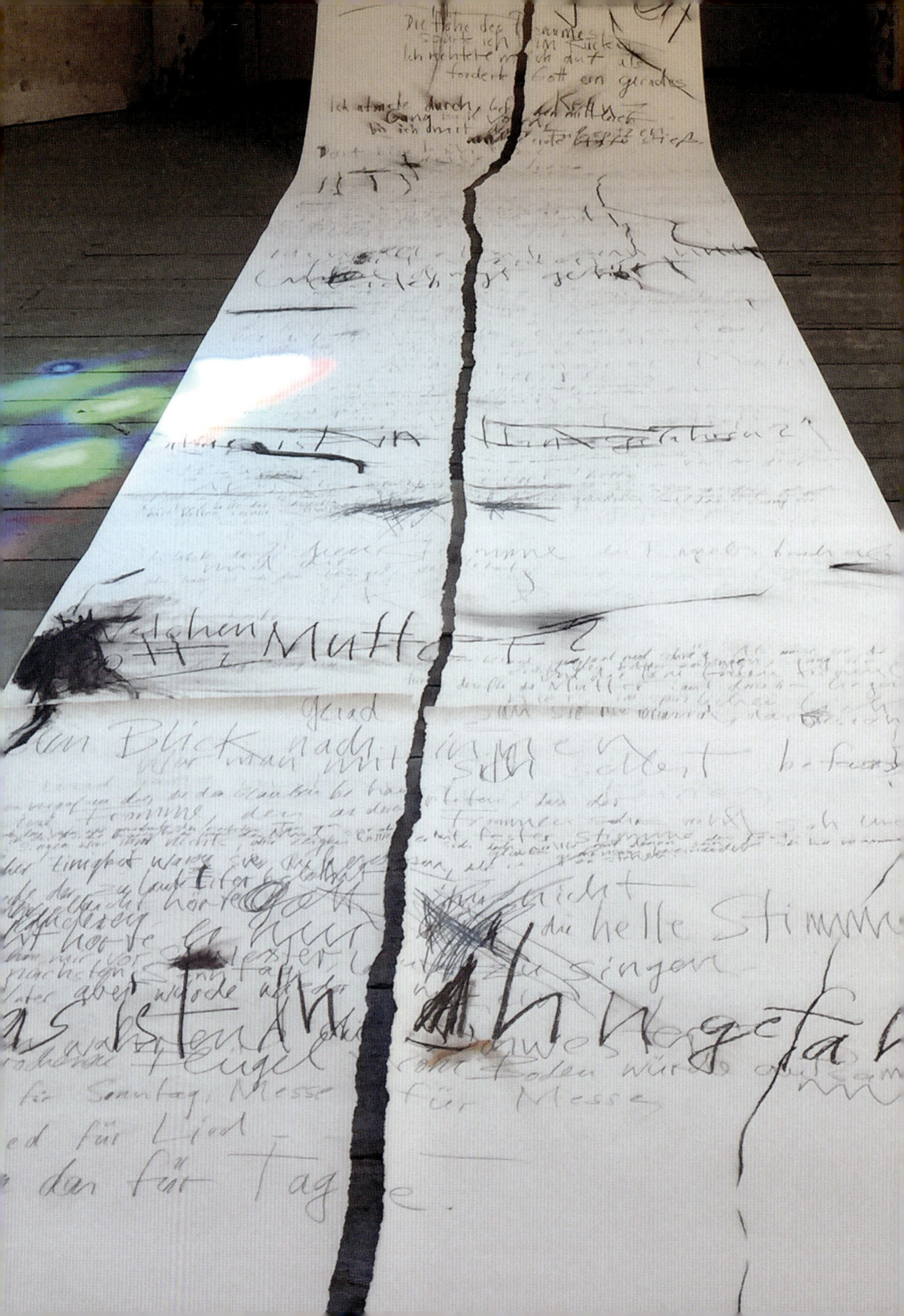

Die Höhe des [illegible]mes
spürt ich im Rücken
Ich richtete mich auf als
fordert Gott ein gerades

Ich atmete durch

Mutter

Gerad
den Blick nach innen
war man mit sich selbst

die helle Stimme
singen

für Sonntag, Messe
für Messe
Lied für Lied
den für Tage.

„Wollten Sie Ihre Geschichte nicht?"
„Nein. Ich wollte sie nicht. Ich wollte ohne Vergangenheit sein. Immer. Ein Mann ohne Vergangenheit."
Aber die Alpträume stießen mich immer wieder zurück. Mit dem Gesicht in das, was früher war."
„Was war früher?"
„Es ist weit weg. Die Träume trieben mir nur den Schweiß auf die Stirn. Sie zeigten mir nichts."
„Haben Sie versucht, in ihre Bedeutung einzudringen?"
„Gott bewahre! Ich dachte, wenn ich den Grund wüsste, würde alles zusammenbrechen. Aber es brach auch so alles zusammen."

> *Kulp, Seite 348*

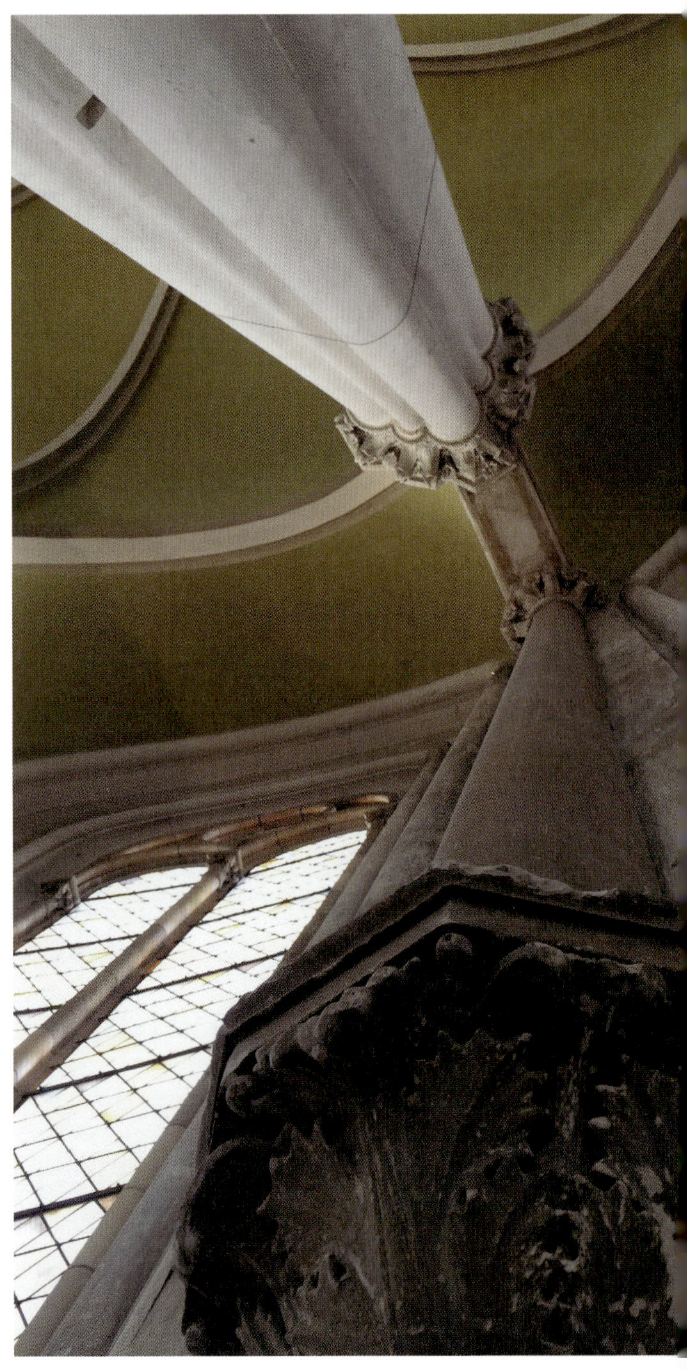

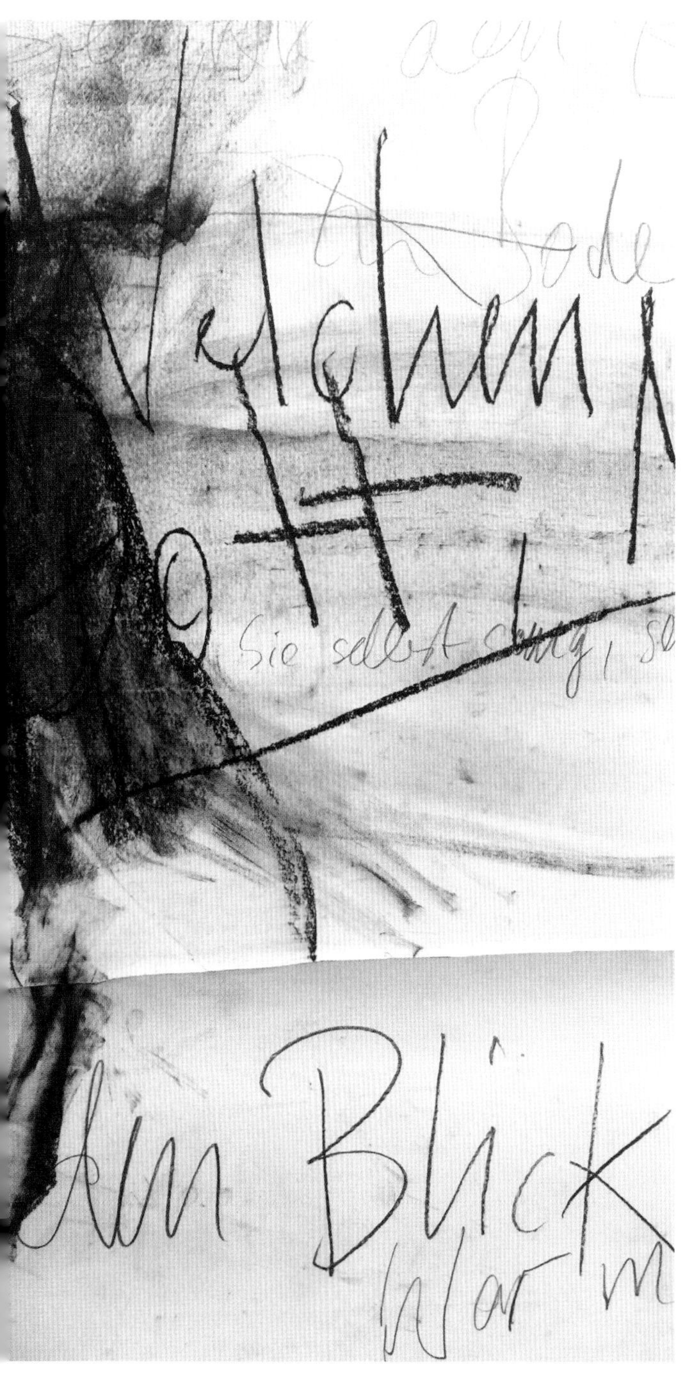
Sie selbst
Blick

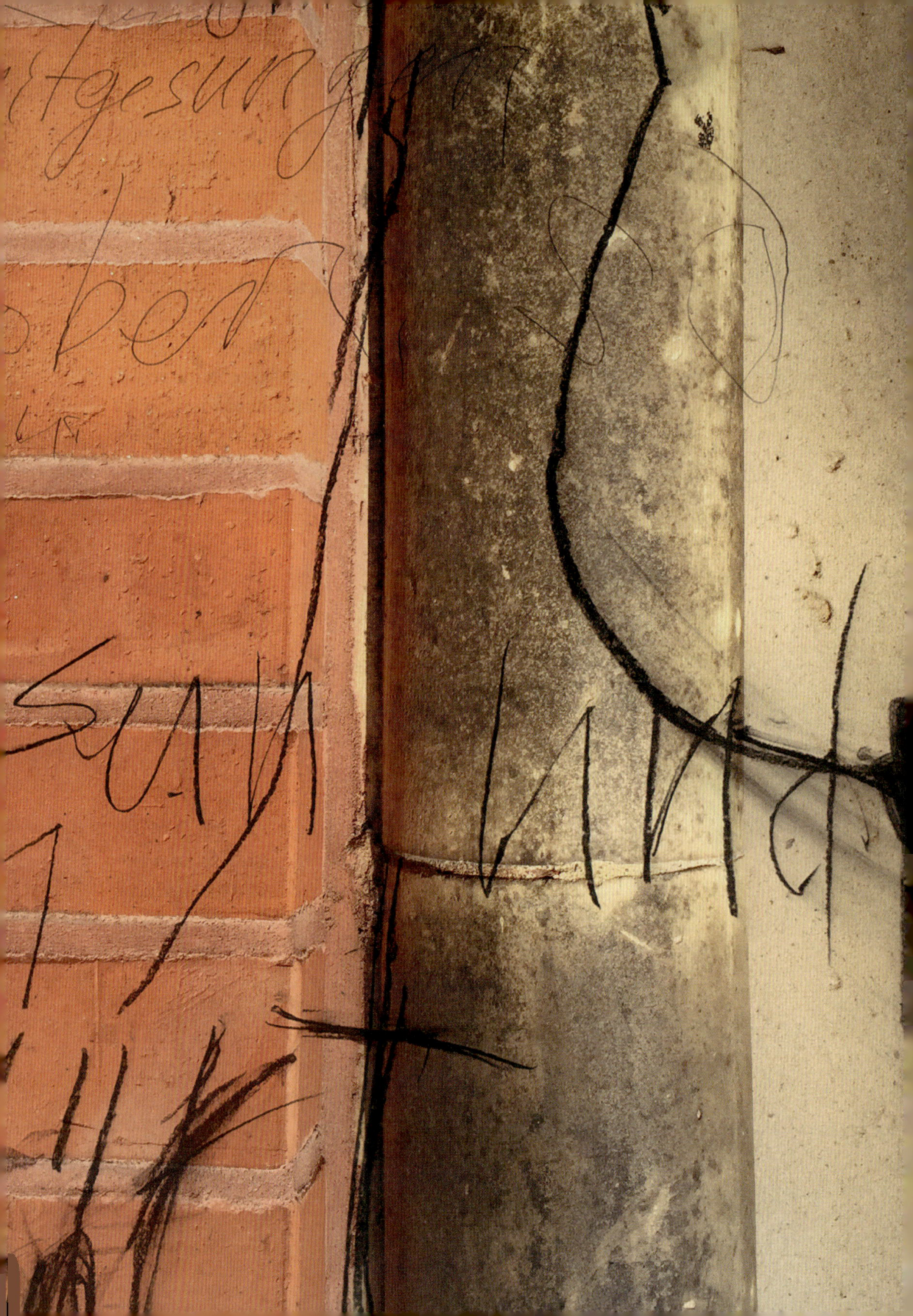

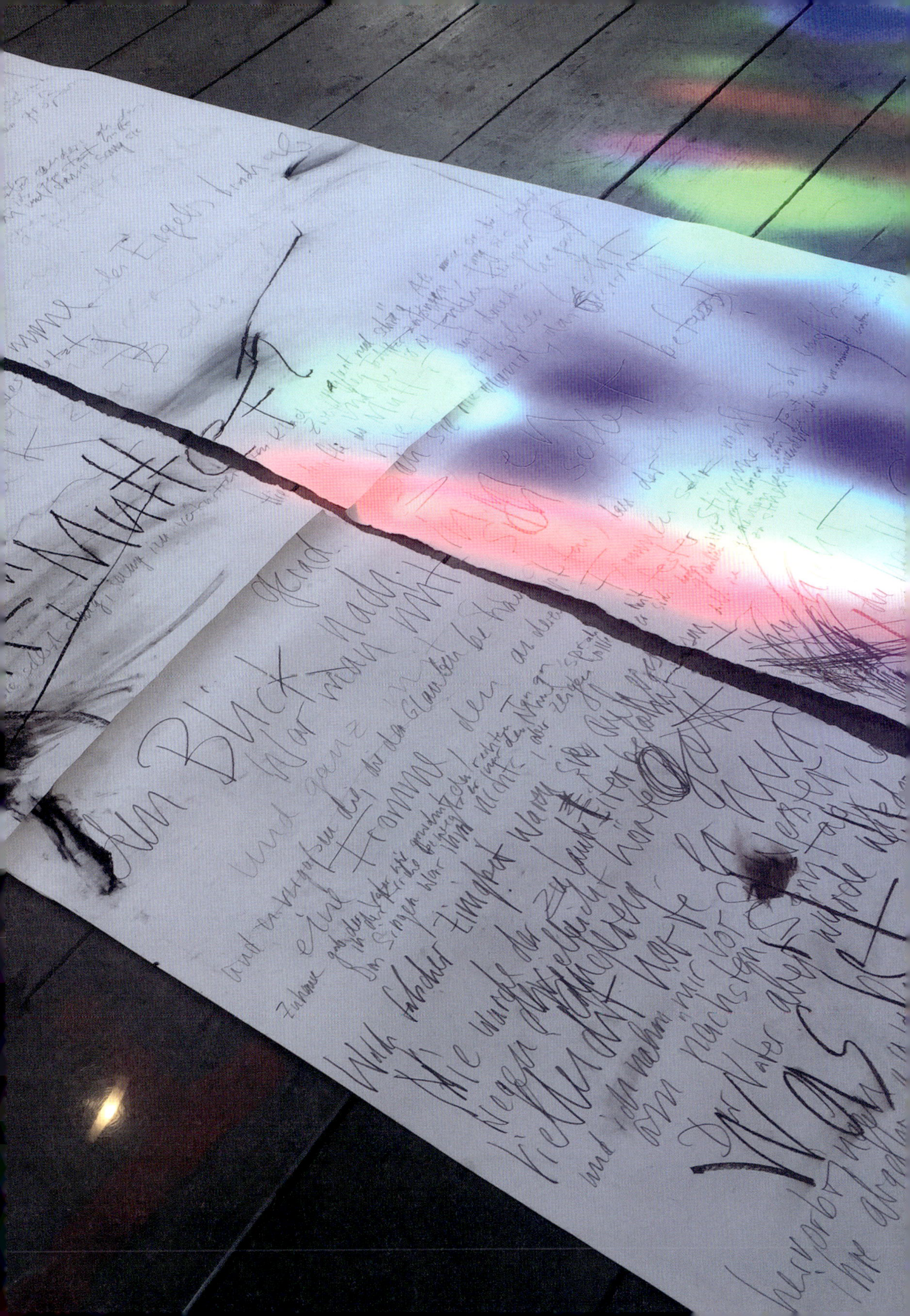

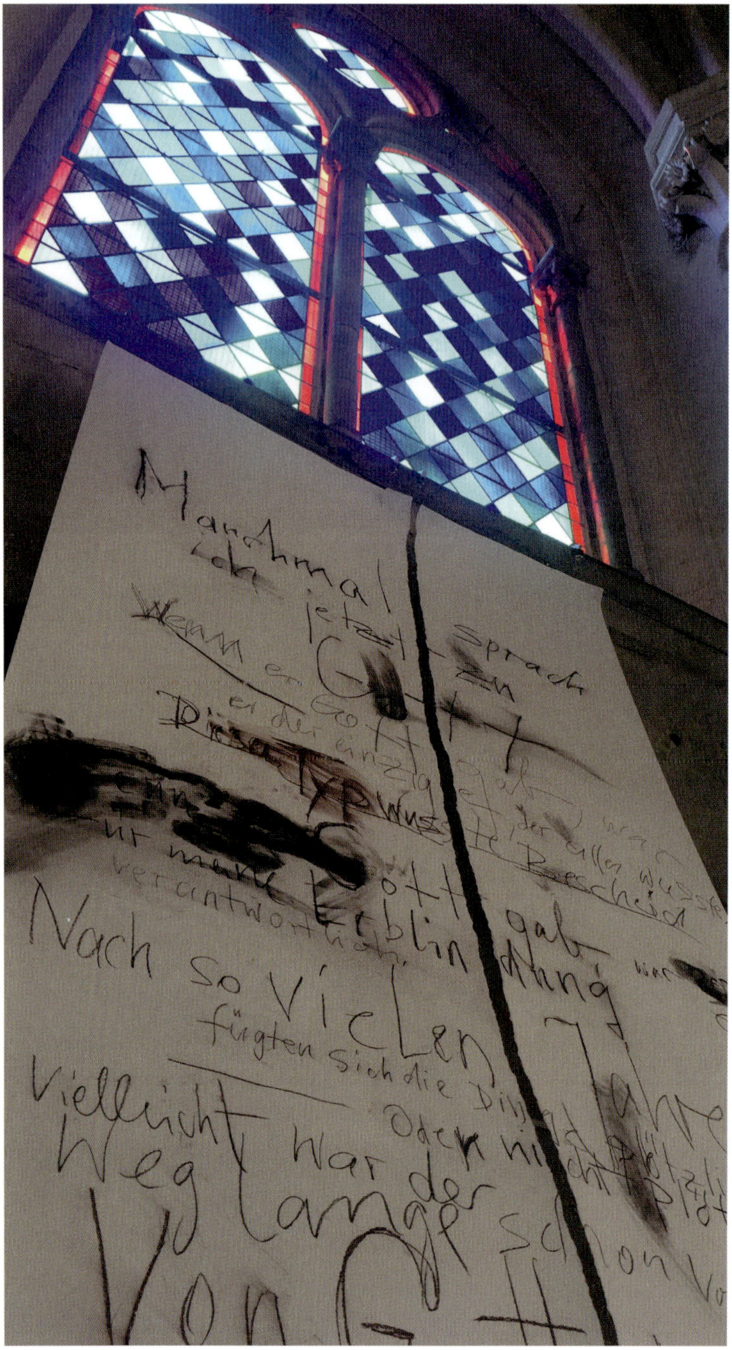

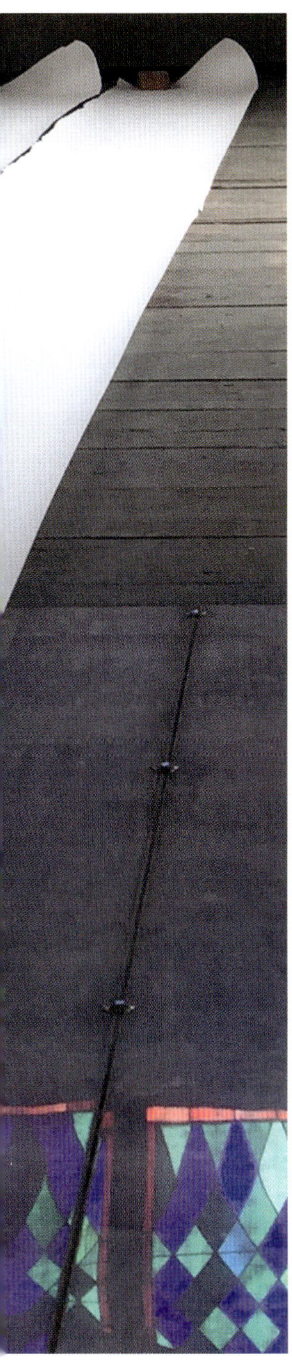

**Manchmal sprach ich jetzt zu Gott.** Das hatte ich nie getan. Jetzt erst fing ich damit an. Wenn es Gott gab, war er der einzige, der alles wusste. Dieser Typ wusste Bescheid.
Wenn es Gott gab, war er auch für meine Erblindung verantwortlich.
Nach so vielen Jahren fügten sich die Dinge plötzlich.
Oder nicht plötzlich.
Vielleicht war der Weg lange schon vorgezeichnet.
Von Gott bestimmt. Folgerichtig, so sagt man. Man spricht von Prüfungen. Dafür sei man auf der Welt.
Ich hatte Gott in der Kirche getroffen.
Da saß ich seit einiger Zeit nachts auf der Holzbank.
Natürlich nachts. Die Kirche im Dorf war nie geschlossen.
Vor ein paar Wochen hatte ich den Griff der schweren Tür das erste Mal nach unten gedrückt und war eingetreten.
Seit Jahren war ich nicht mehr hier gewesen, das letzte Mal bei der Beerdigung meiner Mutter.
Da war ich zwanzig.
Guten Tag, Gott.

Die Höhe des Raumes spürte ich im Rücken. Ich richtete mich auf, als forderte Gott ein gerades Kreuz.
Ich atmete durch, lief den mittleren Gang nach vorn, bis ich mit den Fußspitzen an die erste Stufe stieß. Dort blieb ich eine Weile stehen ohne mich zu bekreuzigen.
Ich tastete mich in eine der vorderen Reihen, befühlte das Holz, es war dasselbe wie damals, uneben und ein bisschen rauh. Ich roch daran – seit ich blind war, roch ich an allem.
Ich sah sie vor mir: die Familie damals in der ersten Reihe. Mutter, Vater, daneben die Schwester, die wie immer mitgetrabt war, sich mitschleifen ließ in allem, den Blick nach unten, als hätte sie keinen. Sie lebte nur in Gefolgschaft.
Immer hatte die ganze Familie vorne gesessen, ganz vorne, direkt vor der Kanzel, damit Gott ihr Kommen auch hatte würdigen können. Das war die Absicht, über die niemand sprach.
Auch ich war Sonntag für Sonntag mitgegangen wie die Schwester, und dann standen wir da und sangen.
Mutter sagte: Edgar war immer schon ein großer Junge.
Und dann habe ich Luft geholt und meinen Brustkorb vollgepumpt, ganz voll, hatte mitgesungen und laut meine Stimme erhoben, so laut es mir nur möglich war. Ich wollte laut sein und gehört werden, unbedingt gehört werden. Es machte Spaß, der ganze Körper bebte und ich brüllte mir die unfromme Seele aus dem Leib. Ich spürte das Volumen meines Atems, es bildete einen riesigen Klangkörper, der die Töne formte, und aus der Tiefe meiner bebenden Brust klang meine Stimme voll und laut und tief und schwer, als Kind, als Junge, als Mann.
Mein Ton riss alle Gedanken fort und ich dachte an nichts, nur an das Geräusch, das ich Kraft meiner Stimme zu verursachen in der Lage war, das als Ausdruck meiner Macht gehört werden wollte und nebenbei noch Huldigung Gottes war.

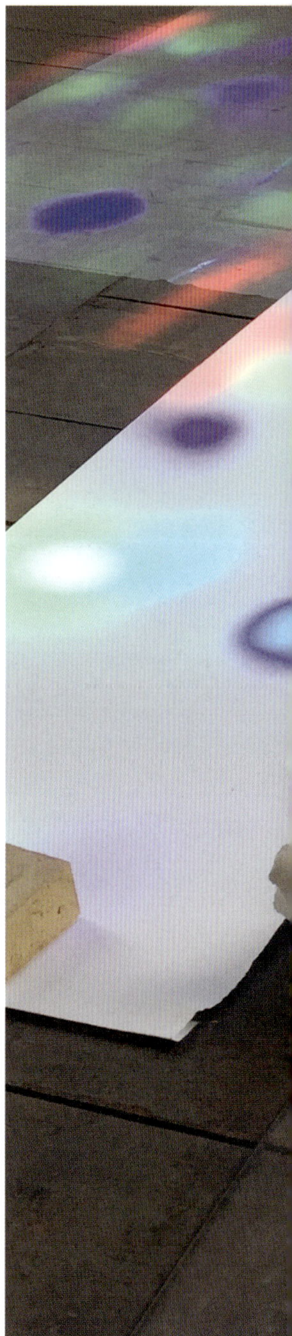

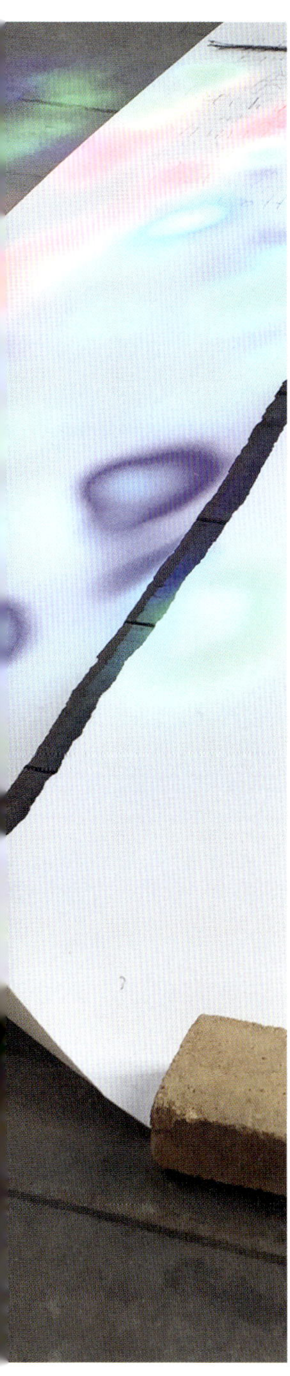

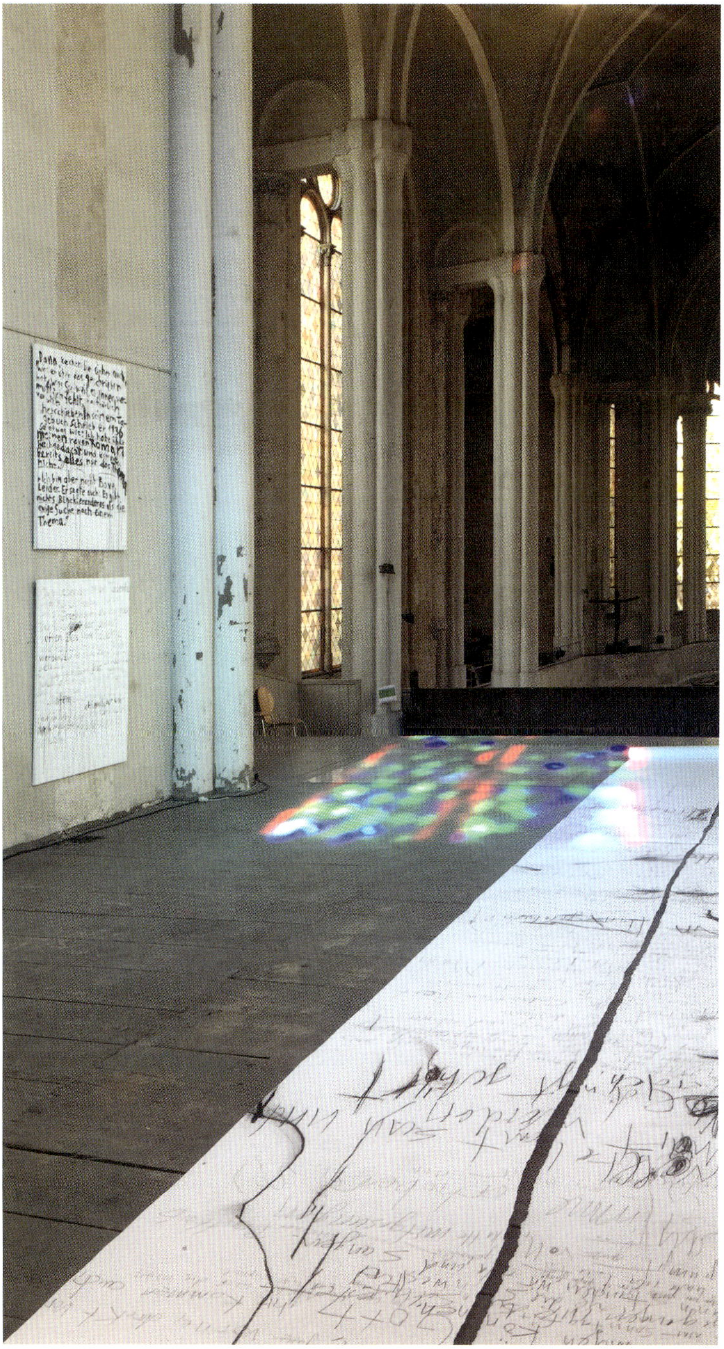

Wie eine Welle sollte meine Stimmgewalt über alle hinweg schwappen und jedes gesungene Wort schien dröhnendes Bekenntnis. Meine Töne füllten den Raum ganz und gar und ich war allein in diesen Momenten, sah und hörte niemanden um mich herum, gab mich der eigenen Stimme ganz hin, bis der Vater mich in die Seite stieß:

„Was ist in Ihn gefahren?"

Dann brach der Sohn sein Singen ab, erwachte aus der Umklammerung der eigenen Möglichkeiten und gab Ruhe. Ein bisschen enttäuscht teilte ich den Kirchenraum wieder mit den anderen, deren Stimmen ich nun wahrnahm, in diesem Augenblick, da ich selbst nicht mehr sang, weil der Vater den großen Atem des Sohnes gestoppt hatte in der Befürchtung, er könne alle verschlucken.

Erst jetzt nahm ich die hohe Stimme meiner Schwester wahr, die über den Köpfen der anderen schwebte, auch wie ein Zeichen, aber anders als das, das ich gesetzt hatte. Den Kopf hatte die Schwester für diesen einen Moment gehoben und dann sang sie mit heller, reiner Stimme.

„Das, mein Kind, gefällt Gott", flüsterte die Mutter ihr zu, ich hörte das Zischen, und die Stimme des Engels brach ab, als habe er sich den Flügel verletzt.

Du singst für Gott und die Schwester senkte den Blick zu Boden: welchen Gott, Mutter? Sie selbst, im verknitterten Kleid, sang laut und schräg. Als müsse sie die Zweifel der Tochter zersingen, sang sie falsch und die Töne fanden keinen Ort.

Hier durfte die Mutter laut danebenliegen, hier, im spärlichen Licht, sah sie niemand, das Gesicht geradeaus, den Blick nach innen gerichtet, war man mit sich selbst befasst und ganz mit sich im Reinen, und es vergaßen die, die den Glauben behaupteten, dass der eine Fromme den anderen Frommen sehr wohl sah und hörte.

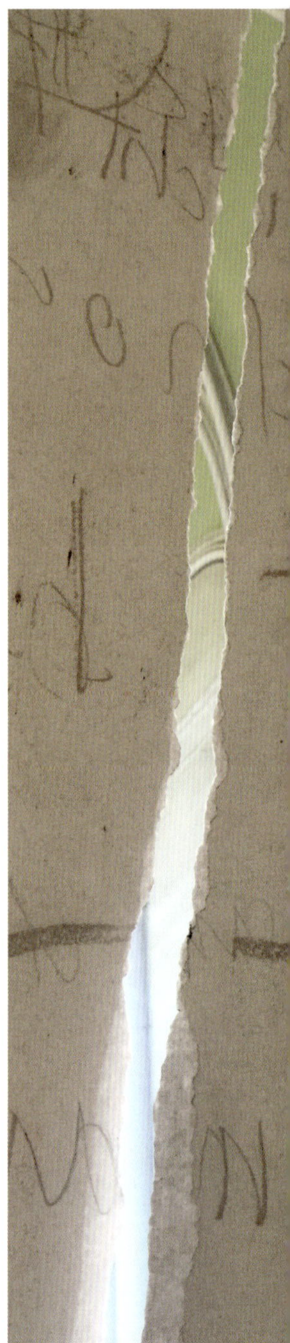

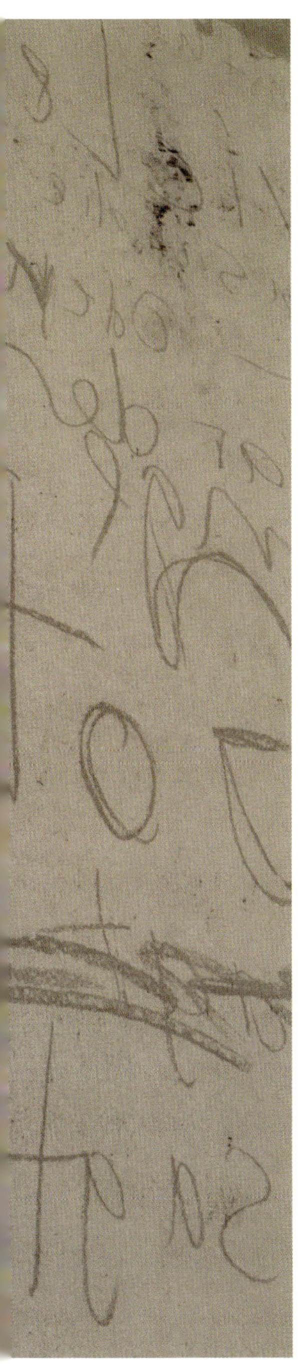

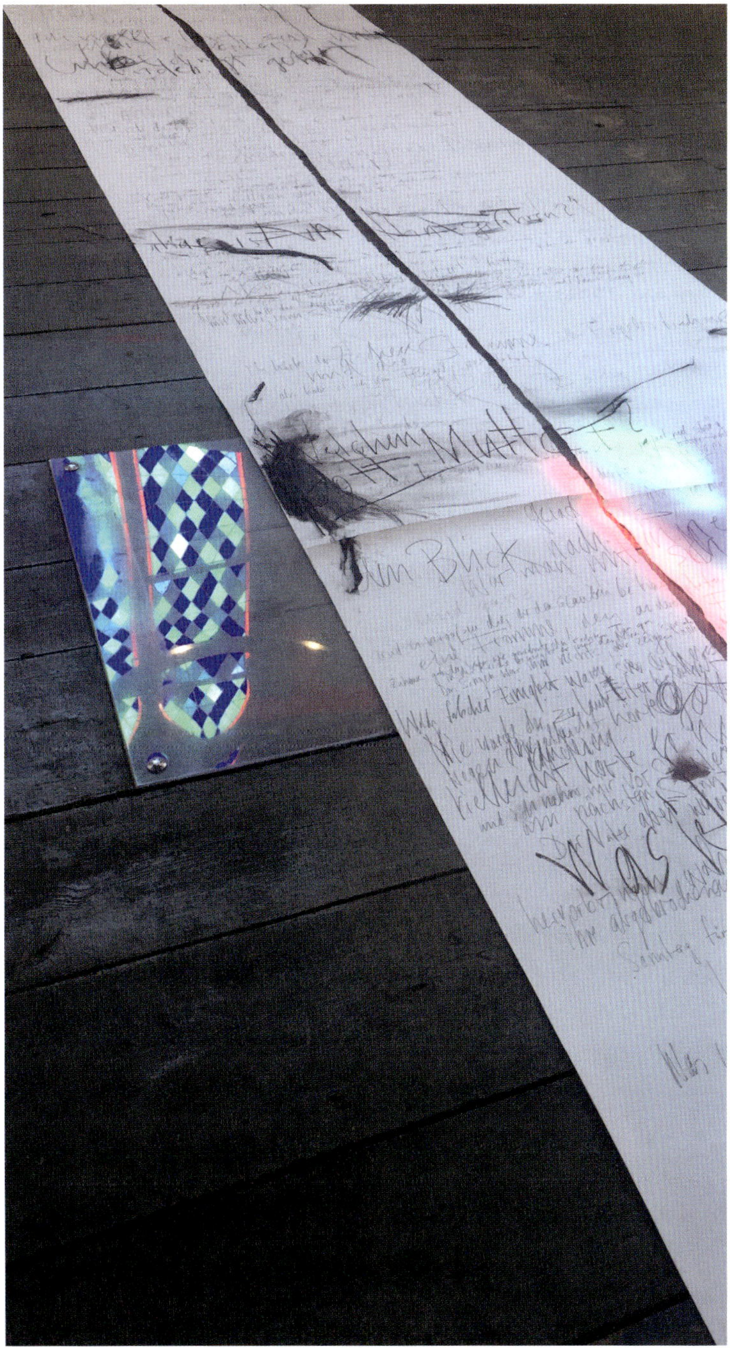

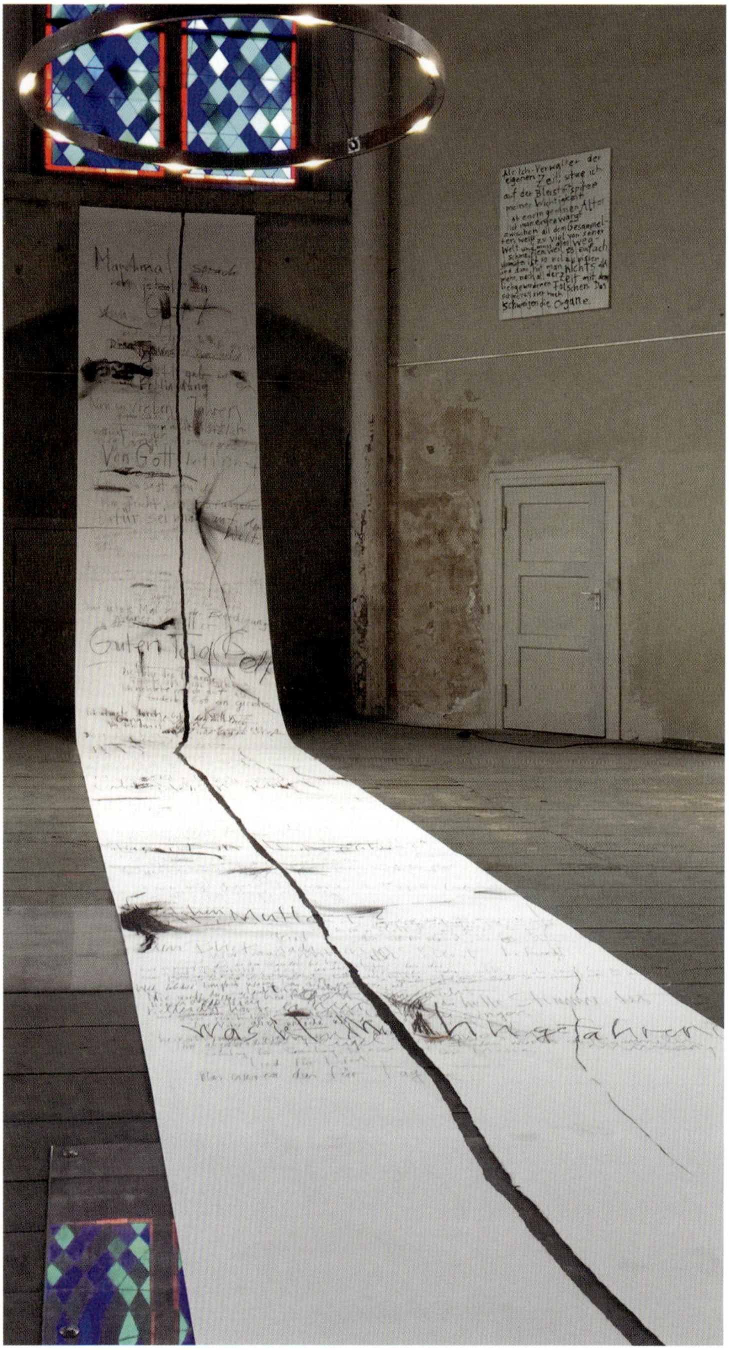

Zu Hause gab der Vater wie gewohnt den rechten Ton an, in der Kirche bewegte er nur den Mund, sprach mit fester Stimme den Text. Das Singen war ihm nichts, aber zeigen wollte er sich doch, wollte mit denen sein, die sich hier versammelt hatten, um im Glauben gemeinsam beieinander zu stehen.
Welch falscher Einigkeit waren sie aufgesessen, dachte ich. Nie wurde der zu laute Eifer belohnt, vielleicht hörte Gott ihn nicht wegen der anderen, vielleicht hörte er nur die helle Stimme der Schwester, und ich nahm mir vor, am nächsten Sonntag lauter zu singen. Der Vater aber würde nur wieder ein „Was ist in Ihn gefahren?" hervorbringen, während die Schwester ihre abgebrochenen Flügel vom Boden würde aufsammeln müssen, Sonntag für Sonntag, Messe für Messe, Lied für Lied.
Was waren das für Tage.

*> Kulp, Seite 309*

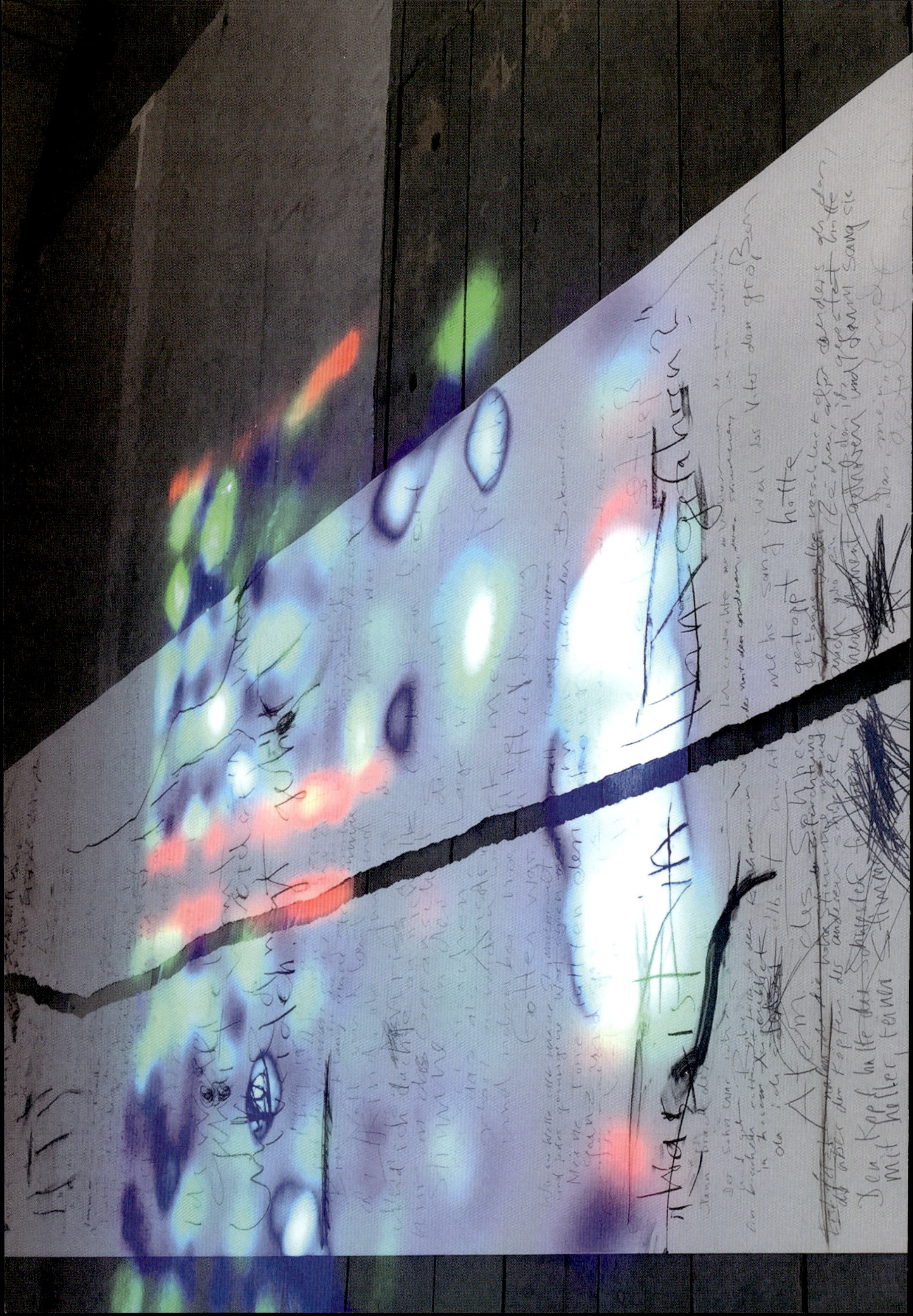

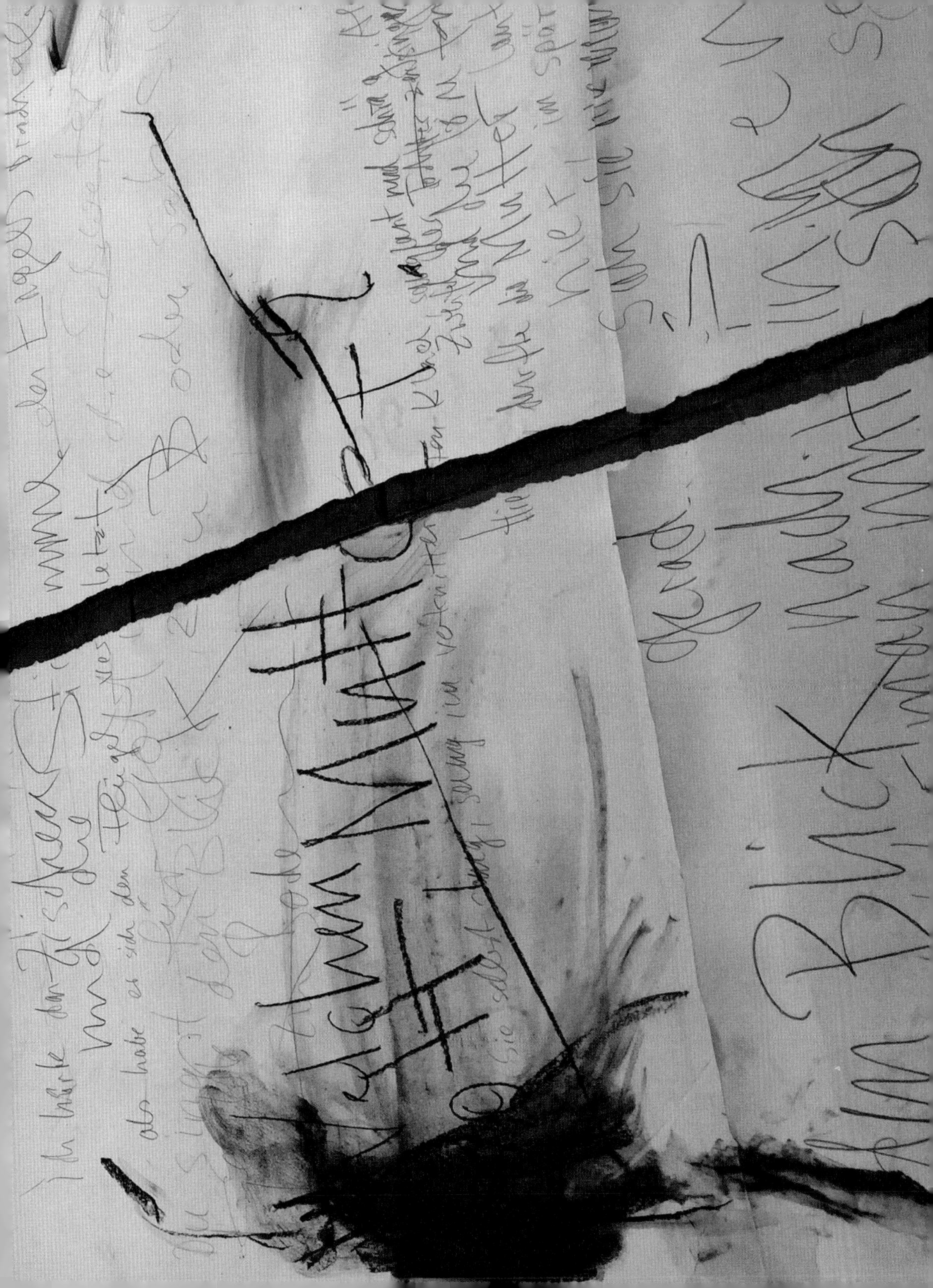

**„Ich habe dafür keinen Namen.** Ich würde sagen: Ich habe gehandelt, die anderen haben zugesehen. Dann kam die Strafe."

„Die Erblindung?"

„Ja. Sie hat mir Vernunft aufgezwungen."

„Hat das Schicksal den anderen in die Karten gespielt?"

„Inwiefern?"

„Nun, wenn Ihre Erblindung eine Strafe für Ihr Handeln war, dann kam sie von oben. Es war ein Schicksalsschlag. Das Schicksal hat übernommen und niemand sonst musste gegen Sie die Hand erheben. Das meine ich."

„Von Gottes Gnaden, meinen Sie? Früher habe ich das nie gedacht. Heute rede ich manchmal zu Gott.
Aber es war nicht der Schlag, sondern die zu große Geste. Die Strafe war entsprechend. Sie pfiff mich zurück und die Gesten konnten kleiner nicht werden."

„Welchen Schlag meinen Sie?"

„Den Schlag des Schicksals. Das hatten Sie doch so gesagt."

„Und der Größenwahn, ist er trotzdem geblieben?"

„Vielleicht. Aber, wie das Wort es schon sagt: Große Gesten gehören dazu."

„Der Größenwahn muss raus."

„Unbedingt. Es ist eine psychische Disposition, aber zu bedauern bin ich nicht."

„Und schuldig?"

„Menschen, die etwas tun, sind immer schuldig."

*> Kulp, Seite 320*

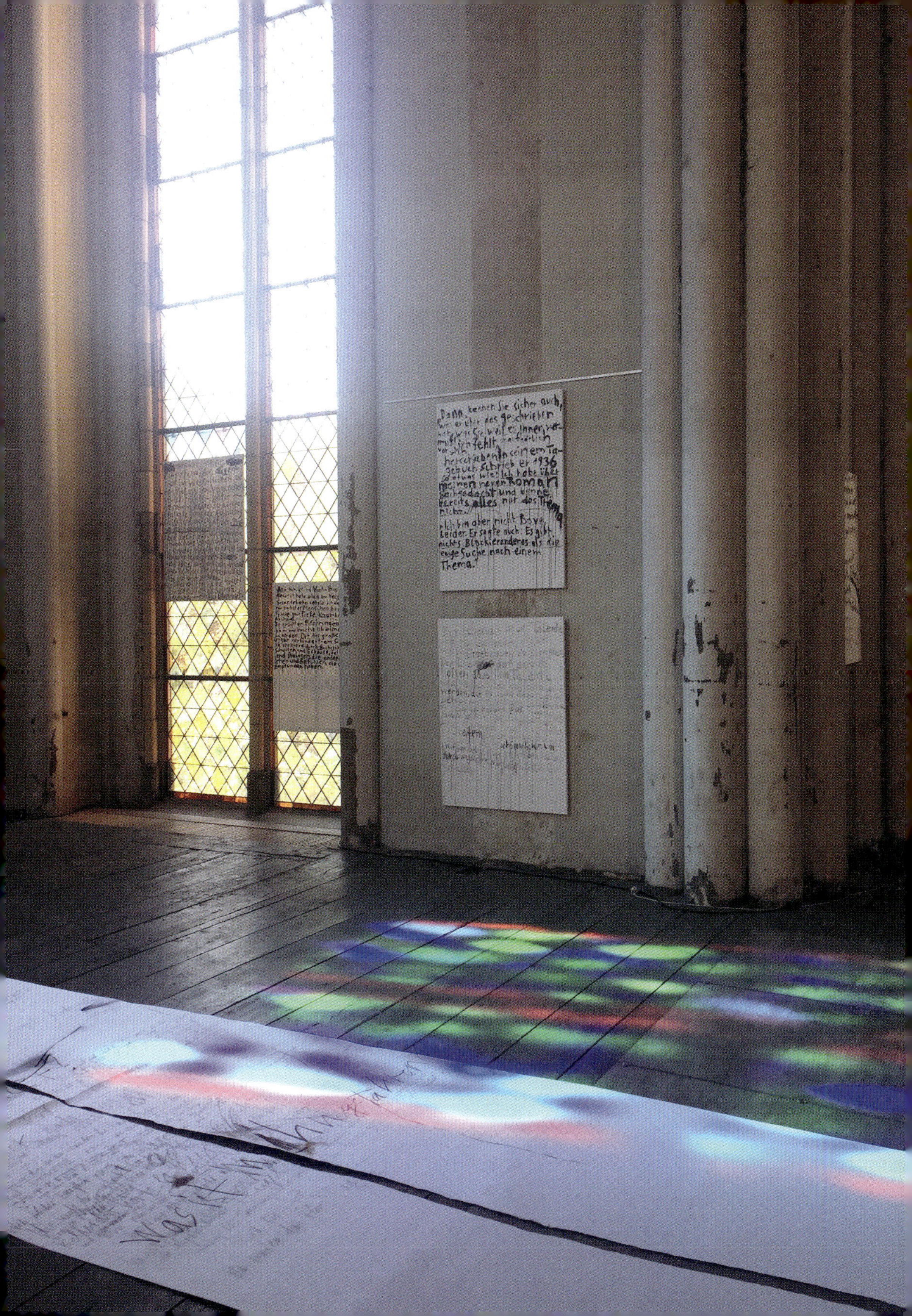
Dann kennen Sie sicher auch,
ich habe über
meinen neuen Roman
bereits alles, nur das Thema
Ich bin aber nicht Bove,
leider. Er sagte auch: Es gibt
nichts Blockierenderes als die
ewige Suche nach einem
Thema.“

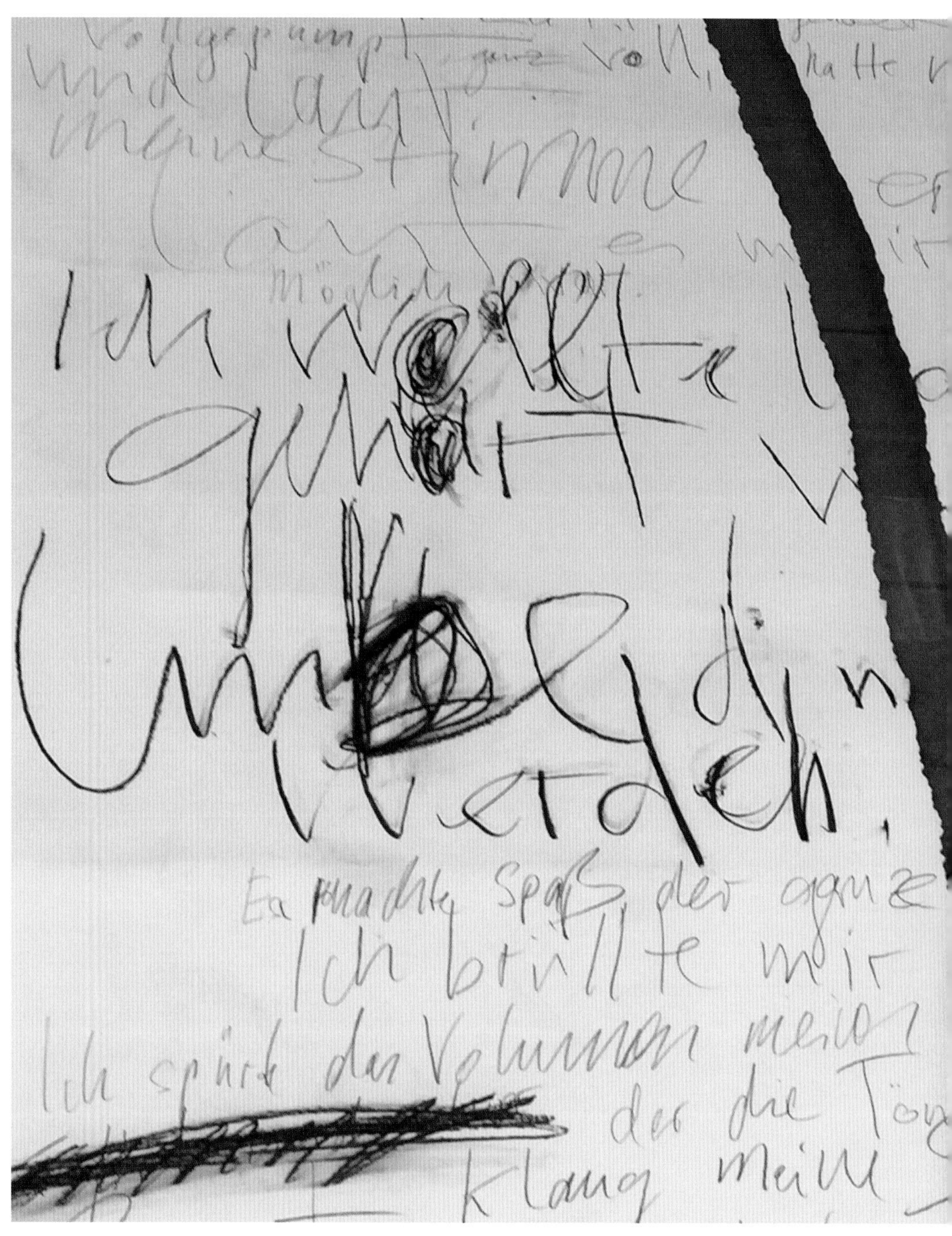
Es machte Spaß der ganze
Ich brüllte mir
Ich spürte das Volumen meiner
der die Tön
Klang meine

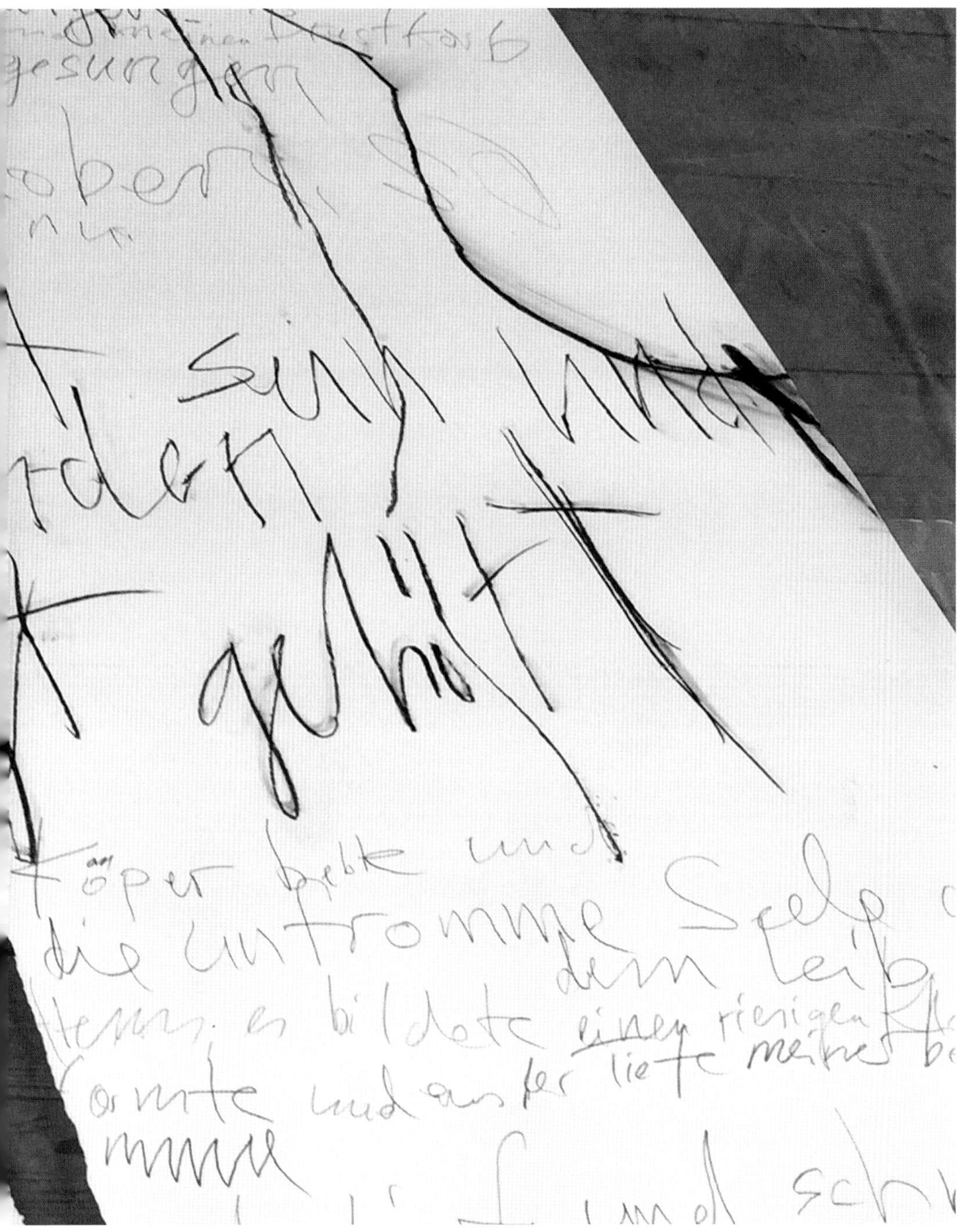
gesungen
oben
sich
gehüllt
öper bebte und
die unfromme
dem Leib
es bildete einen riesigen
formte und aus der Tiefe meines
und

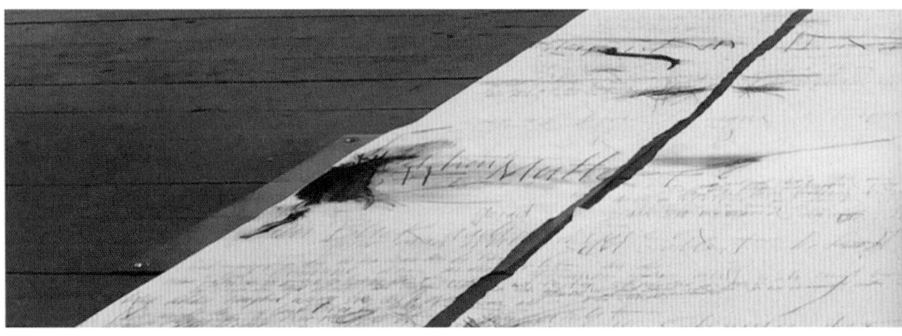

**Ich saß nachts in der Kirche** auf der Holzbank in der zweiten Reihe. Es war kalt und es roch nach Weihrauch und Stein.
Ich suche nichts, Gott.
Ich rief laut in die Stille: Ich suche nichts!
Seit einiger Zeit kam ich jede Nacht.
Ich blieb eine, manchmal zwei Stunden und dachte nach.
Es hat nicht gereicht, Gott, oder? Es hat nicht gereicht. Der Gesang damals hat nicht geholfen.
Hast du uns nicht gehört?
Und mich? Hast du mich nicht gehört?
Vielleicht hast du es damals schon gewusst. Hast dem Vater das Sterbebett entzogen, auf dem er sich so gerne liegen sah. Erpresserisch hat er uns allen jahrelang wieder und wieder vor Augen geführt, wie vereinsamt und vernachlässigt er dort liegen würde, weil die Familie ihm die verdiente Zuwendung nicht würde geben wollen. Hätte es dieses Sterbebett tatsächlich gegeben, ich hätte ihm gerne draufgepisst, das kann ich dir sagen.
Der Vater hatte damit die fehlende Liebe angemahnt und uns zu Schuldigen gemacht. Aber getan hat er selbst nichts und blieb ewig schuldlos. Hat seine Frau nicht angesehen, nicht einen ihrer Wünsche erahnen wollen, und auch uns kaum eines Blickes gewürdigt. Das hast du doch gesehen, Gott. Da war nichts Böses, nein, nur Gleichgültigkeit und

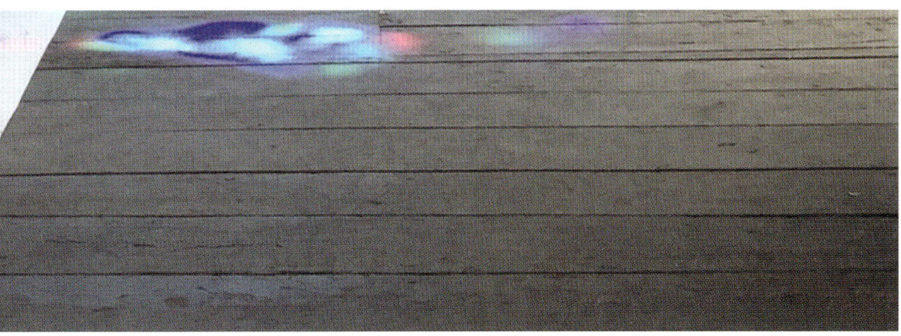

Zuweisungen, Unausgesprochenes und eben doch Böses, so wie in den meisten Familien. Aneinander vorbei und auf Gedeih und Verderb zusammen, bis zum Sterbebett, für das keiner was konnte.
Und immer ist es um Anstrengung gegangen. Immer nur um Anstrengung. Um Bemühen und Dienen und Rechtschaffenheit.
So blind kann ich gar nicht sein, wie sie es damals alle waren. Ich habe es doch gesehen, Gott. Ich schon! Aber mir hast du die Augen genommen. Erst hast du mich als Werkzeug benutzt und mich dann mit Blindheit bestraft. Hat sie die Schuld ersetzt, Gott? Nimmt sie die Schuld von mir?
Die Unruhe in mir ist so nie wiedergekommen. Die Unzufriedenheit von damals, als ich jung war, das unerfüllte Begehren nach etwas Fernem, Weitem, Großem. Sie ist nicht zurückgekehrt. Mit einem Schlag war sie weg, die innere Unruhe, das Aufbegehren, der Wille, Gott, der Wille zur Macht, der Wille, ebenbürtig zu sein mit dir. Wie laut musste ich singen in deiner Kirche, damit du mich hörst? Du solltest mich hören und dann hast du geantwortet mit einem einzigen Schlag.
Meine Verteidigung: Alle sprechen in die Erde, nicht zum Himmel. Ist es nicht so, Gott?

*> Kulp, Seite 324*

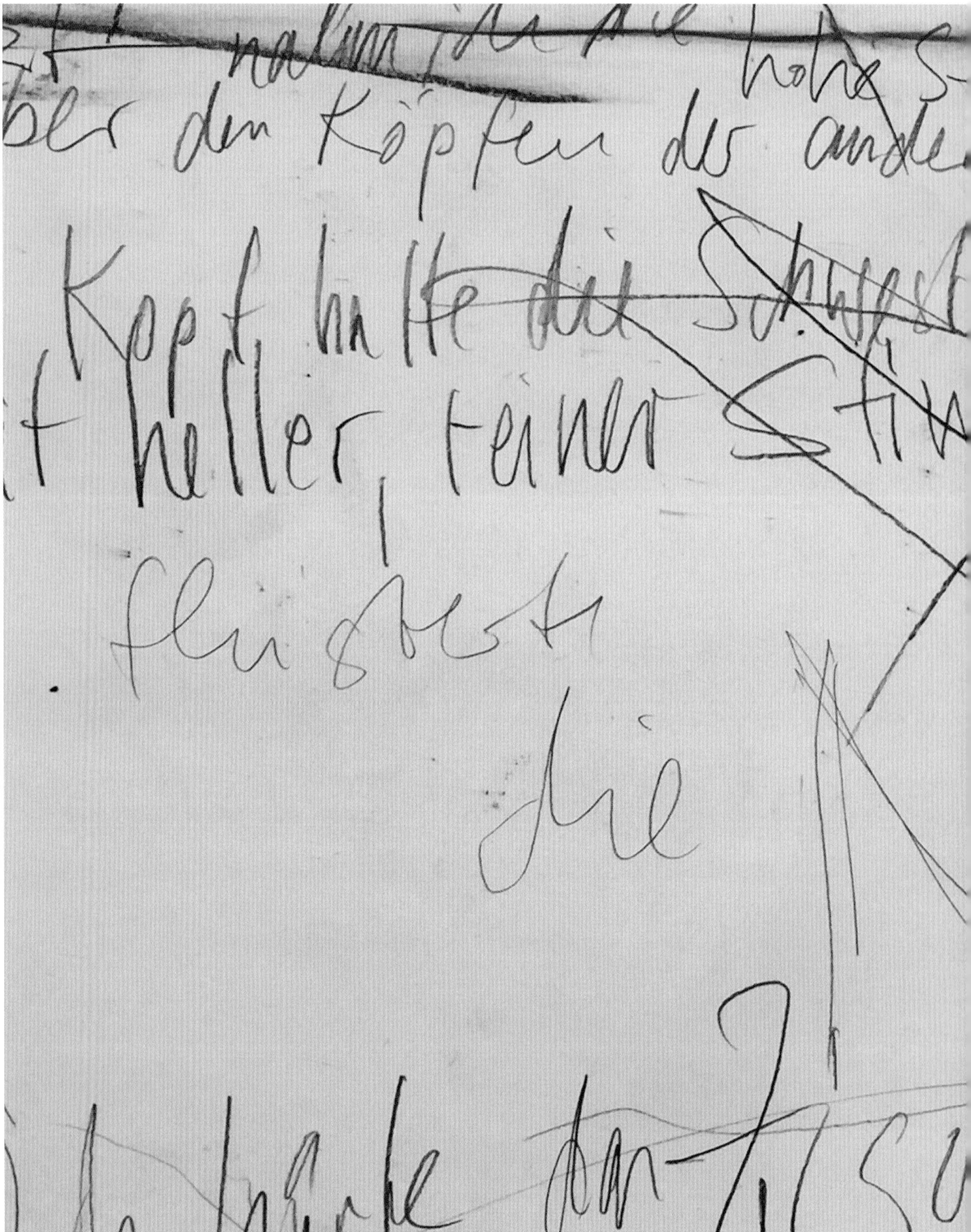

ber den Köpfen der ande

Kopf hatte ~~die Schwest~~

t heller, feiner Stim

flüsterte

die

hörte der so

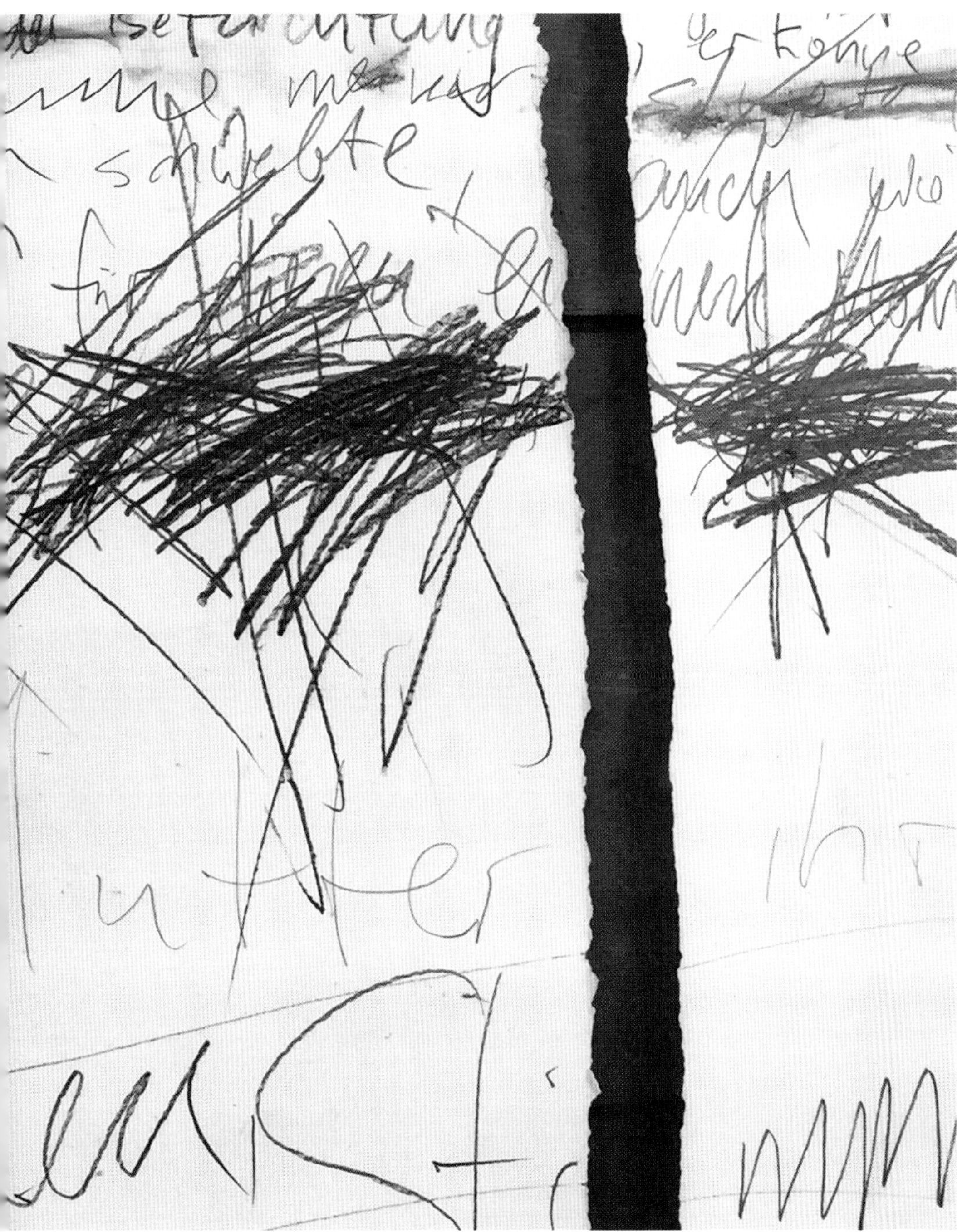

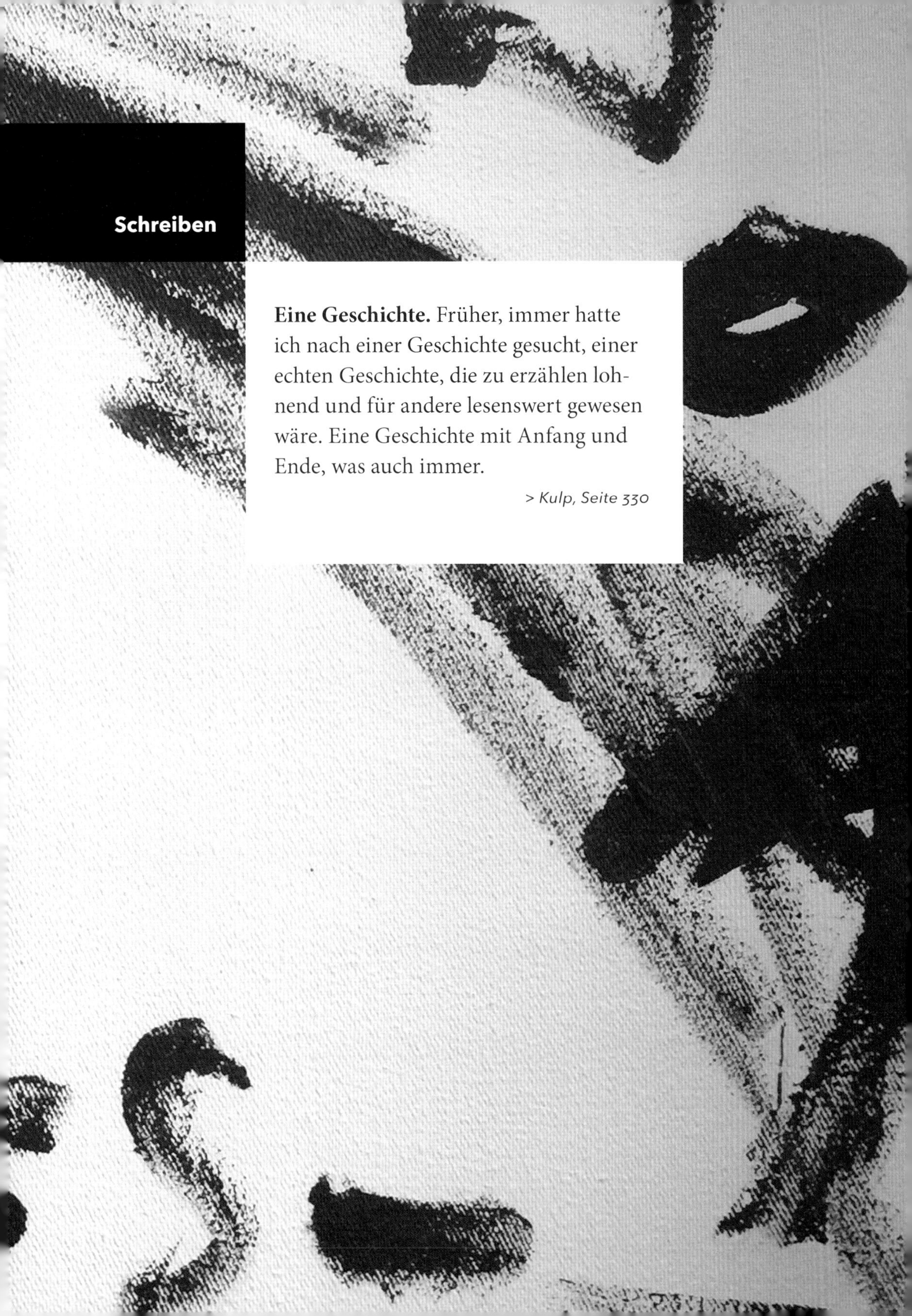

## Schreiben

**Eine Geschichte.** Früher, immer hatte ich nach einer Geschichte gesucht, einer echten Geschichte, die zu erzählen lohnend und für andere lesenswert gewesen wäre. Eine Geschichte mit Anfang und Ende, was auch immer.

*> Kulp, Seite 330*

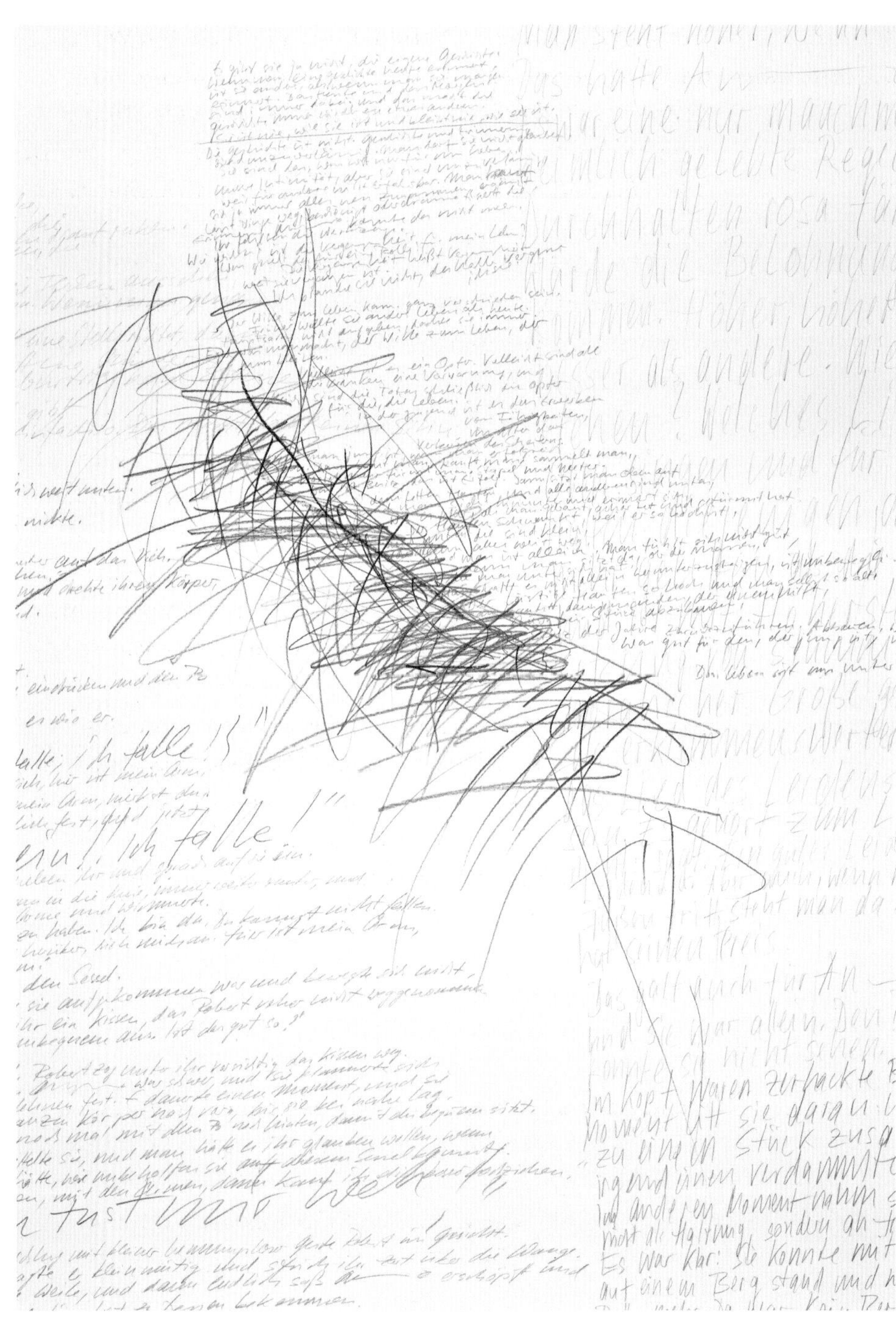

**Zwei Wahrheiten**

Wort und Bild. Nicht Abbild, nicht Wirklichkeit. Wort und Bild. Jedes auf seine Weise, jedes in seiner Form, genannt Stil. Der ist tückisch, denn er will was. Wenn man Pech hat, will er mehr, als es die Bedeutung hergibt, oder die Bedeutung ist bedeutend, kann sich aber nicht durchsetzen.

Der Stil ist die Fertigkeit, mit der Wörter gefunden und kombiniert, mit der Stifte geschwungen und Farben geschleudert werden. Er ist das Opfer seiner eigenen Gefallsucht.

Wahrscheinlich brauchen wir diese Geschmeidigkeit, sonst hören wir nicht zu, gucken nicht hin. Es ist vielleicht die Art von Verbindlichkeit, die nötig ist, um sich gegenseitig zu verstehen, das erzieherische Moment in der Sprache, die angemessene Form oder das kleine Schwarze, das Text und Bild gesellschaftsfähig macht.

Der Stil ist es auch, der uns so manches Mal Sand in die Augen streut, wenn wir uns in den Konventionen zu wohl fühlen. Dieses Mittel, das zu erprobten Einschätzungen, Erwiderungen und Urteilsfähigkeiten führt, ist Kulp abhanden gekommen, und er sucht nach neuen, eigenen Wegen des Ausdrucks.

Als Blinder schreibt er zunächst durch Metallschienen, in die er sein Papier klemmt, damit er handschriftlich in der Zeile bleibt. Aber Schablonen entsprechen ihm nicht, und sie fliegen raus aus seinem Leben. Gerade Zeilen und gleichmäßige Buchstaben sind keine Kategorie mehr für ihn. Auch wohlfeile Sätze nicht. Ab jetzt nimmt er es, wie es kommt, schreibt, wie es sich ergibt, schreibt irgendwie. Das Schreiben ist nicht behaglich, seine Texte schwer zu entziffern, kaum lesbar.

Aber ein Schrei wird nicht formuliert, er braucht keine Sprache, braucht nur Stimme. Wort und Bild sind Ausdruck, sind Wahrheit.

< *Ich bin nicht müde, ich bin verrückt* 2016 Bleistift auf Papier, Teil einer Serie von 96 Einzelblättern à 65 × 10 cm

**Der Lebende** muss Talente und Möglichkeiten nutzen, um zu Ergebnissen zu kommen. Der Tote darf darauf hoffen, dass ihm Talente und Möglichkeiten zugestanden werden, die er nicht mehr umsetzen konnte, weil der Glückspilz zu früh gestorben war.
Damals im Auto war ihm dieser Gedanke gekommen.
Er hatte ein Gefühl von Scheitern gespürt und aufs Gas getreten, ahnend, dass es bekömmlicher war, prüfbare Belege eines erfolgreichen Lebens durch ungelebte Möglichkeiten zu ersetzen. Sollten die Vorstellungen der anderen einen erfolgreichen Mann aus ihm machen, wenn er bis dahin nicht in der Lage gewesen war, selbst einen Text hervorzubringen, der der Vollendung eines Lebenswerkes entsprach.

*> Kulp, Seite 199*

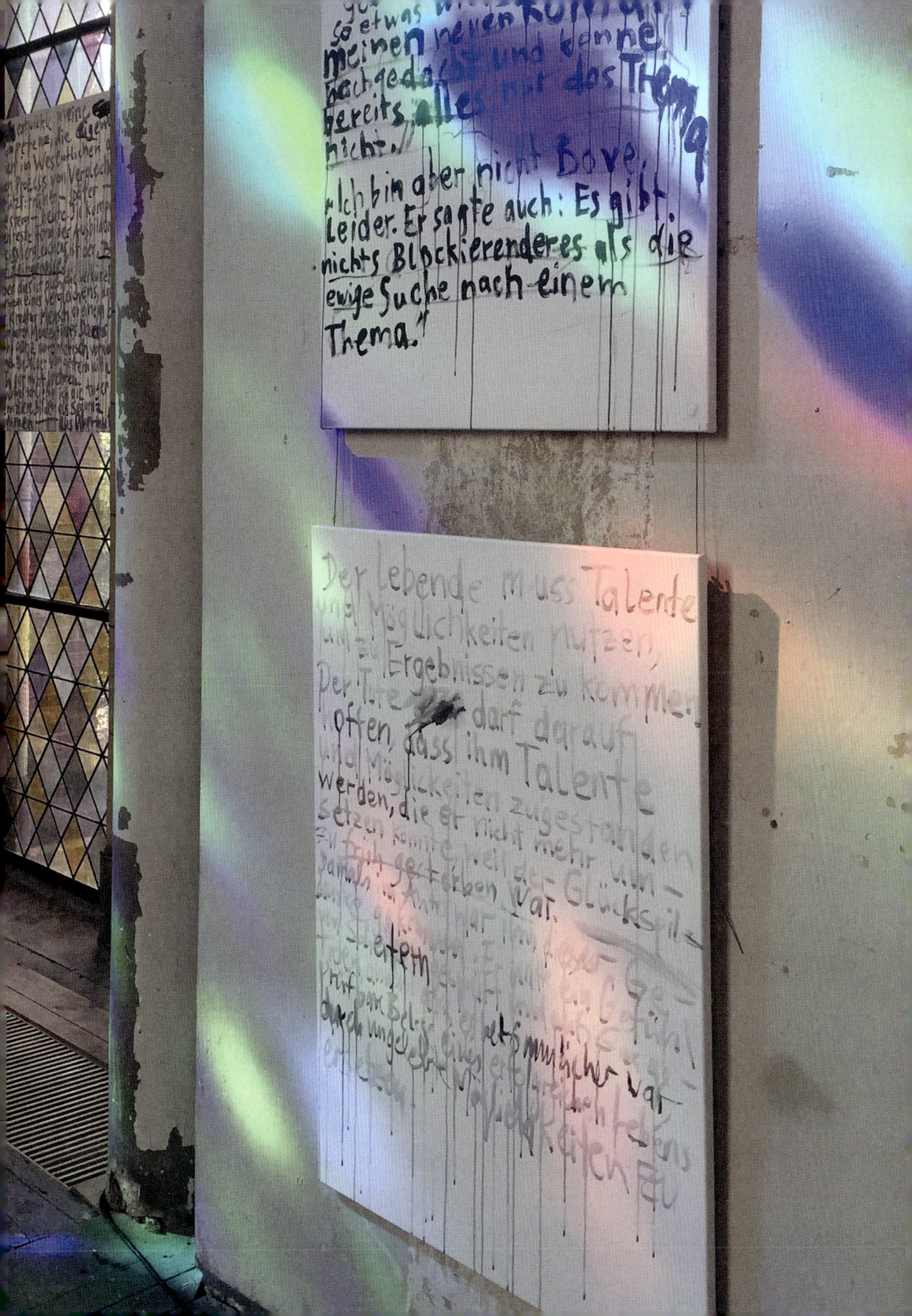

meinen neuen
nachgedacht und kenne
bereits alles nur das Thema
nicht.
Leider. Er sagte auch: Es gibt
nichts Blockierenderes als die
ewige Suche nach einem
Thema."
Der Lebende muss Talente
und Möglichkeiten nutzen,
um zu Ergebnissen zu kommen.
darf darauf
hoffen, dass ihm Talente
und Möglichkeiten zugestanden
werden, die er nicht mehr umsetzen konnte, weil er
zu früh gestorben war.

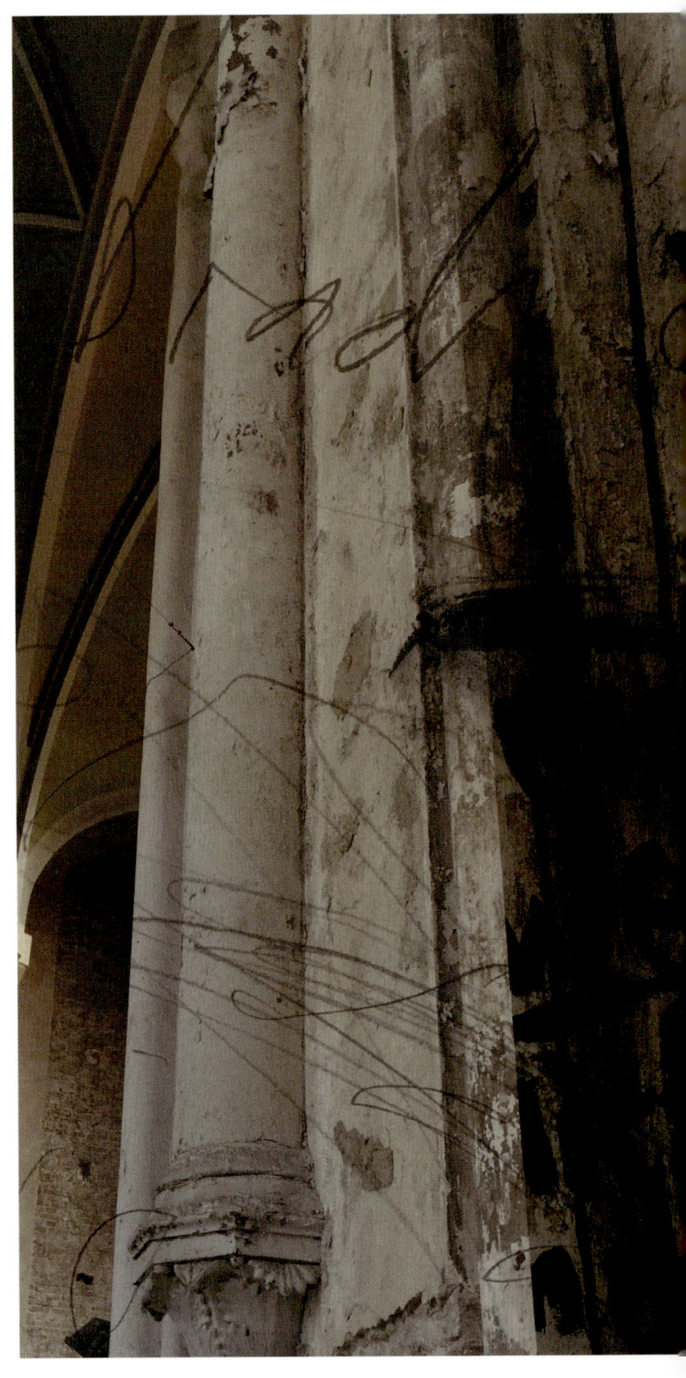

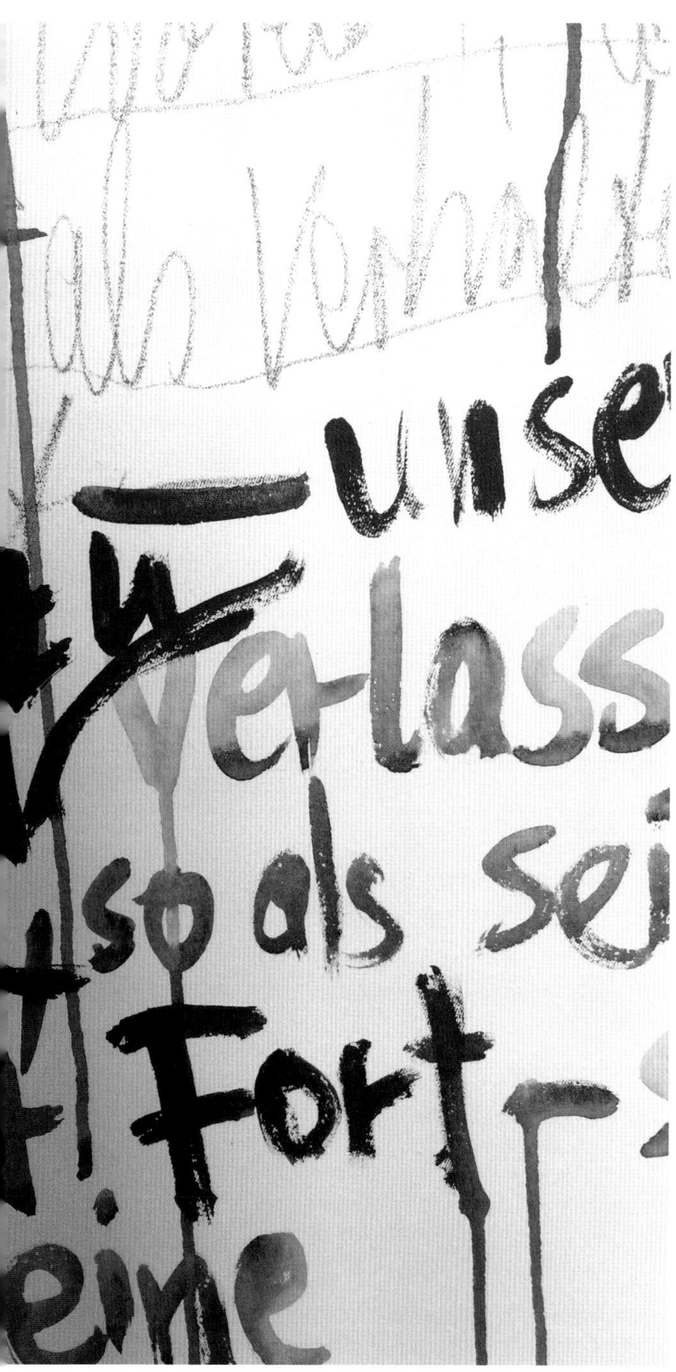
unse
verlass
so als sei
Fort
eine

**Mir fehlt es** an vielen Stellen an Konzentration.
Ich habe zur Herstellung, Erlangung und Gewinnung einer Methode keine konsequente Haltung und keine Ökonomie im Umgang mit meiner Zeit.
Die Zeitökonomie ist eine schöne Lebenshilfe. Entscheidungen, die nach dem Kriterium der Zeit getroffen werden können, besitzen einen Richter, einen natürlichen Richter von großer Kraft. Das ist vielleicht der Übergang zur Philosophie. Ich überlege mir etwas unter allgemeinen Gesichtspunkten und kann so immer im Einzelnen entscheiden. Bei der Abwägung, welche Arbeit für die nächsten Stunden wichtiger sein könnte, veranschlage ich die Zeit, werfe sie in die Waagschale und bringe ein wesentliches Kriterium ins Spiel.
Zeit macht uns erst im Alter Angst. Zuerst spricht man von Respekt. Ich weiß nicht, wie ich diese verschiedenen, widerstrebenden Gedanken so erfassen kann, dass sie einen Sinn ergeben und zugleich nicht zu vorhersehbar erscheinen.
Wahrnehmung von Zeit und Alter stehen in einem Verhältnis, oder Verhängnis.
Was ist das: Zeitwahrnehmung?
Gar nichts, solange man jung ist. Darf ich hier noch weiterschreiben und auf irgendeinen neuen, originellen Gedanken hoffen, der über die Altersweisheit hinausgeht, der am *carpe diem* vorbeikommt, sich auf Zeit und Tod stürzt und dort die Kulissen so herumschiebt, dass es kracht? Besser raus aus dieser prinzipiellen, philosophisch kategorischen Ecke. Heutzutage pflegt man das unpathetische Understatement, denn es entspricht auch der Zeitlage: alles ganz leicht, ganz elegant; was wir nicht wollen, kommt in die Rücklage.
Also welche Bücher kann ich noch lesen, welche kann ich behalten, wie komme ich aus der Fettschicht heraus?

*> Kulp, Seite 151*

**Eine Geschichte.** Früher, immer hatte ich nach einer Geschichte gesucht, einer echten Geschichte, die zu erzählen lohnend und für andere lesenswert gewesen wäre. Eine Geschichte mit Anfang und Ende, was auch immer das bedeutete oder was ich darunter verstand: ich wollte etwas erzählen, früher schon.

Geradezu besessen hatte ich mich schreibend der Suche nach einer Geschichte gewidmet, und: Ich hatte nichts gefunden.

So saß ich seit Langem mal wieder am Rechner und die Stimme sprach mir vor und nach, was ich gerade geschrieben hatte.

Starrte ich nicht immer auf mich selbst, wenn ich schrieb, egal, was ich schrieb?

Themen hätte es gegeben. Immer wieder schlich ich gedanklich um sie herum, auch jetzt wieder schrieb ich manche Anfangszeile, manch ersten Absatz, prüfte Sinn und Glaubwürdigkeit und verwarf am Ende jeden erzählerischen Einfall, weil er nichts weiter war als erzählerischer Einfall.

Ich war gefangen und schrieb weiter: ein erster Satz, ein zweiter, dann aber flüchtete ich aus vermeintlicher Handlung in das Schildern von Ziel und Absicht, über meine körperliche Verfassung, über äußere Bedingungen wie örtliche und zeitliche Disposition, die mir, die dem Schreiben zu- oder abträglich waren, über die Gründe, überhaupt Texte verfassen zu wollen, vielleicht zu müssen. Ich kam über das Darstellen des Schreibens nicht hinaus, ich klebte am Phänomen und kein einziger Gedanke hielt den Annahmen und Theorien stand. Ich dachte an Notburg und seine Schreibversuche, ich prüfte, und dann zerlegte ich jede mögliche Idee in Grund und Boden.
Jeder Mensch braucht eine Geschichte.
Jeder Mensch hat eine Geschichte.
Und während ich den Satz: *Ich selbst bin die Geschichte* schrieb, spürte ich, dass jemand im Zimmer war. Das, dachte ich, ist meine Scheißgeschichte

> *Kulp, Seite 330*

**Als Ich-Verwalter der eigenen Zeit** sitze ich auf der Bleistiftspitze meiner Wichtigkeit. Ab einem gewissen Alter ist man eingezwängt zwischen all dem Gesammelten, weiß zu viel von seiner Welt und muss alles wegschmeißen, weil es einfach unnütz ist, so viel zu wissen und dann hat man nichts mehr, nach all der Zeit mit dem liebgewordenen Falschen. Das schmerzt, aber noch schweigen die Organe.

> *Kulp, Seite 143*

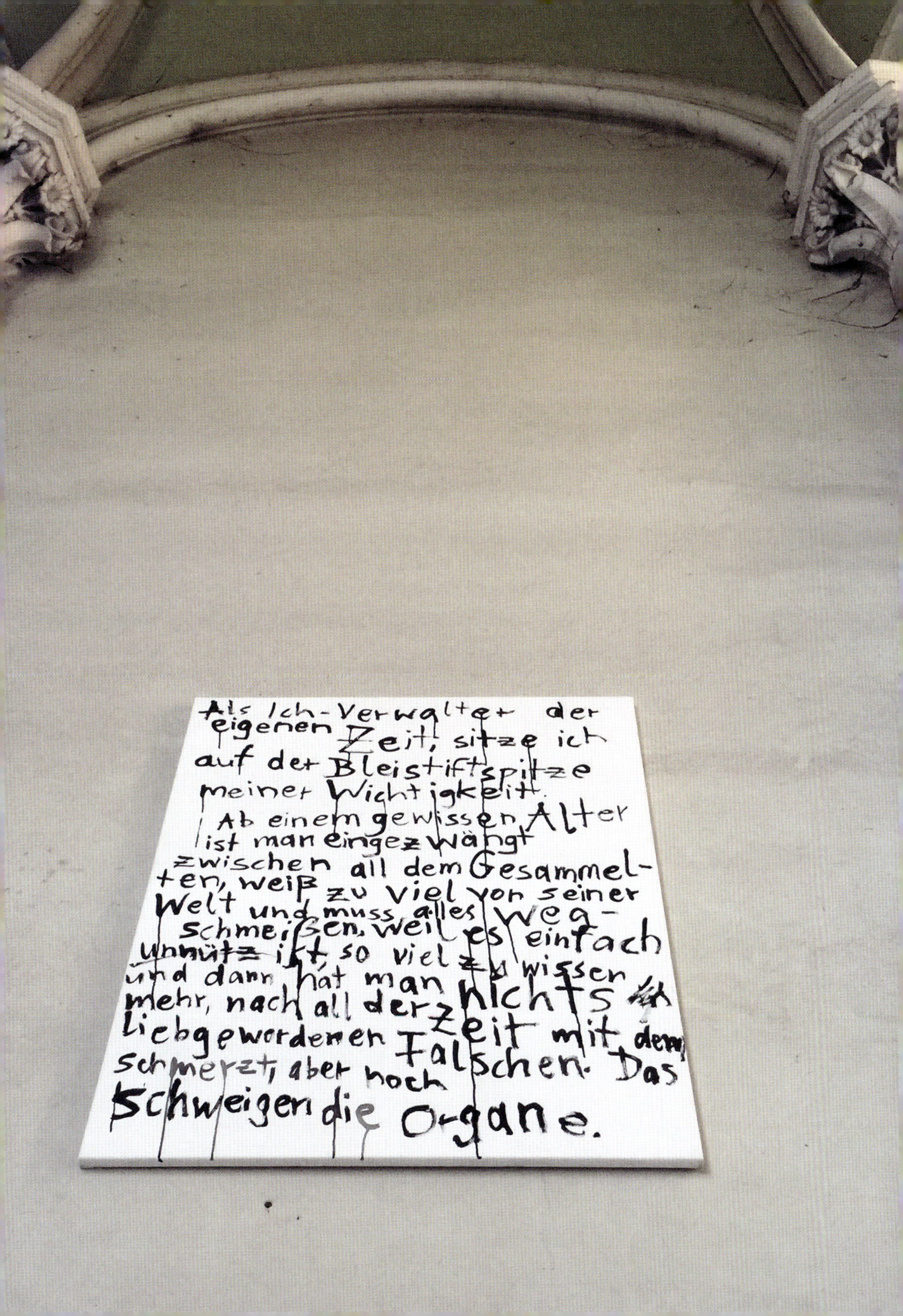

Als Ich-Verwalter der
eigenen Zeit, sitze ich
auf der Bleistiftspitze
meiner Wichtigkeit.
Ab einem gewissen Alter
ist man eingezwängt
zwischen all dem Gesammelten, weiß zu viel von seiner
Welt und muss alles weg-
schmeißen, weil es einfach
unnütz ist, so viel zu wissen
und dann hat man nichts
mehr, nach all der
liebgewordenen Zeit mit dem
Falschen. Das
schmerzt, aber noch
Schweigen die Organe.

**„Ihre Texte sind deshalb gut,** weil sie keine Geschichte haben“, sagte Notburg.

„Vergessen Sie’s. Um eine Geschichte zu erzählen, müssen Sie sich von sich selbst entfernen – das zum Thema: Nähe der Figuren. Da Sie das nicht können, gibt es keine Geschichte. Bleiben Sie dabei.“

„Sie widersprechen sich. Sie sagen: Schreiben Sie Ihre Lebensgeschichte, dann sagen Sie: Entfernen Sie sich von sich selbst. Wer über andere schreibt – es ist banal, ich weiß –, schreibt über sich. Schreibe ich über mich, habe ich keine Wahl. Es ist diese Nähe, die Befangenheit, der Verdacht zu lügen, dem der Schreibende bei der Ich-Perspektive immer ausgesetzt ist. Schreiben über andere ist von vornherein die Perspektive der Schadenfreude oder des Mitleids. Dieses Schreiben hat kein Problem der Glaubwürdigkeit, denn die Position des Beobachters ist eine relative. Man versucht dabei ein Bild von sich zu geben, man möchte als seriöser Zeuge in Betracht gezogen werden und will im besten Fall eine Art Instanz werden für den Leser, oder sogar Sympathien bekommen oder auch ganz verschwinden und überhaupt nicht auftauchen hinter dem Bezeugten.“

> *Kulp, Seite 198*

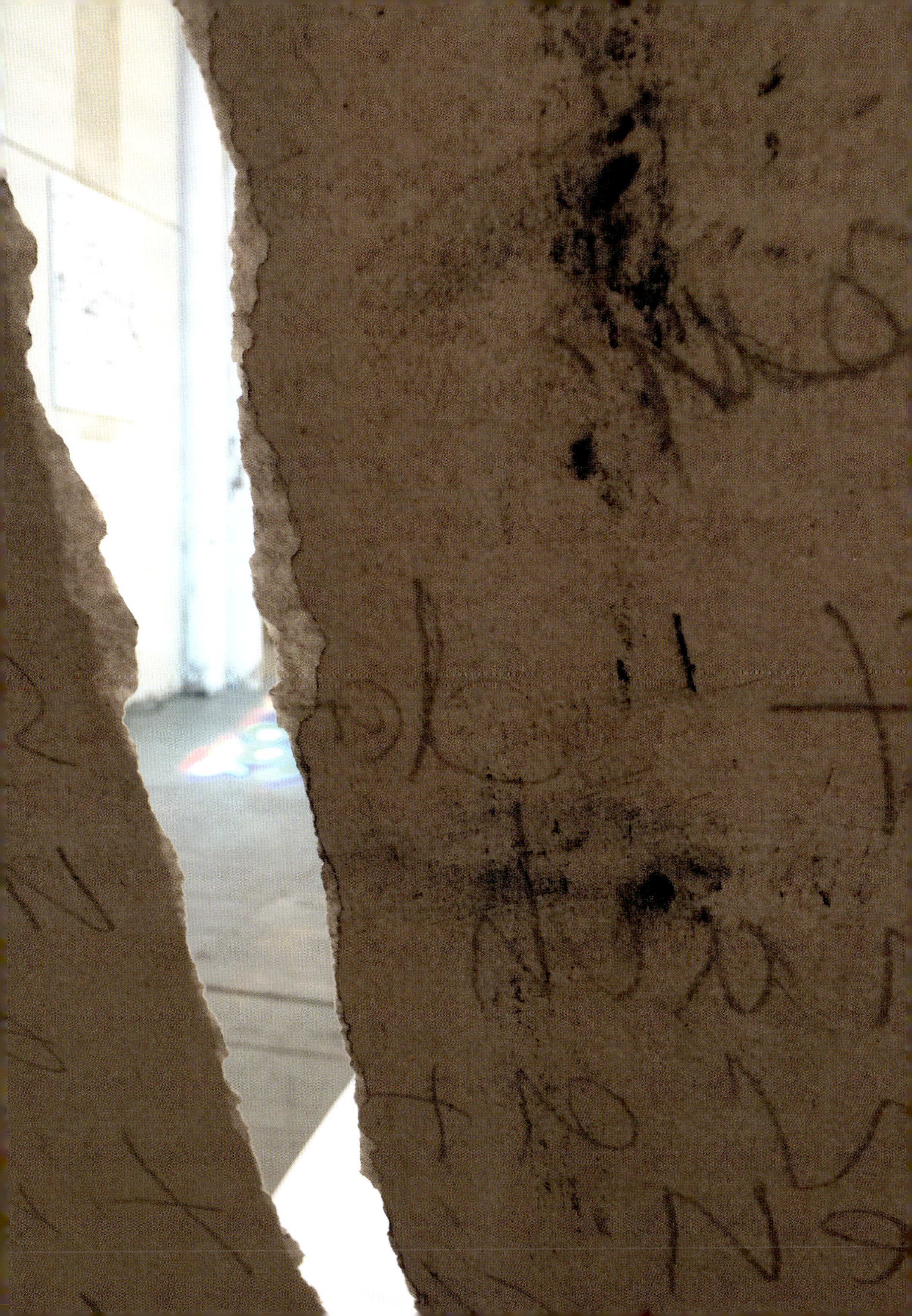

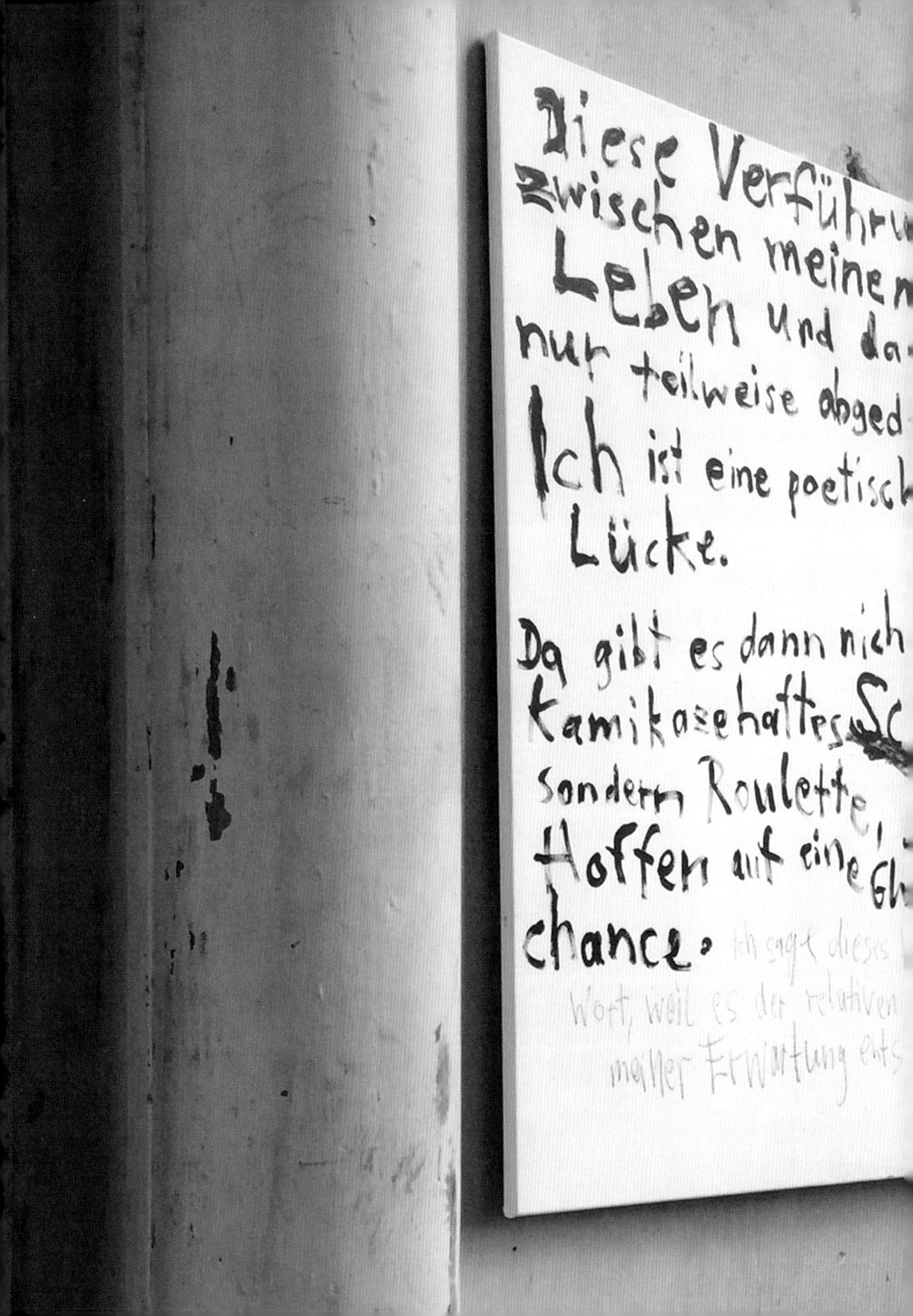

Diese Verführu
zwischen meinem
Leben und da
nur teilweise abged
Ich ist eine poetisch
Lücke.

Da gibt es dann nich
kamikazehaftes Sc
sondern Roulette,
Hoffen auf eine Gl
chance. Ich sage dieses
Wort, weil es der relativen
meiner Erwartung ents

**Nach den Gedanken** einer Ideenökonomie muss ich meine eigene Geschichte suchen und mich konzentrieren, darf mich nicht ablenken lassen. Aber vielleicht erreicht man im Schreiben so eine Art meditativen Zustand und vielleicht ist diese Leichtigkeit heute die verbliebene Form des Angebots, mit dem man Bekanntes einfärben kann.
Es ist doch inzwischen so viel erfunden worden, dass wir Menschen als Grundbewegung – als Verhaltensweise, der alles zugrunde liegt – unsere eigentliche Lebensgegend verlassen. Wir bewegen uns von uns weg, so, als sei unsere eigene Existenzform nicht Fort-, sondern Wegbewegung und eine Verlagerung der Kräfte.

*> Kulp, Seite 153*

eigenen zu ziehenden
Karren einzubauen.

Nach den Gedanken einer
Ideenökonomie muss ich
meine eigene Geschichte
suchen und mich konzentrieren, darf mich nicht ablenken
lassen. Aber vielleicht erreicht
man im Schreiben so eine Art meditativen Zustand und vielleicht
ist diese Leichtigkeit heute die
verbliebene Form des Angebots, mit
dem man Bekanntes einfärben
kann.

unsere
eigentliche Lebensgegend zu verlassen.
Wir bewegen uns von uns weg, so als sei unsere Existenzform nicht Fort- sondern Wegbewegung und eine
Verlagerung der Kräfte.

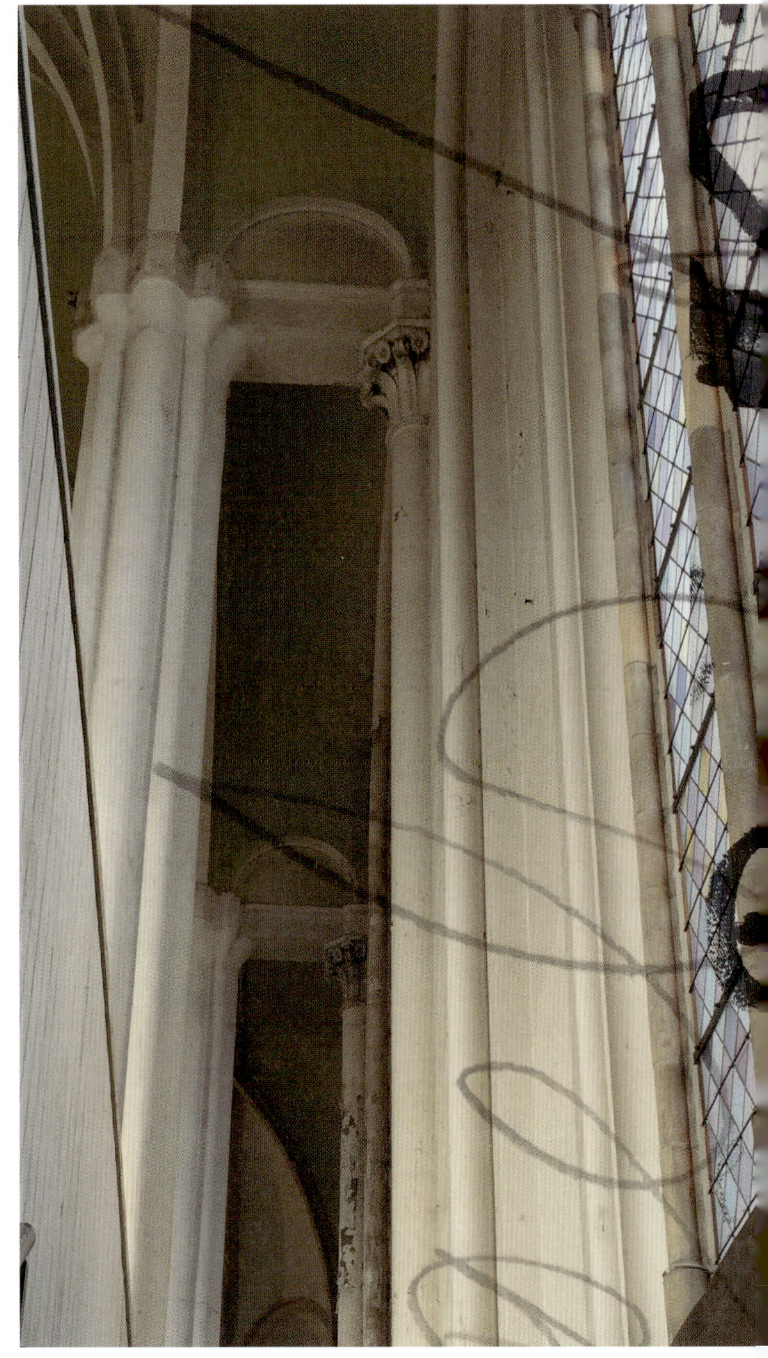

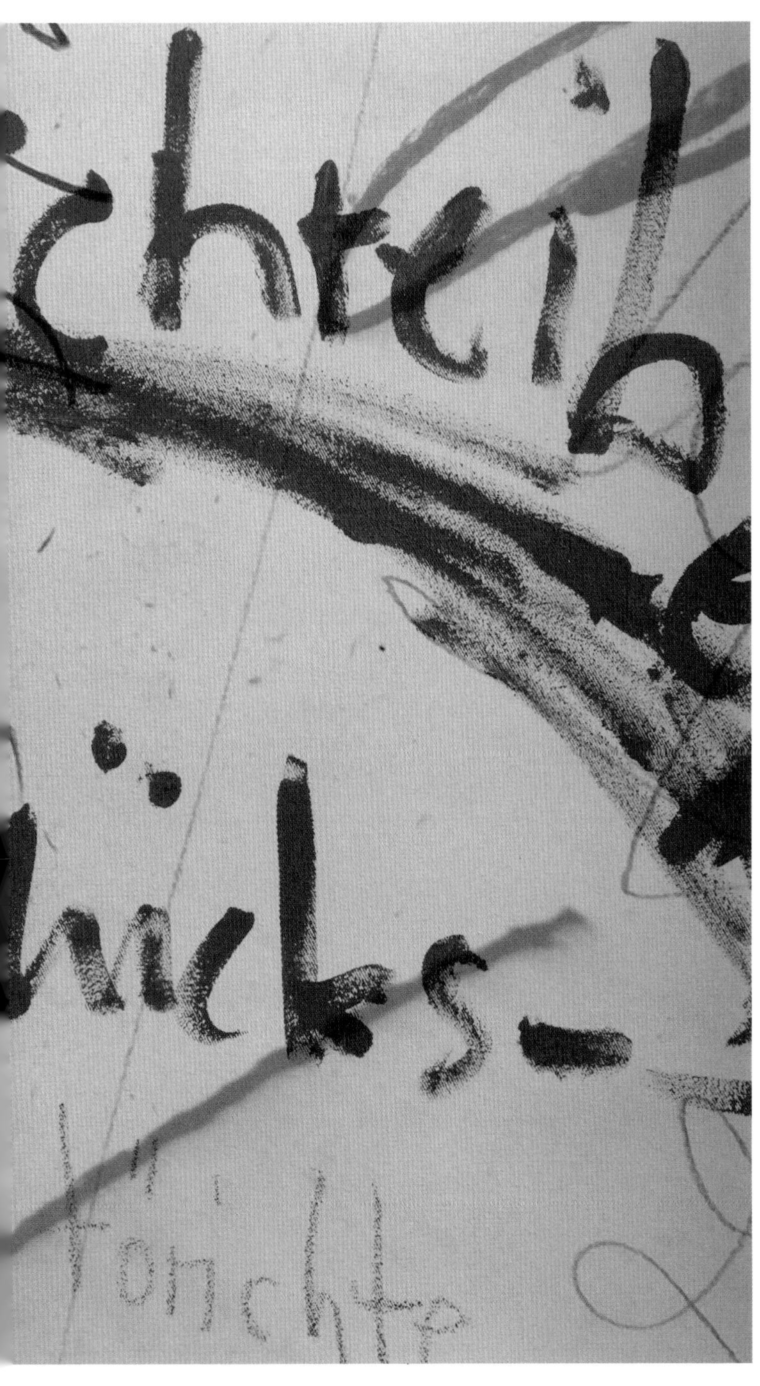

**Es waren immer dieselben Fragen:** Wie nahe kann man den Figuren kommen, wie nahe dem Leben? Wie den Wechsel inszenieren? Den Wechsel vom Ich in eine fremde Figur, vom Ich in einen anderen Bereich, in eine verdammte Ratte oder ein Ei … die Fragen waren immer viel größer als es sein Text je sein konnte.

*> Kulp, Seite 197*

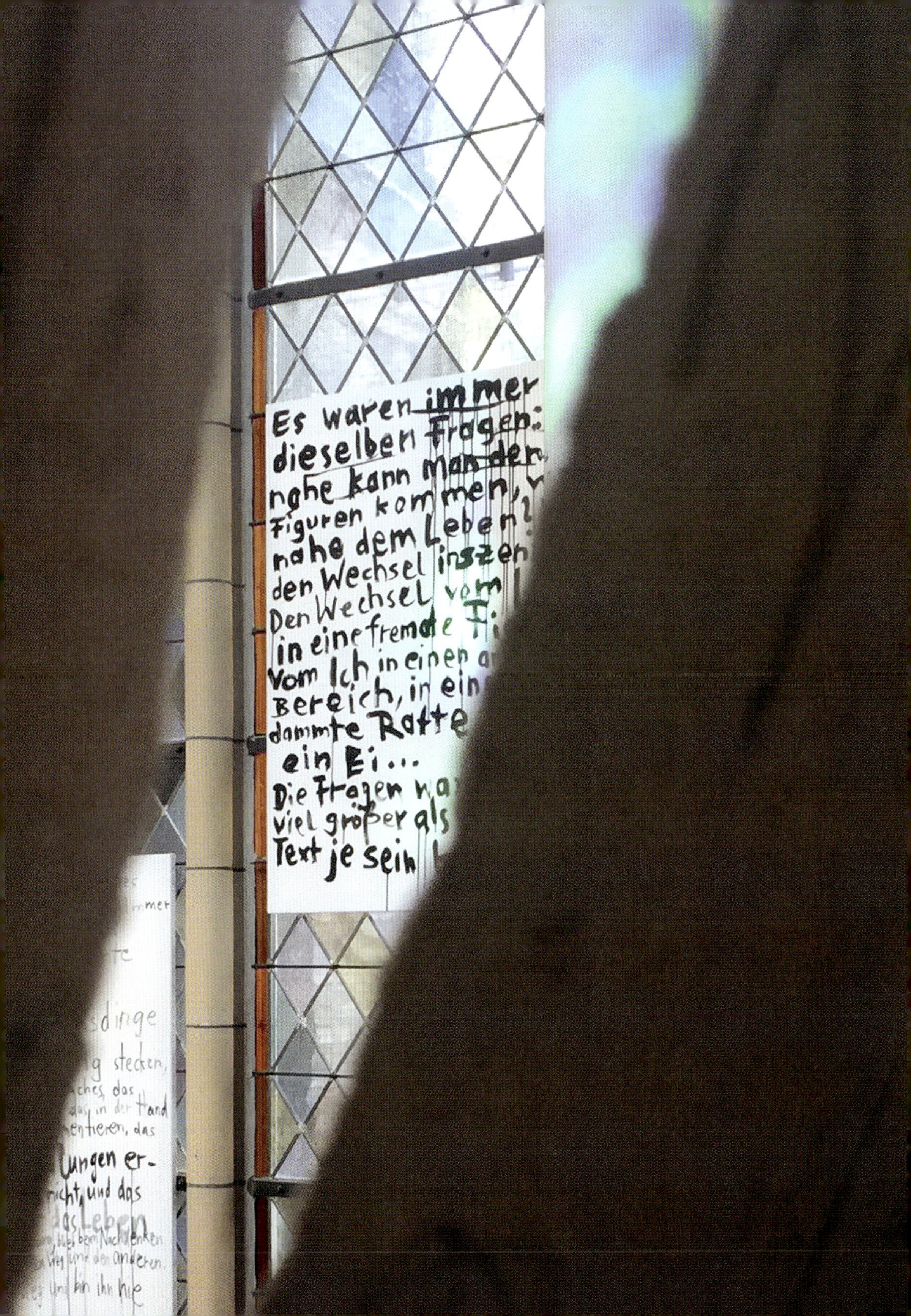
Es waren immer
dieselben Fragen:
nahe kann man
Figuren kommen,
nahe dem Leben
den Wechsel
Den Wechsel vom
in eine fremde
Vom Ich in einen
Bereich, in ein
dammte Ratte
ein Ei...
Die Fragen
viel größer als
Text je sein

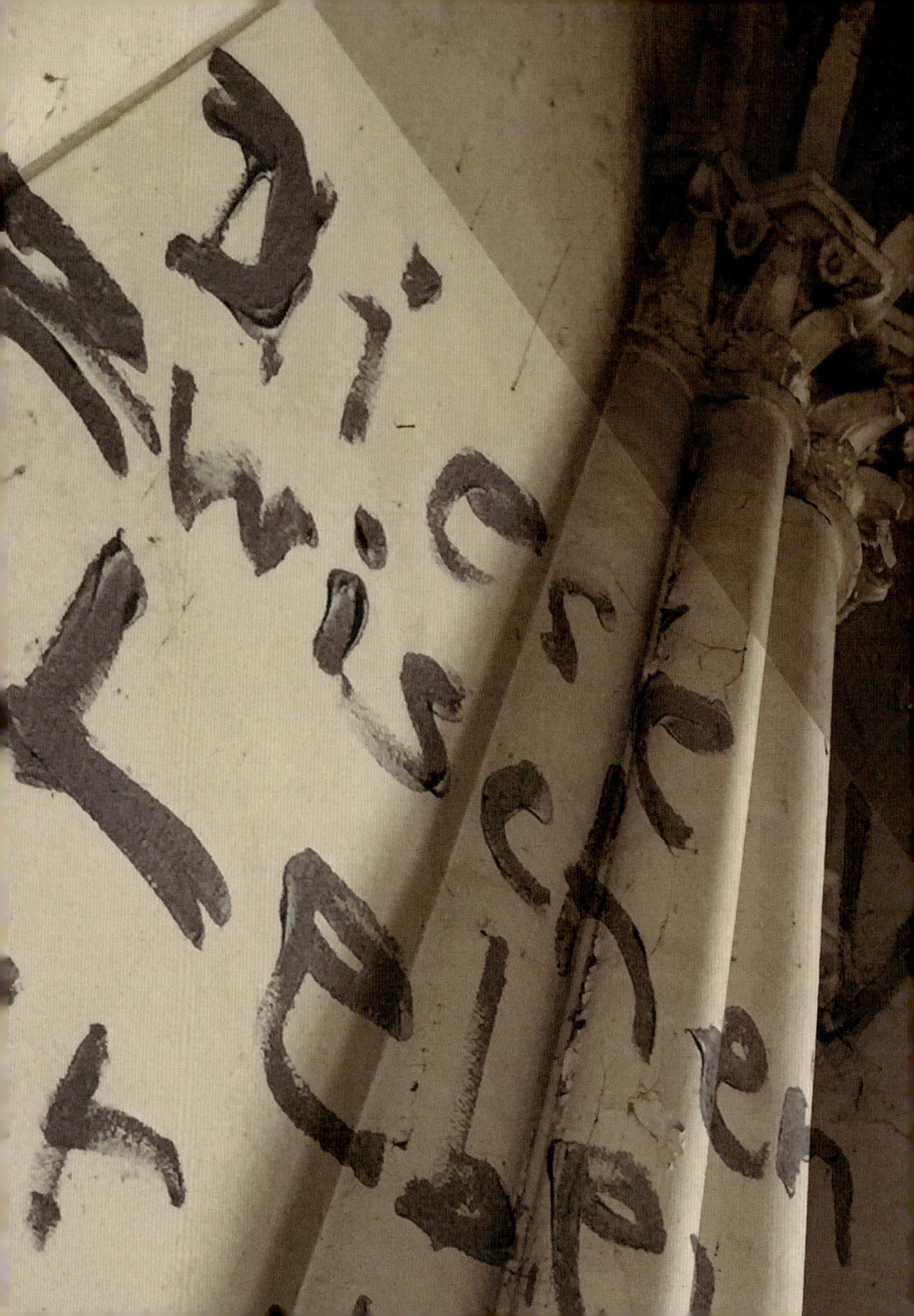

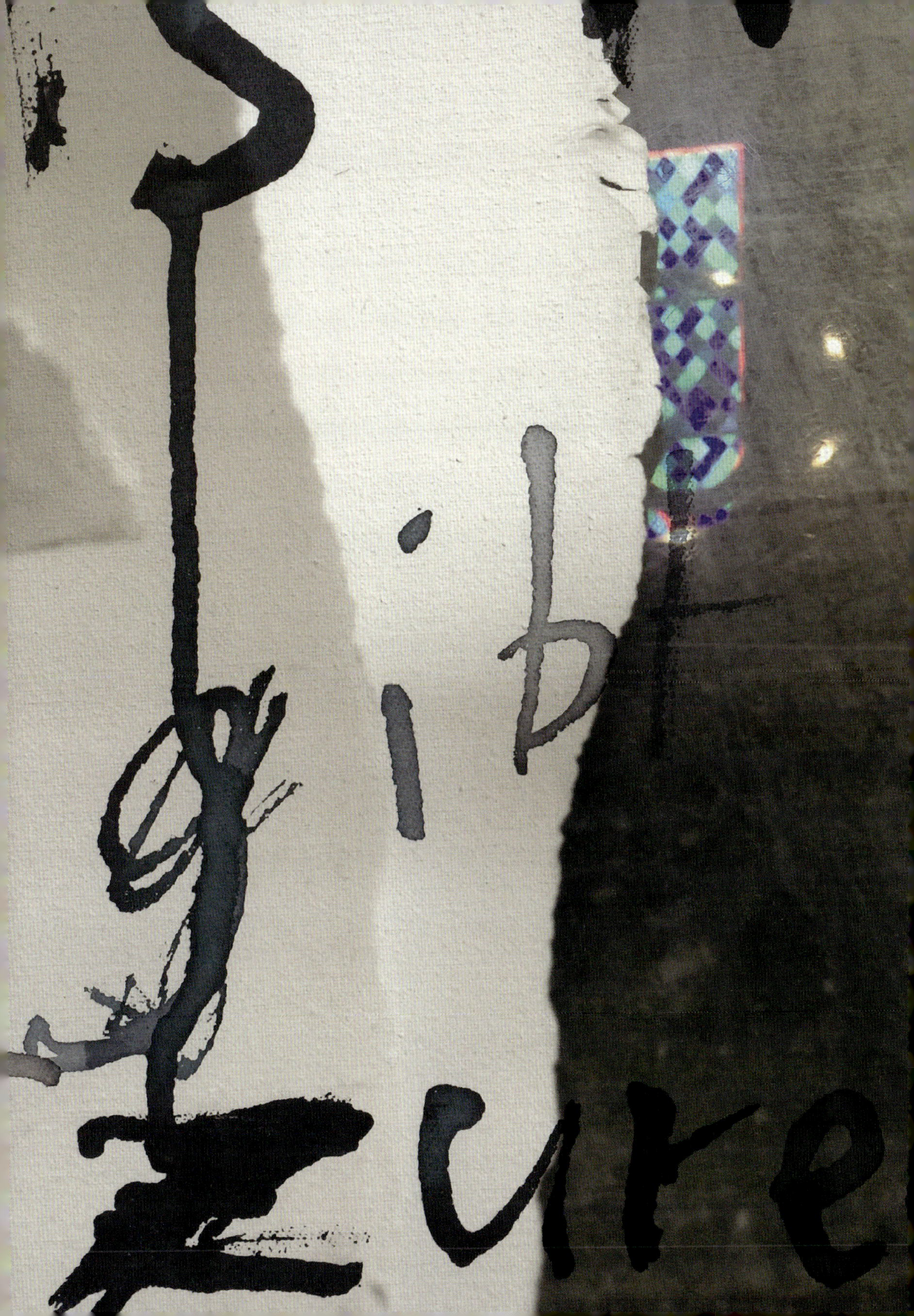

**Alles habe ich ins Verhältnis zueinander gesetzt,** habe alles im Vergleich bewertet, aber sobald ich das Leben mir nächster Menschen beschrieb, fehlte mir Tiefe, Verankerung, Abstand.
Die größten Erfahrungen machte ich – und mache ich immer noch – an dem Ort, der große Erfahrungen verhindert: am Schreibtisch. Ich spaziere durch Buchstabenlandschaften und Gebäude, folge lesend Dialogen, die andere gesprochen und Gefühlen, die andere empfunden haben.

> *Kulp, Seite 260*

lles habe ich ins Verhältnis zueinand
esetzt, habe alles im Vergleich
ewertet, aber sobald ich das Leben
ir nächster Menschen beschrieb,
ehlte mir Tiefe, Verankerung,
ostand.
e größten Erfahrungen machte
h — und mache ich immer noch
an dem Ort der große Erfahr
ngen verhindert: am Schreibtisch
n spaziere durch Buchstabenland-
chaften und Gebäude, folge le-
nd Dialogen, die andere gespro
hen und Gefühlen, die andere
mpfunden haben.

**Das Wissen und der Ärger ü**ber die Fehler anderer,
das immer wieder in verschiedenen Variationen auftretende
Ungeschick, mit diesen Fehlern zu leben,
der Umgang mit den Fehlern anderer,
das Ertragen dessen, was mir nicht passt,
die schlechte Laune, die Langeweile, die mir andere bereiten,
die Schwierigkeit, anderen Rechte zu überlassen: das Recht,
mich zu betrachten, mir beim Schreiben schweigend zuzuschauen, Fehler zu machen, das Recht, zu irren.
Die größte Gefährdung meines inneren Gleichgewichts
besteht im Überlassen des Rechtes auf den Irrtum anderer.
„Entschuldige, ich habe mich geirrt." Diese Notbremse, die
alles wieder auf Null zurücksetzt und dabei nichts wieder-
gutmacht.
Für den Irrtum des Anderen gibt es keinen Ausgleich.
Stattdessen wird sofort zurechtgerückt und unausweichliche
Egalität wieder hergestellt.

*> Kulp, Seite 148*

Das Wissen und der Ärger über die Fehler anderer,
das immer wieder in verschiedenen Variationen auftretende Ungeschick, mit diesen Fehlern zu leben, der
Umgang mit den Fehlern anderer, das Ertragen
dessen, was mir nicht passt, die schlechte
die Langeweile, die mir andere e Laune
bereiten, die Schwierigkeit, anderen
Rechte zu überlassen: das Recht,
mich zu betrachten, ~~mich~~ mir beim
Schreiben schweigend zuzuschauen,
Fehler zu machen, das Recht zu
irren.

Die größte Gefährdung meines inneren Gleichgewichts besteht im Überlassen des Rechtes
auf den Irrtum anderer.
„Entschuldige, ich habe mich geirrt." Diese
Notbremse, die alles wieder auf Null
zurücksetzt und dabei nichts wieder
gut macht.
Für den Irrtum des anderen gibt es keinen
Ausgleich.
Stattdessen wird sofort zurechtgerückt
und unausweichliche Egalität wieder
hergestellt.

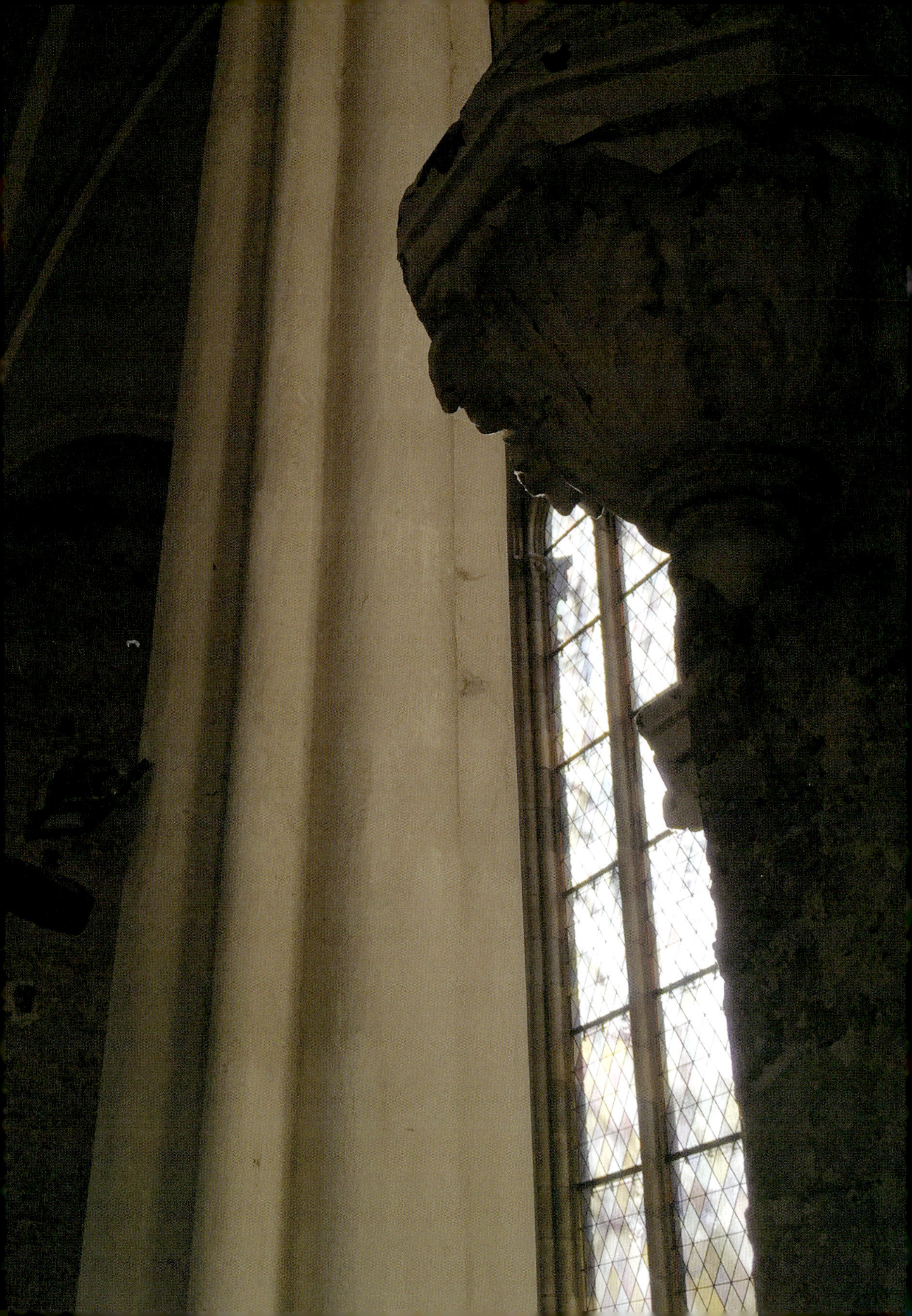

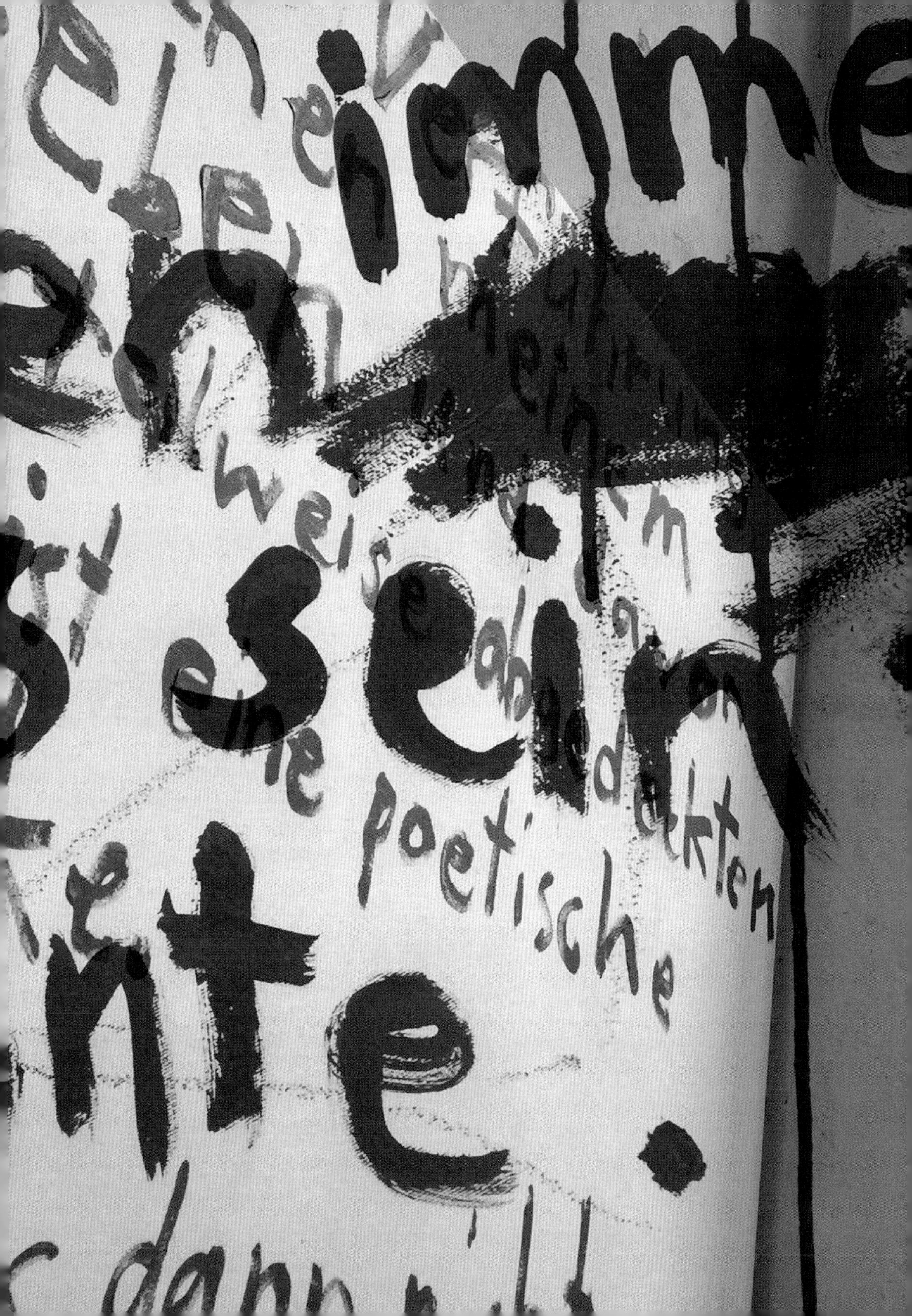
poetische

Mein Leben war das eines
Schachspielers. Immer
hatte es sich zwischen
Eröffnung und Variante
bewegt.
So blieben die Lebensdinge
in der Vorbereitung stecken,
wie der Kauf eines Buches, das
Verhandeln des Preises, das in der Hand
Wiegen, das Blättern, das Kommentieren, das
Sich darauf freuen.
Aber all diese Handlungen ersetzten das Lesen nicht, und das
Vorbereiten nicht das Leben.
Nach den Gedanken einer
Ideenökonomie muss ich
meine eigene Geschichte
suchen und mich konzentrieren, darf mich nicht ablenken
lassen. Aber vielleicht erreicht
man im Schreiben so eine Art meditativen Zustand und vielleicht
ist diese Leichtigkeit heute die
verbliebene Form des Angebots, mit
dem man Bekanntes einführen
kann.
Verlagerung der Kräfte.

Mein Leben war das eines Schachspielers. Immer hatte es sich zwischen Eröffnung und Variante bewegt. So blieben die Lebensdinge in der Vorbereitung stecken, wie der Kauf eines Buches, das Verhandeln des Preises, das In-der-Hand-Wiegen, das Blättern, das Kommentieren, das Einschätzen, das Sich-darauf-Freuen. Aber all diese Handlungen ersetzten das Lesen nicht, und das Vorbereiten nicht das Leben. Es blieb bei der Eröffnung, blieb beim Nachdenken und Abwägen über den eigenen Weg und den der anderen. Ich erdachte diesen Weg und bin ihn nie gegangen.

> *Kulp, Seite 357*

**Ich danke allen,** die sich daran beteiligt haben, dass dieses Buch ein Buch wurde.

Ingrid Kaech
Rolf Külz-Mackenzie
Andreas Pflitsch
Cécile Sabella
Barbara Stang
Regelindis Westphal

und meinem besten
Freund Jochen Boberg

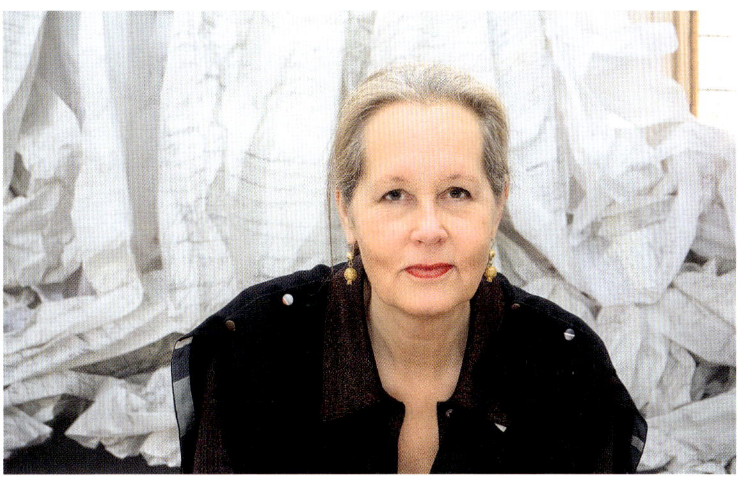

Die in Frankfurt am Main geborene Schriftstellerin und Künstlerin Ulrike Damm studierte Visuelle Kommunikation in Mainz. Seit 1984 arbeitet sie als selbstständige Designerin, spezialisiert auf die Gestaltung von Büchern und Ausstellungen. Mit ihrem 2008 gegründeten Verlag Damm und Lindlar verlegt sie Literatur und Kunstbände. Ihre erste Erzählung *Ich bin nicht müde, ich bin verrückt* und den Roman *Musik stört beim Tanzen* veröffentlichte sie 2019 in dem Doppelband *unpublished.*

Der Roman *Kulp und warum er zum Fall wurde,* ihr drittes belletristisches Werk, erschien 2021 im DRAVA Verlag, Klagenfurt.

Als Künstlerin visualisiert sie ihre Texte in Schriftbildern, zu sehen in Einzelausstellungen und Büchern.

**Abbildungsnachweis**

Holger Biermann > 12, 13, 45, 47, 50, 51, 54, 55
Gabrio Mucci > 22, 42, 43, 57, 61, 64, 65
Steve Sabella > 27, 49, 53
Jörg von Bruchhausen > 64–111
Termindruck > 154 (Scan)
Gudrun Arndt > 189

Alle weiteren Abbildungen stammen von der Autorin.

**Impressum**



Konzept, Gestaltung, Redaktion > Ulrike Damm
Satz, Reinzeichnung, Bildbearbeitung > Achim Bodewig, Karlsruhe
Korrektorat > Heide Frey, Berlin
Druck und Bindung > FINIDR, Český Těšín, Tschechische Republik

ISBN 978-3-9824450-5-2